高倉家

 睦樹

翔真の父。電機メーカー〔……〕が外資系企業に買収され〔……〕での苦労が絶えない。

 美奈

会社でパート〔……〕な貢献度の〔……〕いかず……。

JN025439

 翔真

就活を控えた大学生。アルバイトを始めることになって、「働く世界」について考えるように。

 萌衣

翔真の姉。息子・蓮をひとりで育てている。派遣先でハラスメントにあうが、誰にも相談できず……。

パート勤務

 清明

外資系金融機関に勤めた後、介護事業でビジネスを始めた。しかし順風満帆とはいかず……。

働く世界のしくみとルール

労働法入門

小西 康之 著

有斐閣

プロローグ

ベーカリーカフェ　ナヴィーリオで

「それでは，来週からお願いしますね」

　店長さんにそう言われて，身が引き締まる気分がした。大げさな言い方だけど，人生の新たなステージに入る気分？　初めてのバイトというだけだけど，これまで経験した入学式やサークルへの入部のときとかとも少し違う気分がする。

「労働契約書を確認しましょう。契約期間は6か月，働く場所はここで，ホールスタッフとして働いてもらいます。勤務時間は原則，16時から21時。毎月みなさんの希望を聞いたうえで，シフト表を作成して交付しますね」

　店長さんは慣れた感じで，でも，やわらかい雰囲気で1つずつ確認してくれる。店長さんには申し訳ないけど，大学に入学するとき，悪質商法対策の説明会で「慣れた感じで，やわらかい雰囲気で説明されてもすぐに信用してはダメだ」と言われていたことを思い出した。このお店はこれまでもたまに来ていて感じがいいしブラックとかじゃないだろう，とは思ったが，自分なりにしっかり確認した。……本当は，よくわからないところもあったけど。

　契約書をもらった後，店長さんと一緒にお店に出た。見慣れた場所なのに，今までと違う空間が広がっていた。これまでは，お客さん目線というか消費者目線で，おいしいとかきれいとか，対応がいいとか感じていたけれど，今は，働いているスタッフさんの忙しさや仕事のやりくりとかに目がいく。従業員目線なのかもしれない。

　店長さんが，仕事の邪魔にならないようにスタッフさんたちを紹介してくれた。外国人っぽい女性がにっとウインクをしてくれる。外のテラスに出ると，フードデリバリーライダーがフードをピックアップして自転車に乗るところだった。店長さんが「今日もかけもちですか」と声をかけると，ライダーのお兄さんはサドルにまたがりながら，

「そうなんです。彼，新人さんですか。これからよろしく」と言って，ペダルに体重を乗せ，颯爽と駆けていった。

　帰りの電車に乗った。仕事帰りの人で結構混んでいる。ふと気になって，ビジネス新聞のアプリをクリックする。サークルの先輩から「就活で登場してくる40代，50代の会社員って，新聞ネタが好きだからな」とすすめられてインストールしたこのアプリ。これまで開いたこともなかったのに，不思議なもんだと自分でも思う。今日の新聞記事だけでも，「フリーランス」「ジョブ型」「最低賃金」「派遣」「雇用保険」なんていう言葉が目に入った。スマホから車内に目を移すと，乗客1人ひとりの顔がなんだかリアルに見えた。

プロローグ

Ⅰ　働くことと法制度　　　　　　　1

Ⅱ　働く人のプロフィール──あなたは？　11

エピローグ

おわりに

スポットライト

● 裁判例について

☑ 裁判例の表記を理解しましょう（解読する面白さ，ありませんか…）。

☑ 重要裁判例（本書で挙げられているものなど）が示すルールは労働法を構成するパーツとなっています。

例：秋北バス事件①・百選20②・最大判③昭和43年12月25日④
　　民集22巻13号3459頁⑤

---

①事件名　　労働法の世界では，裁判例を特定するのに使われます

②百選（『労働判例百選〔第10版〕』〔有斐閣〕）の項目番号

③裁判所・法廷：

　　最大判（決）──── 最高裁判所大法廷判決（決定）

　　最○小判（決）── 最高裁判所第○小法廷判決（決定）

　　高判（決）──── 高等裁判所判決（決定）

　　地判（決）──── 地方裁判所判決（決定）

④年月日

⑤出典：

　　民（刑）集 ──── 最高裁判所民事（刑事）判例集

　　　　　　最高裁判例の中でも重要なものが
　　　　　　多く収録されています

　　判時 ────── 判例時報

　　判タ ────── 判例タイムズ

　　労民集 ───── 労働関係民事裁判例集

　　労判 ────── 労働判例　　労働法裁判例集の定番です

　　労経速 ───── 労働経済判例速報

　　裁判所Web ── 裁判所ウェブサイト（http://www.courts.go.jp/）
　　　　　　無料で閲覧できます

　　中労委DB ─── 労働委員会関係　命令・裁判例データベース
　　　　　　（https://www.mhlw.go.jp/churoi/meirei_db/index.
　　　　　　html）　無料で閲覧できます

判決文・条文を「　」で引用している場合，原則として原典どおりの表記としていますが，下線を付すなどした箇所があります。

引用の「　」内の〔　〕表記は，著者による注であることを表します。

● 法令の略語について

労契法 ─────── 労働契約法

労基法 ─────── 労働基準法

均等法（男女雇用機会均 ─ 雇用の分野における男女の均等な機会及び待遇
等法） の確保等に関する法律

育児・介護休業法 ───── 育児休業，介護休業等育児又は家族介護を行う
労働者の福祉に関する法律

パート有期法 ─────── 短時間労働者及び有期雇用労働者の雇用管理の
改善等に関する法律

最賃法 ─────── 最低賃金法

賃金支払確保法 ───── 賃金の支払の確保等に関する法律

労安衛法 ─────── 労働安全衛生法

労災保険法 ────── 労働者災害補償保険法

個別労働紛争解決促進法 ─ 個別労働関係紛争の解決の促進に関する法律

労組法 ─────── 労働組合法

労調法 ─────── 労働関係調整法

労働施策総合推進法 ─── 労働施策の総合的な推進並びに労働者の雇用の
安定及び職業生活の充実等に関する法律

職安法 ─────── 職業安定法

派遣法（労働者派遣法）── 労働者派遣事業の適正な運営の確保及び派遣労
働者の保護等に関する法律

高年法（高年齢者雇用安 ─ 高年齢者等の雇用の安定等に関する法律
定法）

障害者雇用促進法 ───── 障害者の雇用の促進等に関する法律

フリーランス法（フリー ─ 特定受託事業者に係る取引の適正化等に関する
ランス・事業者間取引適 法律
正化等法）

上に掲げたもの以外も含めて，本書で用いている略語すべてについて，
下記のウェブページに一覧を掲載しています。
また，判例索引，本文中 ☑ マークを付してある資料のリンク集，
図表一覧もあわせて掲載していますので，活用してください。
　https://www.yuhikaku.co.jp/books/detail/9784641243798

I

働くことと法制度

「ただいま」

　ドアを開けると，中からぷーんとすき焼きのいい匂いがただよってきた。

「今日，すき焼き？　めずらしいね」

「ふるさと納税の返礼品みたいよ」

　姉の萌衣の声が返ってくる。すき焼きに目がない姉は，今夜はすき焼きと聞いて蓮を連れてやってきたようだ。

「いただきまーす」

　乾杯するとすぐ，食いしん坊の姉は，卵を割り，箸を取り，すき焼きにありつく態勢をととのえて聞いてきた。

「で，今日はどうだった？　バイトのほうは」

「採用された。来週から働きにいくよ。それでさ，働くってなると，なんか心持ちも変わるよね。これまではお客さん，って感じだったけど，これからは，労働者になるっていうか」

「おう。翔真，これまでは消費税しか払ってなかっただろ。これからは所得税とか引かれるし，社会保険料も引かれるしな。国や社会のために働いているって感じもしてくるぞ」

　父は久しぶりに姉と蓮の顔が見られてうれしいのか，ビールの進みもいつもよりハイピッチだ。そんな父を前に，母もすき焼きと会話に参戦してきた。

「いやね，お父さん。学校もあるんだし，まだそこまで働かないわよ。私みたいに就業調整するってレベルまで働くこともないでしょ」

「ちょっと待って。お父さん，働くことと，税金とか社会保険料とかって関係してるの？」

「そらそうよ。国民年金の保険料は，もう払っているけどな。お父さんがな。ははは。感謝しろよ」

　今日お店でも感じたことだけど，働く世界って，これまで生きていた世界とは結構違う気がする。いろんな社会のしくみともつながって

いるようだ。

　そんなことを考えていると，

「こんな感じよ。働く人間の現実は」

　姉がスマホの画面を見せてきた。

「え，何，それ」

　母が蓮のコップにお茶を注ぎながら尋ねた。

「給与明細書よ。こんなふうに，いろいろ引かれて，名目のお給料と手取りのお給料はこんなに違うもんなのよ」

「給与明細がスマホで見られるのね。紙でしかもらったことないわ。お母さんのは……あ，あった。はい，これ」

　いまいち，みんなの話していることについていけていない。ここにも働く人の世界があるんだと思った。

　私たちは，小学校から中学校，高校，大学くらいまで，「法」や「契約」など，社会のしくみをそれほど意識せずに生活してきました。電車に乗る，塾に行く，塾の帰りにコンビニでアイスを買う，そのときに消費税分も支払う……。こうした生活は，私たちが生活する社会に法のネットワークが張られ，それが機能しているからこそ，問題を感じずに，送ることができるのです。

働くことと法のネットワーク

みなさんが働くようになると，社会に張られた法のネットワークをより意識することが増えると思います。

たとえば，先ほどお母さんが見せてくれた給与明細書を見てみましょう。

▼ 図表1：給与明細書の例

勤怠	所定内時間数	所定外時間数	訪問回数	身体回数	
	45		45	40	
支給	時間給	時間外手当			
	54000	0			
	訪問回数手当	身体回数手当	処遇改善手当	資格手当	支給合計
	8100	12000	6870	1960	82930
控除	健康保険料	厚生年金保険料	雇用保険料	介護保険料	
	0	0	0	0	
	所得税	住民税			法定控除合計
	0	0			0
					振込額
					82930

「所定内時間数」，「所定外時間数」，「時間給」，「時間外手当」などの欄があります。これはどういう意味でしょうか。また下の欄も見てみると，「健康保険料」，「厚生年金保険料」，「雇用保険料」，「介護保険料」の欄や，「所得税」，「住民税」の欄が置かれていますが，その中は「0」になっています。これはどうしてでしょうか。

ここにも法のネットワークやルールが関係しているのですが，働く場面では，こうした法のネットワークやルールを知っておくことが，自分の労働条件，働く環境や健康を守ることになります。

図を何枚か見てもらいましょう。

▶ 巻末 図表A：労働法

図表Aは，労働関係と，それに関係する法律などを示したもの

です。

　労働者と会社などの使用者が労働契約を締結して，労働者は働き使用者は賃金を支払うことになります。そうした関係（労働関係。雇用関係ともいいます）に，労働契約法，労働基準法，男女雇用機会均等法（→94頁），最低賃金法（→147頁），民法などの法律が関わってきます。法律ではありませんが，就業規則（→64頁）も労働契約に関わります。このほか，労働者の働く環境に関する法律として労働安全衛生法（→194頁）があり，労働者が災害にあった場合には労災保険法（→201頁）が関係してきます。以上の労働者と使用者との関係を中心とした労働関係（とそのルール）を個別的労働関係（法）といいます。

　労働契約の契約当事者である労働者と使用者のほかに，労働組合が関係してくることもあります。そこでは労働組合法（→265頁）などが規制を行っています。労働組合と使用者との間で締結される労働協約も労働条件に大きな影響を与えます。この労働組合を中心とした関係（とそのルール）を集団的労使関係（法）といいます。

　さらにカメラをズームアウトしていくと，図表Bのような感じになります。

▶ 巻末 図表B：労働市場

　そうすると，労働力のマッチングが行われる労働市場が見えてきます。この労働市場についても法の規制が及びます。最近では，労働市場（会社の外に広がる労働市場という意味で，「外部労働市場」ともいいます[1]）でのやりとりが活発になってきて，労働市場を対象とするルール（労働市場法）の重要性もさらに高まってきています。

---

1) 「外部労働市場」に対して，配置転換など，会社の中で労働者が動く「場」のことを「内部労働市場」といいます。

憲法は，労働に直接関係する規定として，27条と28条を置いて
います。27条1項は勤労の権利と義務，2項は勤労条件の法定，3
項は児童酷使の禁止，28条は団結権・団体交渉権・団体行動権を定
めています。27条1項は労働市場法，2項は個別的労働関係法，28
条は集団的労使関係法と密接につながっています。

このほか，労働法に関わる憲法の規定として，13条（個人の尊重。
労働者のプライバシー〔→124頁〕など），14条（法の下の平等。男女
平等〔→92頁〕など），22条（職業選択の自由・営業の自由。採用の
自由〔→76頁〕など）なども関わってきます。

（個別的）労働関係・（集団的）労使関係・労働市場についてはこ
んな感じですが，その他のしくみで，実は，働くことに結びつけら
れているものもあります。図表Aをパン（視点をずらす）したのが，
図表Cです。

▶ 巻末 図表C：労働関係と社会保険・税金

社会保険，税金，というラベルが見えてきました。これらも労働
関係に密接に関わってきます。図表Cは，社会保険の適用と社会
保険料・税金を取り上げたものです。社会保険の適用や税金の取扱
いは，労働関係と関わってきますし，社会保険料や税金の支払は，
労働関係の「賃金を支払う」側面と関係しています（→141頁）。

これだけを見ると，「賃金からお金がとられっぱなしじゃないか」
と思われるかもしれませんが，そんなことはありません。図表D
を見てください。

▶ 巻末 図表D：働く人をサポートする労働保険と社会保険

働く人々の人生においては，さまざまなアクシデントに見舞われ
る可能性があります。もし何らかのアクシデントに見舞われても，

労働保険や社会保険が，給付を行うなどのかたちで，働く人々の人生をカバーし，サポートしてくれています。

労働者に関わる労働保険・社会保険には以下のものがあります。

- ・労災保険……労働災害にあった場合に給付を行う制度（→201頁）。労働者に保険料負担なし。
- ・雇用保険……失業のほか，育児・介護休業の期間に給付を行う制度。その他さまざまな雇用政策に関するしくみと関わる（→258頁）。
- ・厚生年金保険……年金制度は，1階部分が国民年金制度，2階部分が厚生年金制度となっていて，厚生年金保険は労働者の多くに加入義務がある。老齢・障害・死亡の場合に給付を行う。加入者の配偶者のうち専業主婦・主夫は，国民年金第3号被保険者となり本人の保険料負担はない。
- ・健康保険……労働者の多くに加入義務がある。ケガや病気の場合に給付を行う。加入者に扶養されている者（被扶養者）にも給付が行われる。
- ・介護保険……40歳から64歳までの医療保険加入者と65歳以上の者が被保険者となる。介護が必要となったときにサービスを受けられる。

社会保険や税金のしくみは人々の就労行動に大きな影響を与えます。収入が増えることにより社会保険料の支払や税金の負担が増えるといういわゆる「年収の壁」問題（→スポットライト「『年収の壁』」）や，年金の支給開始年齢（→256頁），退職金の税制面での扱いなどが代表例です。本書では十分に取り上げられませんが，みなさんと一緒に考えていきたい問題です。

「年収の壁」──時給 up→人手不足？

　人手不足解消のために会社は時給を上げますが、「時給を上げると人手不足が進む」ことがありえます。「風が吹けば桶屋が儲かる」ではありませんが、どうしてこのようなことが起きるのでしょう。その原因は、いわゆる「年収の壁」（就業調整ともいわれます）問題にあります。

　パートなどで働く収入が 100 万円〜150 万円（100, 103, 106, 130, 150 万円）になると、

- ・税負担の発生
- ・厚生年金保険・健康保険への加入⇒社会保険料の支払（「壁」の手前では自身の負担なく給付を受けられる）
- ・配偶者の収入に適用される配偶者特別控除の減少

により、手取りの年収に影響が出る（減ることもあります）ため、年末になると、就労を調整して「壁」を超えないようにすることがみられます。また企業においても、こうした金額を家族手当の支給決定の基準としているところもあります。

　社会保険のこうしたしくみは、「サラリーマンと専業主婦」世帯をサポートするものであったのですが、公平性、社会保障制度の安定、労働市場への影響などの観点から、見直しが必要でしょう。

働く世界のしくみとルールの成り立ち 2

　働く世界には，1でみたように法のネットワークが張られ，その
しくみとルールができあがっています。しかしこうした働く世界の
しくみとルールは，困難な状況で働き，苦しんできた人々の歩みの
中で生まれ，展開してきたことを忘れてはなりません。

　本書の各所でも触れていますが，ここで簡単にスケッチすると，

・個別的労働関係法は，劣悪な環境のもとで働く年少者や女性を保
　護する法律の制定により生まれました。その後，一般男性にもそ
　の対象が広がりました。現在では，対象を限定して保護する手法
　よりも，広く多様な人々が働くルール（差別禁止規制など）が重
　要な地位を占めています。また，ルールの目的も，労働者の健康
　安全の確保といった「古典的」なものだけでなく，ワークライフ
　バランスなど新たなものも取り込んでいます。

　日本では，1911年：工場法，1947年：労働基準法，労災保険法，
　1972年：労働安全衛生法，1985年：男女雇用機会均等法，2007
　年：労働契約法が制定されています。

・集団的労使関係法は，労働組合が弾圧された歴史から始まります。
　その後の展開は各国によりさまざまですが，労働組合が禁止対象
　でなくなり，承認・助成の対象と位置づけられるに至るという展
　開がみられます。

　日本では，1945年に（旧）労働組合法が制定されました。

・労働市場法は，労働力の取引におけるピンハネや労働者の拘束と
　いった問題に対処するべく成立しました。また，失業者の再就職
　の促進や労働者の職業能力開発など，現在では，労働市場に関わ
　る幅広い政策目的をカバーしています。

日本では，1947年：職業安定法，1969年：職業能力開発促進法，1974年：雇用保険法，1985年：労働者派遣法が制定されています。

こうした成り立ちをふまえて，今，働く世界にどういった課題があり，それらにどう対処すべきか，を考えてもらいたいと思っています。

II

働く人のプロフィール——あなたは？

睦樹

翔真の父。電機メーカーに勤務し，人生安泰と思っていたら，会社が外資系企業に買収され，予想外の展開に狼狽している。今のところリストラ候補ではなさそうだが，リストラをする立場に……。瓶ビール好き。

大志

翔真がアルバイトをするベーカリーカフェ・ナヴィーリオの店長。頼りなさそうな雰囲気だが，現場で働くみんなにも上司にも頼りにされている。忙しさと重圧でへこたれそうになりながら日々の業務をこなしていたが……。抹茶ラテ好き。

☑ 「正社員」像は，これからどうなっていくのでしょう。これからもフォローしてみてください。

　表題に「正社員」とつけておきながら，なのですが，実は「正社員」は法律上の用語ではありません。ただ，「正社員」は，パート有期法（→20頁）や労働者派遣法（→28頁）で用いられる「通常の労働者」（パート有期法2条1項・8条・9条，労働者派遣法30条の3）に該当します[1]。パート・有期（→14頁），派遣（→23頁）で働く，「非正規（非典型）」労働者をサポートする法のしくみにおいて，「非正規」のカテゴリーに入らない人（その裏側にある人）の多くが，「通常の労働者」で，「正社員」と一般的に言われている人たちです。

　これまで日本の企業実務の中で，男性でよくみられた「3ない（職務限定がない〔＝配置転換あり〕，場所限定がない〔＝転勤あり〕，時

---

1)　パート有期法施行通達（平成31年1月30日基発0130第1号等）✓。

間限定がない〔＝時間外労働あり〕）」で働く無期・フルタイム労働者が,「正社員」のイメージの中核を担っています。ここのところメディアなどでよく見聞きする「メンバーシップ型雇用」にあたる人たちとも重なります。

　もちろん現在では,女性の正社員もいます。また,職務内容や勤務地を限定した「限定正社員」も今後増えてくるでしょうし,これらは職務内容が限定された「ジョブ型雇用」にあたる人たちの1つのパターンになっていくことも予想されます。

　今後,以下でみるような多様な働き方が増えていき,無期・フルタイム労働者についてもヴァリエーションが増えていくと,「正社員」という用語は,使われなくなっていくかもしれません。

2

アルバイト・パートで働く

美奈

翔真の母。典型的サラリーマンの睦樹と社内結婚し，出産後専業主婦となった。子どもが大きくなり，時間に余裕はできたが，将来，経済的に余裕がなくなりそうと感じて，今は訪問介護のパートをしている。それでも以前と変わらず，家事はもっぱら彼女の仕事。意外と思い切りがよく，家族がびっくりすることも……。ワイン好き。

　2022年現在，アルバイト・パートなどの非正規労働者の割合は労働者数全体の 36.9% で，そのうち，パートが 48.6%，アルバイトが 21.6%，契約社員が 13.5%，嘱託が 5.3% です（派遣社員〔→23 頁〕は 7.1%）[1]。これらの働き方の人は，パート有期法の定める「短時間労働者〔パート労働者〕」，「有期雇用労働者」のいずれかまたは双方に該当する人がほとんどでしょう。

　労働法には，有期労働者，パート労働者にフォーカスした規制が置かれています（もちろん，その他の労働法規の適用対象ともなります〔適用対象から外れない場合〕）。以下では，有期労働とパート労働に対する規制をみていきましょう。

☑ 「有期」など，ここで扱う雇用形態の特徴に意識を向けて規制をみていきましょう。

---

1) 厚生労働省「『非正規雇用』の現状と課題」🔗。

（1） 有期労働——期間規制

（ア） 「有期」の意味・特徴

「有期」とは，期間の定めがあることを意味しますが，有期労働の具体的な規制をみていく前に，その基本的な特徴を2つお伝えします。それは，

- ①定められた期間が満了すれば，労働関係は当然に終了する（「ぱったり」効果）
- ②定められた期間中については，期間が定められていない場合と比べて，関係への拘束の程度が強い（労働者にとっては，雇用保障の程度が強いといえる一方で，拘束の程度も強い。「ぴったり」効果）

という点です。

有期労働に対しては，これら「ぱったり」「ぴったり」の特徴を基本としたうえで労働法上の規制がなされています。

（イ） 期間の上限／下限

労働者が長期間労働関係に拘束されることは，労働者保護の観点から問題であるため，労基法は，労働契約の期間について上限規制を置いています（「ぴったり」への対応。期間の定めを置かないことも可能です）。

労働契約期間の上限は，一定の事業の完了に必要な期間を定めるもののほかは，3年（厚生労働大臣が定める基準に該当する専門的知識等を有する労働者との間の労働契約，または，満60歳以上の労働者との間の労働契約については，5年）です（労基法14条1項）。

期間の下限については日数等の基準は定められていません。ただ，使用者は，有期労働契約について，その期間を必要以上に短く定め，反復して更新することのないよう，配慮しなければなりません（労契法17条2項。雇止め規制〔→16頁〕も参照。期間の長さ，更新など

の労働条件の明示については→81頁）。

（ウ）　期間途中の終了

　期間の途中であっても，<u>やむを得ない事由</u>があるときは，労働契約を解除することができます。この場合において，その事由が当事者の一方の過失によって生じた場合には，相手方に対して損害賠償責任を負います（民法628条）。

　そして使用者による期間途中の解雇に関しては，<u>やむを得ない事由</u>がある場合でなければ，労働者を解雇することはできません（労契法17条）。ここでの<u>やむを得ない事由</u>というのは，雇用期間の途中で解雇しなければならないほどの事由をいい，無期労働契約の場合の解雇権濫用規制（労契法16条）（→243頁）よりも厳格であると一般的に解されています。

　このように，有期労働契約の場合，労働契約の当事者が契約期間に拘束される程度は高い（「ぴったり」）という点は留意しておきましょう。

　なお1年を超える有期労働契約の場合，労働者は，当該契約期間が1年を経過した日以後には，使用者に申し出て，いつでも退職することができます（労基法附則137条。「ぴったり」への対応）。

（エ）　更新——雇止め規制

　有期労働契約の労働関係は期間が満了することによって終了するのが基本となります（「ぱったり」）。有期労働契約が更新される場合も，有期労働契約の一般的な性質からすると，最後の契約期間が満了した時点で労働関係は終了することになります。

　しかし，使用者は更新を繰り返したうえ使用者が望む時点で契約満了により常に労働関係を終了させることができるとなると，労働者が不安定な地位に置かれ，労働者の保護の観点から妥当でない場合もあります（労契法17条2項も参照）。そこで現在では，判例で形成されたいわゆる雇止め法理[2]が労契法19条に明文化されてお

り（雇止め規制），

┌①(a)当該有期労働契約が過去に反復して更新されたことがあり，雇止めをすることが，無期労働契約において労働者を解雇する場合と社会通念上同視できると認められる（労契法19条1号。実質無期契約タイプ）

　　または，

　(b)労働者が，期間の満了時に当該有期労働契約が更新されると期待することに，合理的な理由が認められる（労契法19条2号。期待保護タイプ）

　いずれかに該当し，

├②当該労働者が，当該有期労働契約の更新の申込みをした，または，当該契約期間の満了後遅滞なく有期労働契約の締結の申込みをした[3]場合であって，

└③使用者が当該申込みを拒絶することが，客観的に合理的な理由を欠き，社会通念上相当であると認められないとき

には，使用者は，従前の有期労働契約の内容である労働条件と同一の労働条件で当該申込みを承諾したものとみなされます（結果として，労働契約が更新されます）。

　この雇止め規制では，

┌①② 雇止め規制が適用される状況にあるか

└③ ①②が認められる場合，雇止めが，客観的に合理的な理由を欠き，社会通念上相当であると認められないか

という2段階で検討がなされます。更新回数に上限が設けられているケースでは，①で問題となる（更新への期待が合理的か。労契法

---

2) 東芝柳町工場事件・最一小判昭和49年7月22日民集28巻5号927頁，日立メディコ事件・百選80・最一小判昭和61年12月4日労判486号6頁。

3) これらは，明確に認められなくても肯定されることがあります。

19条2号）といえます[4]。

（オ） 無期転換

以上のように，有期雇用労働者の雇用の不安定さの側面に対して，雇止め規制で一定の対応がなされています。しかし，当該雇止めが違法といえるか否かは，雇用継続の合理的な期待などが認められるか（上記①），当該雇止めが客観的に合理的な理由を欠き社会通念上相当と認められないか（上記③），などの判断がなされる必要があり，その帰結は明確ではありません。また仮にこれらが認められたとしても，有期労働契約が更新されるにとどまります。こうした状況では，労働者はなお，たとえばハラスメントなどの被害にあっても，「契約が更新されなくなるんじゃないだろうか」という懸念のために苦情申立てを躊躇することも考えられます。

こうした状況に置かれている労働者の雇用の不安定さに対する措置として，労契法は無期転換制度を定めています（18条）。

無期転換制度は，同一の使用者との間で有期労働契約が更新され，通算契約期間が5年を超える場合，労働者が無期労働契約の締結の申込みをしたときは，使用者は当該申込みを承諾したものとみなして，有期労働契約から無期労働契約への転換を認める制度です（労契法18条1項）。ある契約期間とその次の契約期間の間（空白期間。クーリング期間ともいいます）が6か月（原則）以上空く場合には通算されませんが，6か月未満の場合には通算されます（同条2項）。

無期転換後の労働条件は，別段の定めがない限り，現行の労働条

---

4) 2024年4月から，労働契約の締結に際して使用者は，更新上限の有無等を所定の方式で明示しなければなりません（労基法15条1項，労基則5条。→82頁）。また，最初の労働契約の締結の後に更新上限を新設・短縮する場合は，その理由を労働者にあらかじめ説明することが必要とされます（雇止め告示〔平成15年厚生労働省告示第357号〕🔗）。

件（契約期間を除く）と同一の労働条件となります。したがって，無期転換することによって当然に，「3 ない」で働く「正社員」（→12 頁）の労働条件になるわけではありません[5]。また，別段の定めを置くことにより，有期労働契約時の労働条件を下回る労働条件を設定することも可能です（ただし，その場合，適切なかたちで労働者の合意をとることが求められたり，就業規則で定める場合には，労契法 7 条・10 条にも目配りする必要があります）。いずれにしても，使用者には，無期転換労働者の労働条件について，上記の規制を念頭に事前にきちんと労働条件を整備し，説明することが求められます（無期転換申込機会と無期転換後の労働条件の明示については→82 頁）。

（2）　有期労働・パート労働

（ア）　労働条件規制

労契法は，上記のように雇用の不安定さへの対処のほか，有期雇用労働者の労働条件についての規制も置いていました（旧 20 条）。そこでは，有期であることにより無期雇用労働者の労働条件と相違する場合には，「当該労働条件の相違は，労働者の業務の内容及び当該業務に伴う責任の程度〔職務の内容〕，当該職務の内容及び配置の変更の範囲その他の事情を考慮して，不合理と認められるものであってはならない」と定められていました[6]。この労契法旧 20 条の解釈をめぐって，多くの裁判例が出され，最高裁例もいくつか出されています[7]。

そして 2018 年の「働き方改革」の際に同条が削られ，代わりに

---

5)　ただし，無期転換申込権が発生するタイミングごとに，無期転換後の労働条件の決定にあたり，「正社員」との均衡を考慮した事項を説明するよう努めなければならないこととされています（雇止め告示）。

6)　パート労働者に関しては，パート労働法において，不合理な相違禁止，差別的取扱い禁止が定められていました。

パート有期法（パート労働法が改称されました）に均衡・均等規制が新たに整えられました。

■ 均衡規制 ──────────────────────────

　パート有期法は，事業主は，雇用するパート[8]・有期雇用労働者の基本給，賞与その他の待遇のそれぞれについて，通常の労働者（→12頁）の待遇との間において，不合理と認められる相違を設けてはならないとしています（8条）。その際考慮されるものは以下のとおりです。

- ①両者の業務の内容，当該業務に伴う責任の程度（「職務の内容」）
- ②当該職務の内容および配置の変更の範囲
- ③その他の事情

　のうち，当該待遇の性質および当該待遇を行う目的に照らして適切と認められるもの

　同条は，労契法旧20条と異なる表現も用いられていますが，前記最高裁判例が判示した基本的な枠組みなどは，パート有期法8条の解釈においても参考になります。また，「同一労働同一賃金ガイドライン」[9]も策定されています。

　パート有期法8条は民事的効力を有すると考えられています。したがって，不合理と判断された部分は無効となりますし，不法行為責任が認められる場合もありうるでしょう。

　今後の裁判例の蓄積により，判断基準等が明確になってくると思われます[10]。

──────────────────────────────

7) ハマキョウレックス事件・百選82・最二小判平成30年6月1日民集72巻2号88頁，長澤運輸事件・最二小判平成30年6月1日民集72巻2号202頁，名古屋自動車学校事件・最一小判令和5年7月20日労判1292号5頁など。

8) 同法でパート労働者（条文では「短時間労働者」）とは，1週間の所定労働時間が同一の事業主に雇用される通常の労働者のそれと比べて短い労働者をいいます。

9) 平成30年厚生労働省告示第430号 ⬛。

■ 均等規制 ───────────────────────────

　パート有期法は，事業主は，

─①職務の内容が通常の労働者（→12頁）と同一のパート・有期雇
　　用労働者であって，

─②当該事業所における慣行その他の事情からみて，当該事業主と
　　の雇用関係が終了するまでの全期間[11]において，その職務の
　　内容および配置が当該通常の労働者の職務の内容および配置の
　　変更の範囲と同一の範囲で変更されることが見込まれるもの

については，パート・有期雇用労働者であることを理由として，基
本給，賞与その他の待遇のそれぞれについて，差別的取扱いをして
はならない，と規定しています（9条）。パート・有期雇用労働者の
差別的取扱い禁止を定めるこの規制は，「均等規制」と呼ばれます。

　同条に関しては，上記長澤運輸事件（前掲注7））のように，同一
の職務内容で勤務する労働者の労働条件が定年後再雇用を機に切り
下げられた場合に適用されるかが問題となります。ケースバイケー
スで判断されることになりますが，待遇の差異が「短時間・有期雇
用労働者であることを理由として」生じたとはいえない場合もあり
うるように思われます[12]。

───────────────────────────

10)　パート有期法8条・9条違反が争われた裁判例として，社会福祉法人紫雲会事
　　件・宇都宮地判令和5年2月8日労判1298号5頁。
　　　このほか，パート有期法は直接問題になっていませんが，パート有期法8条へ
　　の対応を契機としてなされた就業規則の変更の合理性を認めた裁判例として，社
　　会福祉法人恩賜財団済生会事件・山口地判令和5年5月24日労判1293号5頁。
11)　「当該事業主との雇用関係が終了するまでの全期間」については，有期労働契
　　約の場合にどのように解釈されるのかなど，よくわからないところがあります。
12)　社会福祉法人紫雲会事件・前掲注10)は，定年後再雇用嘱託職員への期末・
　　勤勉手当の不支給は，定年後再雇用嘱託職員であることを理由としたものであっ
　　て，有期雇用労働者であることを理由とした差別的取扱いに該当するものとは認
　　められないとして，パート有期法9条違反を認めませんでした。

☑ 使用者等による「説明」や「明示」（→81頁）などは，労働法におい
て重要な役割を担っていることを確認しましょう。

　事業主は，以上の均衡・均等規制に服するほか，パート・有期雇
用労働者を雇い入れたときは，速やかに，パート有期法の規定によ
り講ずることとしている措置の内容を，当該パート・有期雇用労働
者に説明しなければなりません。また，事業主は，その雇用するパ
ート・有期雇用労働者から求めがあったとき，当該パート・有期雇
用労働者と通常の労働者との間の待遇の相違の内容・理由，パート
有期法所定の措置に関する決定にあたり考慮した事項を説明しなけ
ればなりません。この求めをしたことを理由として，事業主は，当
該パート・有期雇用労働者に対して解雇その他不利益な取扱いをす
ることも許されません（パート有期法14条）。

（イ）　通常の労働者への転換

　パート有期法は，パート・有期雇用労働者の通常の労働者（→12
頁）への転換の規定を置いています（13条）。事業主は，通常の労
働者への転換を推進するため，その雇用するパート・有期雇用労働
者について，

①通常の労働者の募集を行う場合，当該募集事項を当該事業所で
雇用するパート・有期雇用労働者に周知する

②通常の労働者の配置を新たに行う場合，当該配置の希望を申し
出る機会を当該事業所で雇用するパート・有期雇用労働者に対
して与える

③一定の資格を有するパート・有期雇用労働者を対象とした通常
の労働者への転換の試験制度を設けることその他の通常の労働
者への転換を推進するための措置を講ずる

のいずれかを行わなければなりません。

派遣で働く

翔真の姉。大学在学中に妊娠・結婚・出産を経験。2年前に離婚し，派遣社員として働くシングルマザー。実家の家族には上から目線だけど，実家を一歩出れば気を遣う人生。新しい派遣先でハラスメントにあっているが，相談できる人がいなくて……。酎ハイ好き。

萌衣

☑ 「労働者派遣」の特徴と三者間労働関係の規制の歴史をふまえて，ルールをみていきましょう。

　派遣（労働者派遣）の関係は，三者（派遣元，派遣先，派遣労働者）によって構成されます（→24頁）。派遣労働者は派遣元との間で労働契約関係にあり，派遣先の指揮命令を受けて仕事を行います（出向〔→224頁〕と異なり派遣先と派遣労働者の間には労働関係は成立していません。派遣法2条1号）。

スポットライト　　　　　　　　　　三者によって構成される労働関係

　労働者派遣以外にも，三者によって構成される労働関係があります。

　業務処理請負は，注文者から発注を受けた請負事業主が自らが雇用する労働者に指揮命令して業務処理を行う関係をいいます。業務処理請負においては，注文者は労働者に対して指揮命令を行いません（これを行うと，労働者派遣になります）。

　出向は，出向元と労働者との間に労働契約関係があると同時に，出向先との間においても，指揮命令関係を超えて「出向労働関係」ともいわれる一種の労働関係が成立しているものです。

　労働者供給については後述します（→スポットライト「出向と労働

者供給」)。

　職業紹介は，求人および求職の申込みを受け，求人者と求職者との雇用関係の成立をあっせんすることをいいます（職安法4条1項）。

▼ 図表2：三者間労働関係

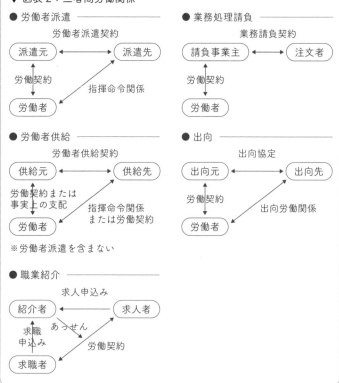

三者によって構成される労働関係に対する法規制の歴史を簡単にみると，1947年に成立した職業安定法は，労働者供給事業（現在の労働者派遣の定義は当時の「労働者供給」の定義に含まれていました）を原則禁止とし，三者間の労働関係を非常に厳しく規制していました。そうした中，「業務処理請負」という別の法的類型が利用され

ることになりましたが，実態として見た場合，「労働者供給」と「業務処理請負」の区別は難しく，「業務処理請負」の形式をとりながら，実際には「労働者供給」事業が行われていたことも相当ありました。

　他方で，こうした三者間の労働関係を利用するニーズが高いこともあり，1985年に労働者派遣法が成立し（1985年には均等法も成立しました。労働政策上大きな転機があった年でした），「労働者供給」の概念から労働者派遣の概念を取り出し，労働者派遣については，一定の規制の中で事業を行うことが認められるようになりました。

　以下では労働者派遣法が定める労働者派遣に関するルールをみていきましょう。

（1）　目的

　労働者派遣法は，その成立以来，「正社員」が派遣労働者に置き換わるのを防止するという「常用代替防止」を規制の主たる趣旨として位置づけていることに注意が必要です[1]。2012年の改正により，派遣法の名称に「派遣労働者の保護」という表現が入れられましたが，「常用代替防止」が派遣法の主たる趣旨であることは現在でも変わりません。

（2）　派遣に関する規制

（ア）　禁止業務／許可

　派遣法は，労働者派遣事業を行ってはならない業務として，港湾運送業務，建設業務，警備業務，医療関係業務を定めています（4条1項，派遣法施行令2条）。また，労働者派遣事業を行おうとする

---

[1]　派遣法25条は，派遣法の運用にあたっては，派遣就業は臨時的かつ一時的なものであることを原則とするとの考え方を考慮することを定めています。

場合には，厚生労働大臣の許可を受けなければなりません（派遣法5条）。

　派遣法は，先にみた，①常用労働者の代替の防止と②派遣労働者の保護の観点から，派遣期間の制限に関する規制を行っています。規制のポイントは3つあります。

ⅰ）派遣先事業所単位の期間制限が設けられています。同一の派遣先の事業所に対し，派遣できる期間は，原則，3年が限度です（派遣法40条の2第1項本文・2項）。派遣先が3年を超えて受け入れようとする場合は，派遣先の過半数代表（→58頁）から意見を聴取しなければなりません（同条3項・4項）。過半数代表から異議が出されたときは，対応方針等を説明する義務があります（同条5項）。この規制は，①常用代替防止の観点から設けられた規制といえます。

ⅱ）派遣労働者個人単位の期間制限も設けられています。同一の派遣労働者を，派遣先事業所における同一の組織単位（課などを想定。実態により判断）に対し派遣できる期間の上限は3年です（派遣法35条の3）。これは，②派遣労働者の保護の観点から，派遣就業を望まない派遣労働者が派遣就業に固定化されることの防止を図るために設けられたものです。

ⅲ）上記2つの期間制限は，派遣元で無期雇用されている派遣労働者や60歳以上の派遣労働者，産前産後休業や育児・介護休業などを取得する労働者の業務などについては例外として対象外とされています（派遣法40条の2第1項ただし書，派遣法施行規則32条の4・33条・33条の2）。

　派遣法は，①常用代替防止の観点から，グループ企業内派遣の8割規制（23条の2），離職後1年以内の労働者派遣の禁止（40条の

9・35条の5）についても定めています。

このほか，日雇派遣（日々または30日以内の期間を定めて雇用する労働者の派遣）の原則禁止（35条の4）も定めています。これは②派遣労働者の保護と関係のある規制と位置づけられます。

（3） 派遣労働者保護に関する規制

（ア） 労働保護法規の適用

労働者派遣は，三者間の労働関係ですので，派遣元，派遣先のいずれが労働保護法規の適用を受けるかが問題となります。

- 派遣元・派遣先の双方が責任を負う事項は，均等待遇（労基法3条），強制労働禁止（同法5条），労安衛法の一部，均等法上の母性健康管理措置等（均等法9条3項・12条・13条1項），セクシュアル・ハラスメントに関する配慮義務（同法11条1項）などです（派遣法44条1項・5項・45条・47条の2〜47条の4）。

- 派遣先のみが責任を負う事項は，公民権行使の保障（労基法7条），労働時間・休日・休暇（同法32条以下。ただし，労働時間の枠組みに関する事項，割増賃金支払義務〔同法37条〕は派遣元が責任を負います），年少者の労働時間・休日（同法60条）・深夜業（同法61条）・危険有害業務（同法62条）・坑内労働（同法63条），女性の坑内労働（同法64条の2），危険有害業務（同法64条の3），育児時間（同法67条）・生理休暇に関する規制（同法68条）などです（派遣法44条2項）。

このほか，地域別最低賃金は，派遣先事業場に適用される最低賃金となります（最賃法13条）。

- それ以外の使用者としての責任は，派遣労働者の使用者である派遣元が負います。

（イ） 雇用安定措置

派遣元は，同一の組織単位に継続して3年間派遣される見込み

がある者に対して，派遣就業者が引き続き就業を希望する場合は，以下の派遣終了後の雇用を継続させる措置（雇用安定措置）を講じる義務があります（派遣法30条。1年以上3年未満の見込みの者については努力義務）。

- ①派遣先への直接雇用の依頼[2]
- ②新たな派遣先の提供（派遣労働者の能力，経験，居住地，就業場所，通勤時間，賃金等の以前の派遣契約により派遣されていた際の待遇等に照らして合理的なものに限る）
- ③派遣元での（派遣労働者以外としての）無期雇用
- ④その他安定した雇用の継続を図るための措置

（ウ）　キャリアアップ措置

　派遣元は，派遣労働者のキャリアアップを図るため，①段階的かつ体系的な教育訓練，②希望者に対するキャリア・コンサルティングを実施する義務があります（派遣法30条の2）。

（4）　不合理な格差の解消

（ア）　派遣先均衡・均等方式／労使協定方式

　「非正規労働者」といわれてきた，パート労働者および有期雇用労働者については，Ⅱ2(2)で述べたように（→20頁），通常の労働者との間の不合理な格差解消に関する規制などが設けられています。派遣労働者についても，不合理な格差解消に関する規制などが設けられていますが，三者間の労働関係である労働者派遣の特質をふまえて，2つの方式が導入されています。

2）　3年間の見込みがある者について，①を講じた場合に直接雇用に至らなかった場合には，その後②から④のいずれかを講じなければなりません（派遣法施行規則25条の2第2項）。

1つ目が「派遣先均衡・均等方式」です。

派遣元は，派遣労働者の基本給，賞与等の待遇のそれぞれについて，派遣先の通常の労働者との間で，

- ①当該派遣労働者および通常の労働者の職務の内容
- ②当該職務の内容および配置の変更の範囲
- ③その他の事情

のうち，当該待遇の性質および当該待遇を行う目的に照らして適切と認められるものを考慮して，不合理と認められる相違を設けてはなりません（均衡規制。派遣法30条の3第1項）。

さらに，派遣元は，派遣労働者の基本給，賞与等の待遇のそれぞれについて，派遣先の通常の労働者との間で，

- ①職務の内容が同一で，
- ②当該労働者派遣契約および当該派遣先における慣行その他の事情からみて，当該派遣先における派遣就業が終了するまでの全期間において，職務の内容および配置の変更の範囲が同一と見込まれる

といえる場合には，正当な理由なく，通常の労働者の待遇に比して不利なものとしてはなりません（均等規制。派遣法30条の3第2項）。

■ 労使協定方式 ─────────

2つ目が「労使協定方式」です（派遣法30条の4）。

「派遣先均衡・均等方式」では，派遣先が変わることにより，賃金などの労働条件が低下することも考えられます。また派遣労働者は，派遣元においてキャリアアップを図っていくことが望ましいといえます（派遣法30条の2も参照）。そうしたことから，派遣法は，「派遣先均衡・均等方式」とは別に，派遣元での労使協定（→58頁）により適正な労働条件を定める「労使協定方式」というルートを定めています。2022年6月1日現在，派遣労働者数の約94％が労使

協定方式の対象となっています[3]。

「労使協定方式」をとるには，労使協定で，

- ①労使協定方式の対象となる派遣労働者の範囲
- ②派遣労働者の賃金の決定方法
  - イ：派遣労働者の業務と同種の業務に従事する一般の労働者の平均的な賃金額と同等以上の金額であること
  - ロ：派遣労働者の職務の内容，職務の成果，意欲，能力または経験その他の就業の実態に関する事項の向上があった場合に賃金が改善されること
- ③派遣元は，派遣労働者の職務の内容，職務の成果，意欲，能力または経験その他の就業の実態に関する事項を公正に評価し，その賃金を決定すること
- ④派遣労働者の待遇（賃金を除く）の決定の方法
- ⑤派遣労働者に対して段階的かつ体系的な教育訓練を実施すること
- ⑥その他，厚生労働省令（派遣法施行規則）で定める事項

を定める必要があります。

（イ）　比較対象労働者の情報提供

　上記の2方式による不合理な格差の解消を行うにあたり，派遣法は，派遣先に対し，派遣労働者と待遇を比較すべき派遣先の通常の労働者等（比較対象労働者）の待遇に関する情報を派遣元に提供することを義務づけています（派遣法26条7項・8項，派遣法施行規則24条の4・24条の5）。

（5）　派遣労働者への派遣先の直接雇用申込みみなし

　派遣先が，善意無過失でなく，

---

3)　厚生労働省「労働者派遣事業の令和4年6月1日現在の状況（速報）」🔗。

─①派遣労働者を派遣禁止業務（→25頁）に従事させる

─②無許可（→25頁）の派遣元から労働者派遣の役務の提供を受ける

─③派遣期間の制限（→26頁）を超えて労働者派遣の役務の提供を受ける

─④派遣法の適用を免れる目的[4]で請負など労働者派遣以外の名目で契約を締結し，労働者派遣の役務の提供を受ける

いずれかの行為を行った場合には，その時点において，派遣先から派遣労働者に対して，その時点の派遣労働者の労働条件と同一の労働条件を内容とする労働契約の申込みをしたとみなされる制度が設けられています（派遣法40条の6）。

　派遣先は，上記の行為の終了日から1年を経過するまでの間は当該申込みを撤回することができず（同条2項），派遣労働者がその間に承諾する旨の意思表示をした場合には，もともとは労働契約関係になかった派遣労働者と派遣先との間に労働契約関係が成立することになります（同条3項）（→81頁）。

4）　この点につき，「偽装請負等の状態が発生したというだけで，直ちに偽装請負等の目的があったことを推認することは相当ではない」が，「日常的かつ継続的に偽装請負等の状態を続けていたことが認められる場合には，特段の事情がない限り，労働者派遣の役務の提供を受けている法人の代表者又は当該労働者派遣の役務に関する契約の契約締結権限を有する者は，偽装請負等の状態にあることを認識しながら，組織的に偽装請負等の目的で当該役務の提供を受けていたものと推認するのが相当である」とした裁判例があります（東リ事件・大阪高判令和3年11月4日労判1253号60頁）。

4 雇われずに働く——保護されるのはどんなひと？

俊

フードデリバリー配達パートナー兼学習塾講師。以前はバイク便ライダーをやっていた。明るい笑顔でレストランにも配達先のお客さんにも塾の生徒にも評判がいい。事実婚状態の那都との会話が減ってきたのが気になっているが，打開策を見つけられずにいる。ビール好き。

☑ 労基法，労組法など，現行の労働法規で保護されるのはどのような人たちか，また，区別する基準をどこに見出すか。まず，こうした点をみていき，考えてみましょう。

（1） 労働法規の適用範囲と労働者概念

雇われて働くか，自営か。この分岐は，労働法上の保護を受けられるか受けられないか（労働関係法規が適用されるか否か）を決定する重要な意義を持っています。社会保障や税金の扱いも，これと類似の基準によって決められます。ただし，すべての自営業者に労働関係法規が適用されることはないか，というとそうではありません。この点もおさえておくべきポイントです。

これらは，一般に，「労働法規で保護される対象となる労働者はどのような人をいうのか——労働者概念（労働者性）」の問題として議論されています。

以下，法律ごとにみていきましょう。

（ア） 労働基準法上の労働者

労基法9条は，「この法律で『労働者』とは，……事業又は事務所（以下「事業」という。）に使用される者で，賃金を支払われる

者をいう」としていて，労基法上の労働者に該当するには，①事業性[1]，②使用性，③賃金支払性，が認められる必要があります。

　この労基法上の労働者概念は，最賃法，労安衛法においても適用されています（最賃法2条1項，労安衛法2条2号）。労災保険法には，最賃法，労安衛法のように定義に関する規定は置かれていませんが，同法の労働者とは労基法上の労働者であると解釈されています[2]。このように，労基法上の労働者に該当すれば，最賃法，労安衛法，労災保険法上の保護がもれなくついてくることになります。

　上でみた労働者性の要件（特に，「使用され……，賃金を支払われる」といえるかが問題となります）を満たしているかの判断にあたっては以下の2点に留意してください。

　第1に，労働者性は，就労の実態をふまえて判断されます。契約書に，「労基法上の労働者ではない」とか「本契約は労働契約ではない」と書かれていても，実際に①②③の要件を満たしている場合には，労基法が適用されます。

　第2に，労働者性の判断基準については，「労働基準法研究会報告（労働基準法の『労働者』の判断基準について）」（昭和60年12月19日）⎙で，

1　「使用従属性」[3] に関する判断基準

（1）「指揮監督下の労働」に関する判断基準

---

1)　事業性については，「相関連する組織のもとに業として継続的に行われる作業の一体をいう」と解されています。昭和22年9月13日発基17号，昭和23年3月31日基発51号，昭和33年2月13日基発90号，昭和63年3月14日基発150号，平成11年3月31日基発168号。

2)　横浜南労基署長(旭紙業)事件・百選1・最一小判平成8年11月28日労判714号14頁。

3)　同報告書では，②使用性＋③賃金支払性を総称して，「使用従属性」と呼んでいます。

イ　仕事の依頼，業務従事の指示等に対する諾否の自由の有

　　　無

　　ロ　業務遂行上の指揮監督の有無

　　ハ　拘束性の有無（時間的，場所的拘束）

　　ニ　代替性の有無

（2）　報酬の労務対償性に関する判断基準

2　「労働者性」の判断を補強する要素

（1）　事業者性の有無（機械，器具の負担関係，報酬の額，その

　　　他）

（2）　専属性の程度　等

が示されており，これを参照して判断する裁判例が多くみられます。
ただしこの判断基準の妥当性・有用性を絶えず点検していくことも
必要でしょう（インターンシップ学生の労働者性については→75頁）。

　なお，労基法上の労働者性が認められる場合であっても，同居の
親族のみを使用する事業と家事使用人には，労基法は適用されませ
ん（116条2項）。

スポット
ライト　　　　　　　　　　労働者協同組合──労働契約の枠内で

　働く人々が集まって事業を行う場合の法的な枠組みを定めた法律と
して，労働者協同組合法があります。
　労働者協同組合は，
　①組合員が出資する
　②その事業を行うにあたり組合員の意見が適切に反映される
　③組合員が組合の行う事業に従事する
との基本原理に従い事業が行われることを通じて，持続可能で活力あ
る地域社会の実現に資することを目的とするものでなければなりませ
ん（労働者協同組合法3条1項）。

その他，労働者協同組合は，

①組合員の任意の加入・脱退

②労働者協同組合と，事業に従事する組合員との間での，<u>労働契約の締結</u>

③組合員の議決権・選挙権は出資口数にかかわらず平等

④労働契約を締結する組合員が総組合員の議決権の過半数を所有

⑤剰余金配当は，組合員の組合の事業への従事の程度に応じて実施の要件を満たす必要があり（3条2項・20条1項），営利目的であってはなりません（3条3項）。労働者派遣事業以外は事業として行うことが可能です（7条2項）。

個々の組合員は労働者協同組合と労働契約を締結して組合の事業に従事する者と位置づけられ，労働者としての保護の対象とされていることは，注目点です。

（イ）　労働契約法上の労働者

労契法上の労働者概念は，同法2条1項に定められており，「使用され」「賃金を支払われる」ことが要件となる点は，労基法上の労働者概念と同様です。ただし，労基法上の労働者概念と異なり，事業性は求められていません（同項）。

労契法は，使用者が同居の親族のみを使用する場合の労働契約には適用されません（21条2項。家事使用人については，労基法と異なり，労働者性が認められれば適用されます）。

（ウ）　労働組合法上の労働者

労組法は，同法上の労働者につき，「賃金，給料その他これに準ずる収入によつて生活する者をいう」と定めており（3条），労基法上の労働者概念を定めた労基法9条とは異なる文言が使われています。労組法上の労働者の範囲は，労基法上の労働者の範囲より広いと考えられていて，失業者も労組法上の労働者に該当しえます。

労組法上の労働者概念をめぐっては，コンビニのオーナーや，フ

ードデリバリーの配達パートナーなどの人たちが，それに該当する
かが問題となります。裁判例や労働委員会（→286頁）命令におい
ては，労組法上の労働者性の判断にあたり，これまで出されてきた
最高裁判例[4]を参考として，

基本的判断要素として，①事業組織への組入れ

②契約内容の一方的・定型的決定

③報酬の労務対価性

補充的判断要素として，④業務の依頼に応ずべき関係

⑤広い意味での指揮監督下の労務提供，

一定の時間的場所的拘束

労働者性に否定的に働く要素として，⑥顕著な事業者性[5]

を考慮してなされることが一般的です。

　労組法上の労働者性もケースバイケースで判断されますが，コン
ビニオーナーにつき否定する裁判例が出ています[6]。フードデリバ
リーサービスの配達パートナーについては，最近の東京都労働委員
会の命令（2022年11月25日📄）では，労組法上の労働者性が肯定
されています。

---

4) 　国・中労委(新国立劇場運営財団)事件・最三小判平成23年4月12日民集65
巻3号943頁，国・中労委(INAXメンテナンス)事件・百選3・最三小判平成23
年4月12日労判1026号27頁など。

5) 　この整理は，「労使関係法研究会報告書（労働組合法上の労働者性の判断基準
について）」（平成23年7月）📄でなされました。

6) 　国・中労委(セブン－イレブン・ジャパン)事件・最二小決令和5年7月12日
中労委DB（令和5年(行ヒ)第115号）など。

（2） フリーランスの保護

☑ 次に，フリーランスについてみてみましょう。本書では深く取り上げられませんが，フリーランスで働く人の保護を考えるにあたって，労働法だけでなく，経済法も勉強する必要があります。

　いわゆるフリーランスで働く人[7]を法のネットワークの中でどのように位置づけるか，そして，どのようなルールを設定していくのかは，大きな政策課題です。

　これまでにも一定の法的対応はなされてきたところ（→203頁）ですが，2023年4月にいわゆる「フリーランス・事業者間取引適正化等法」（フリーランス法）が成立しました（同年5月12日から起算して1年6か月以内に施行予定）。

　同法の規制は，①特定受託事業者[8]にかかる取引の適正化と，②特定受託業務従事者[9]の就業環境の整備，の2つに分けられており，前者については経済法的アプローチ，後者については労働法的アプローチにより規制しています。

　①特定受託事業者にかかる取引の適正化は，取引の面に着目した規制で，特定業務委託事業者[10]に関し，条件明示義務（3条。これは特定業務委託事業者に限られません），報酬の支払期日（4条），遵

---

7) フリーランスの数は462万人程度と試算されており（内閣官房日本経済再生総合事務局「フリーランス実態調査結果」〔令和2年5月〕☑），本業がフリーランスの数は209万人となっています（2022年現在。総務省統計局「令和4年就業構造基本調査」☑）。

8) 「特定受託事業者」とは，業務委託の相手方である事業者であって従業員を使用しないものをいいます（2条1項）。

9) 「特定受託業務従事者」とは，特定受託事業者である個人および特定受託事業者である法人の代表者をいいます（2条2項）。

10) 「特定業務委託事業者」とは，特定受託事業者に業務委託をする事業者であって従業員を使用するものをいいます（2条6項）。

守事項（5条）を定めています。

　②特定受託業務従事者の就業環境の整備は，就業環境の面に着目した規制で，特定業務委託事業者に関し，募集情報の的確な表示（12条），妊娠・出産・育児・介護に対する配慮（13条），ハラスメント行為に関する措置義務（14条），解除等の予告（16条）について定めています。

　特定業務委託事業者がこれらに違反した場合などの対応としては，公正取引委員会，中小企業庁長官，厚生労働大臣が，当該特定業務委託事業者等に対し，違反行為について助言，指導，報告徴収・立入検査，勧告，命令，公表をすることができるものとされています（8条，9条，11条，18条〜20条，22条）。命令違反や検査拒否等に対しては，罰則が設けられています（違反した行為者以外の法人または人にも刑を科す規定〔両罰規定といいます〕も置かれています）。

　同法は，広くフリーランス等に着目して規制を行う初めての法律です。適用状況をみていきつつ，労働法的アプローチが果たすべき役割をあらためて検討しながら，今後の規制のあり方を考えていくことが求められるでしょう。

働いてもらう

大学生活はラグビー一色。外資系金融機関に勤めた後，介護事業でビジネスを始めた。介護のニーズは高く，従業員も増やしてきている。押しが強いと言われるが結構気にするタイプで，へこんだときにはバーに長居してしまう。ウイスキー好き。

清明

✅ 労働法はこれまで使用者を責任の名宛人として労働者の保護を図ってきました。そうしたこれまでの労働法システムを取り巻く現在の状況と，これからの課題について思いをめぐらせてみましょう。

（1）責任の名宛人と使用者

みなさんの中には，清明のように，スタートアップ（起業）に関心がある人もいるでしょう。今は考えていない人も，将来，会社側の立場で従業員に向き合うこともありえます。労働法は，労働者だけでなく使用者にとっても非常に重要です。

使用者についても，「労働法規で対象となる使用者はいったいどのような人をいうのか，どの範囲で認められるか——使用者概念（使用者性）」が問題となります。これについては，労働関係における責任の名宛人（帰属先）という観点が参考になります。

（2）労働契約（法）上の使用者と使用者概念の拡張

労契法2条2項は，「この法律において『使用者』とは，その使用する労働者に対して賃金を支払う者をいう」と定め，同法6条は，「労働契約は，労働者が使用者に使用されて労働し，使用者が

これに対して賃金を支払うことについて，労働者及び使用者が合意することによって成立する」と規定しています。このことからもわかるように，労働者と労働契約を締結した相手方は，使用者となります。

それでは，たとえば，労働契約の締結当事者である使用者が賃金を支払わないとき，当該使用者以外に（たとえば親会社に），未払賃金の支払を求めることができるでしょうか。すなわち，労働契約の締結当事者以外に使用者としての責任を認めることができるでしょうか。

この問題は，「使用者概念の拡張」として議論されていて，2つの法的構成（ルート）により使用者としての責任を追及できることがあります。

（ア） 法人格否認の法理

1つ目は，「法人格否認の法理」です。すなわち，①法人格が形骸化している場合や，②違法・不当な目的で法人格が濫用されている場合には，使用者の法人格が否認され，背後にいる実質的な当事者に使用者としての責任を追及できる場合があります。

①法人格の形骸化については，経営陣の一体性，財産の混同などの事情があったときに認められますが，裁判所は限定的な場合のみ法人格の形骸化を認めています[1]。

②法人格の濫用については，違法・不当な目的で法人格が濫用された場合に認められます。たとえば，社内で活動する労働組合を壊滅するために，親会社が子会社を偽装解散したような場合です[2]。

---

1) 法人格の形骸化を認めた裁判例として，黒川建設事件・百選2・東京地判平成13年7月25日労判813号15頁。
2) 法人格の濫用を認めた裁判例として，第一交通産業(佐野第一交通)事件・百選66・大阪高判平成19年10月26日労判975号50頁。

　2つ目は，黙示の労働契約の成立（労契法6条参照）が認められる場合です。判例には，問題となった事案につき，①労務提供を受けたY社は採用に関与していたとは認められない，②Y社が給与等の額を事実上決定していたといえる事情もない，③労働者と雇用契約を締結しY社に労働者供給をしていた会社は，配置を含む具体的な就業態様を一定の限度で決定しうる地位にあったことなどを総合考慮して，Y社との間の黙示的な雇用契約関係の成立を認めなかったもの[3]があります。

（3）　労働基準法上の使用者

　労基法は，

- ①事業主（労働契約上の使用者）
- ②事業の経営担当者（役員，支配人など）
- ③その事業の労働者に関する事項について，事業主のために行為をするすべての者

を使用者としています（10条）。③については，労基法が規定する事項について実質的権限を有する者と解されていて，たとえば課長であっても，時間外労働を命ずる権限を有する者は，それに関して労基法上の「使用者」に該当し，罰則の適用対象となります。

　また労基法は，建設等の事業が数次の請負により行われる場合，災害補償については，その元請負人を使用者とみなすことを定めています（87条，労基則48条の2）。

---

3)　パナソニックプラズマディスプレイ(パスコ)事件・百選81・最二小判平成21年12月18日民集63巻10号2754頁。

（4） 労働組合法上の使用者

　労契法，労基法と異なり，労組法は，使用者についての定義規定を設けていません。しかし，不当労働行為（→287頁）について定める労組法7条は「使用者は，……行為をしてはならない」と定めるなど，使用者の概念が非常に重要な意味を持っています。

　労組法上の使用者概念については，①労働契約関係との時間的近さ，②労働契約関係との関係の近さ，のそれぞれの観点から検討されます。

　①については，労働契約関係が成立する前またはなくなった後に使用者性が認められるかという場面で問題となります。たとえば，会社から解雇された直後に当該解雇について団体交渉を申し込む場合，一般的にその会社の使用者性は認められます（当該解雇に関して長期間経過後〔たとえば10年後〕に団交を申し込んだ場合には，使用者性が認められない場合もありえます）。

　②については，労働契約関係にある者以外の者に使用者性が認められるかという場面で，その者との関係が，当該労働契約関係とどの程度近似しているといえるかが問題となります。この点，判例[4]は，「雇用主以外の事業主であっても，……その労働者の基本的な労働条件等について，雇用主と部分的とはいえ同視できる程度に現実的かつ具体的に支配，決定することができる地位にある場合には，その限りにおいて，右事業主は同条〔労組法7条〕の『使用者』に当たるものと解するのが相当である」と判示しています。

---

4) 朝日放送事件・百選4・最三小判平成7年2月28日民集49巻2号559頁。

ビジネスと人権——使用者を超えて

　近年,「ビジネスと人権」への注目が高まっています。

　グローバリゼーションが進展し,ビジネスシーンにおいて,サプライチェーン(供給網)が国境を越えて伸長していく中,国だけでなく企業なども,サプライチェーンの問題状況を改善し,人権を保護すべく取り組んでいくことが求められています。

　こうした観点から,2011年には,国連において「ビジネスと人権に関する指導原則」が採択され,OECDではOECD多国籍企業行動指針が改訂され,企業も人権を尊重すべきこと,人権への影響を特定・防止・軽減し,そしてその対処について責任を持つという人権デュー・ディリジェンスのプロセスを実施することなどが定められました。

　日本では,2020年10月に「『ビジネスと人権』に関する行動計画(2020-2025)」(「行動計画」)🔗,2022年9月に「責任あるサプライチェーン等における人権尊重のためのガイドライン」🔗 が策定されました。「行動計画」では,分野別行動計画の横断的事項として,ア.労働(ディーセント・ワークの促進等),イ.子どもの権利の保護・促進,ウ.新しい技術の発展に伴う人権,エ.消費者の権利・役割,オ.法の下の平等(障害者,女性,性的指向・性自認等),カ.外国人材の受入れ・共生,があげられています。ここからも明らかなように,労働法分野での取組みが非常に重要です。

　このほか,2015年に国連で採択された「持続可能な開発のための2030アジェンダ」では,SDGsが掲げられました。そこでの17の目標の多くが労働分野に関わっています。

　国も企業もこれまでの枠を超えて,そして1人ひとりも,働くことと人権とのつながりを捉えて,よりよい社会に結びつけることが求められています。そして,国外だけでなく国内の問題についても注視し,適切に対応していくことも重要です。

6

国際的に働く

キアーラ

イタリア北部パドヴァ出身。幼いときから日本のアニメを見て育つ。
ベネチアの大学を卒業し，日本に留学中。フミと知り合い，一緒に住
んでいる。留学後も日本で就職して結婚したい。冷えた日本酒が好き。

☑ みなさんも外国で働くかもしれません。その点を意識すると，外国人
労働の問題も単なる他人事ではないように思えるのではないでしょう
か。

　時代はますますボーダーレスになっています。働く世界も同様で
す。日本で働く外国人，外国で働く日本人，外資系企業で働く日本
人……。働く世界はボーダーレスになってきていますが，他方で，
働く世界も法のネットワークに規制されます。ここでは，外国人が
日本で働く（または働こうとする）場合を中心にみていきましょう。

（1）　出入国管理法上の地位

　外国人の入国や在留に関しては，「出入国管理及び難民認定法」
（出入国管理法）が基本的ルールを定めています。外国人が日本で合
法的に働くことが可能な場合としては，3つのケースがあります。

　第1は，在留資格上，職種や勤務内容等を問わず就労が可能な
場合（身分・地位に基づく在留資格）です。永住者，日本人の配偶者
等，永住者の配偶者等，定住者，の在留資格を有する場合がそれに
該当します。

　第2に，在留資格において，一定の職種，勤務内容等に限って
就労が可能な場合（就労が認められる在留資格）です。教授，芸術，

宗教，報道，高度専門職（1号・2号），経営・管理，法律・会計業務，医療，研究，教育，技術・人文知識・国際業務，企業内転勤，介護，興行，技能，特定技能（1号・2号）（→46頁），技能実習（1号〜3号）（下記），特定活動等がそれに該当します。

　第3は，資格外活動の許可を得て，就労することができる場合です。留学，家族滞在の在留資格を有している人については，就労先を特定せず，資格外活動許可を申請することが可能です。たとえば，留学生のアルバイトについては，勉学活動を阻害しない限りで，1週28時間以内で許可されます。

▼ 図表3：在留資格別外国人労働者の割合

外国人労働者数
2,048,675 人

　身分に基づく在留資格／615,934 人／30.1%
　専門的・技術的分野の在留資格／595,904 人／29.1%
　技能実習／412,501 人／20.1%
　資格外活動／352,581 人／17.2%
　特定活動／71,676 人／3.5%
　不明／79 人／0.0%

「『外国人雇用状況』の届出状況まとめ（令和5年10月末時点）」 をもとに作成。

⌒（ア）　技能実習制度

　技能実習制度は，人材育成を通じた開発途上地域等への技能・技術・知識の移転による国際協力の推進を目的とした制度と位置づけられています（技能実習法1条）。また技能実習法には，その基本理念として，「技能実習は，労働力の需給の調整の手段として行われてはならない」（3条2項）と定められています。しかしその実態は，単純労働につき外国人の利用に制限的であった日本において，単純労働をさせる手段として機能してきているという指摘がなされているところです。

　技能実習は，「技能実習」（1号〜3号）の在留資格を有する者に

なされます。最初の2か月程度は講習（座学）が実施され，その後実習がなされます。実習期間中，技能実習生は雇用関係にあり，労基法などの労働法規が適用されます。技能実習の期間は講習も含め最長5年間です。

技能実習の受入れの方式は，企業単独型（日本の企業等が海外の現地法人，取引先企業等の職員を受け入れて技能実習を実施）と団体監理型（事業協同組合等の非営利の監理団体が技能実習生を受け入れ，傘下の企業等で技能実習を実施）があります。全体の98.3%が団体監理型での受入れです。

技能実習制度については，監理団体や実習実施者の義務や責任の所在が不明確であること，技能実習生の保護の体制が不十分であることなどが従来指摘されていました。これを受け，現在では，監理団体は許可制，実習実施者は届出制となっています。また，通報・申告窓口が置かれ，人権侵害行為等に対しては罰則等が設けられています。このほか，技能実習を開始した実習実施者での技能実習の継続が困難になった場合で，技能実習生が希望する場合には，実習先の変更ができ，その支援を行うしくみ（実習先変更支援）が設けられています。

なお，政府は現在（2024年2月），技能実習制度を実態に即して解消し，新たに，人手不足分野における人材確保および人材育成を目的とする育成就労制度の創設を検討しています。

（イ）特定技能制度

技能実習制度が国際協力推進を目的とするのに対して，特定技能制度は，人材確保が難しい産業分野等での人手不足に対応するために，一定の専門性・技能を有し即戦力となる外国人を労働者として受け入れるものです。2018年の出入国管理法改正により設けられました。

特定技能に関する在留資格は，「特定技能」（1号・2号）です。

「特定技能」の 1 号は，特定産業分野（建設，農業等 14 分野）に属する相当程度の知識・経験を必要とする技能を要する業務に従事する外国人を対象とします。技能実習生は帰国せずに特定技能労働者として働くことが可能です。

特定技能 1 号については，通算では上限 5 年まで更新可能です。家族の帯同は基本的に認められていません。

「特定技能」の 2 号は，特定産業分野のうちの建設，造船・舶用工業の 2 分野に属する熟達した技能を要する業務に従事する外国人を対象とします。特定技能 1 号と異なり，通算上限期間は設けられておらず，家族の帯同も可能です。

（2） 労働法・社会保障法の適用

（ア） 労働法

先ほど，「働く世界も法のネットワークに規制されます」と書きましたが，より具体的にみていきましょう。たとえば，日本に所在する外国法人に勤務する外国人労働者には，日本の労働法が適用されるのでしょうか。

労働契約上の法的問題についてどの国の法律が適用されるか（準拠法）は，「法の適用に関する通則法」（法適用通則法）により判断されます。同法は，労働契約について特例を設けています（12 条）。

それによると，当事者は準拠法を選択することができますが（7条），当事者が準拠法を当該労働契約に最も密接な関係がある地の法以外の法とした場合であっても，労働者が当該労働契約に最も密接な関係がある地の法中の特定の強行規定（それに反する合意は無効となります）の適用の意思を使用者に表示したときは，当該強行規定も適用されます（12 条 1 項）。この規定の適用にあたっては，当該労働契約の労務提供地の法が，当該労働契約に最も密接な関係がある地の法と推定されます（同条 2 項）。

また，当事者による選択がないとき，最も密接な関係がある地の法が準拠法となりますが（8条1項），当該労働契約の労務提供地の法が当該労働契約に最も密接な関係がある地の法と推定されます（12条3項）。

労基法や労安衛法などの労働保護法の罰則や行政監督については，日本国内に事業所が存する場合には，外国人が外国法人に勤務している場合でも適用対象となります。

労基法の私法的規制については，日本法の適用を受けるという労働者の意思表示がある場合には適用を受けますが，それがない場合の扱いについては解釈（絶対的強行法規として適用されるか，法適用通則法12条のルールに従うか）にゆだねられています。

（イ）　社会保障法

日本の公的年金・医療制度は，国籍要件を設けていません[1]。そのため外国人についても，これらの制度の所定の要件を満たした場合にはそれらの適用対象となります。

他方で，外国人労働者に関しては，いくつか特別な制度や規制などが設けられています。

公的年金については，外国でも社会保険料を支払う必要があり二重負担になったり，保険料の支払期間が十分でなく年金を受給できなくなったりするという問題も生じかねません。そうしたことから，日本といくつかの国との間での社会保障協定の締結・発効により，二重加入の防止・年金加入期間の通算が行われてきています。このほか，外国人が公的年金資格を喪失して日本を出国した場合，脱退一時金を請求できる制度も設けられています。

---

1) 生活保護については，生活保護法は「すべての国民」に必要な保護を行うことを定めていますが（1条），一定の基準のもとで外国人にも生活保護の取扱いに準じて必要と認める保護が行われています（昭和29年5月8日社発382号 ）。

仕事をかけもちする

電機メーカーでシステム開発をしている。SNS にあふれる眩しい生活に憧れて会社に内緒で副業をし始めた。悩みも不満も他人には言えない。そんな自分を理解してくれる人をずっと追い求めている。コーヒー好き。

那都

仕事のかけもちは大したことではないように思えるかもしれませんが，働く世界のルールに大問題を投げかけています……。

　従来から仕事のかけもちはありましたが，さほど注目をされていませんでした。ところが，政府が副業・兼業促進にかじを切った2018年から副業・兼業がクローズアップされてきています[1]。ダブルワーク（トリプルワークなどもありうるでしょう）も，雇用＋雇用だけでなく，雇用＋自営，自営＋自営といろいろな形態がありえます。労働法にも，それに関する規制が一部置かれたりしています（→162頁・204頁・236頁）が，見直しなどの議論は途上にあるといえるでしょう。実は，この問題は，使用者に責任を帰属させる（→39頁）という従来の労働法のあり方の限界を感じさせるようなところがあり，私たちには適切な対応が求められています。

---

1)　2022年現在，非農林業従事者のうち副業がある者は305万人で，その比率は4.8％です（総務省統計局「令和4年就業構造基本調査」🔗）。

8 公務員として働く

翔真

高校時代に自宅にも学校にもなかったおしゃれな時間をカフェで見つけてから，カフェでバイトしたいと思っていた。なんとか就活を無事に終えたい。公務員試験？　全然考えていません。しかし人生はわからないもので……。カプチーノ好き。

☑️　公務員の人たちは，民間労働者と異なるルールのもとにある（ことがある）ことをイメージしてみましょう。

　社会には，公務員として働き，社会をサポートしている多くの人々がいます。最近のデータ[1]によると，国家公務員は約59万人，地方公務員は約276万人で，これらの総計は約335万人です。労働力人口（15歳以上人口のうち，就業者と完全失業者を合わせた人口）は約6900万人ですので，そのボリュームの大きさ（5％弱）をわかってもらえると思います。

　ただし注意しないといけないのは，労基法などの労働法規の適用は民間労働者と同じではなく，独自のルールも定められています。また公務員の種別により，適用されるルールも異なっています。残念ながら，本書では公務員の人たちの働くルールを取り上げることはできませんが，この本を手にとる人たちには，こうした状況を心に留めてもらいたいと思っています。

　公務員の一般職職員の労働法規の適用などについては，おおよそ図表4のようになっています。

---

1)　人事院「本年の給与勧告のポイントと給与勧告の仕組み」（令和5年8月）🔗。

▶図表4：公務員に対する労働法規の適用状況

	国家公務員 非現業	地方公務員 非現業		国家公務員 現業（行政執行法人職員）	地方公務員 現業（特定地方独立行政法人職員等）
	警察職員等	警察・消防職員			
団結権	○	×	○		○
団体交渉権	△	×	△		○
協約締結権	×	×	×		○
争議権	×	×	×	×	×
労働基準法／労安衛法	×（一般職員勤務時間法・人事院規則10-4）	○（一部除く）	○（一部除く）		○
最低賃金法	×	×	×		○
労災保険法	× （国家公務員災害補償法、地方公務員災害補償法）	×	×	○（一部除く）	○（一部除く）
労働契約法	×	×	×		○
男女雇用機会均等法	△（ハラスメント規定適用あり）	×	×		○
パート有期法	×	×	×		○
労働組合法	×	×	×	○（一部除く）	○（一部除く）

公務員の勤務関係の主な特徴として，

├①公務員の勤務関係は労働契約関係ではないと考えられている

├②勤務条件が法律や条例によって決定され，労使間の交渉による
　　決定が制限されている

点があげられます。

　　公務員への労働法規の適用をどう考えるかなどは，今後も重要な
テーマです。

Ⅲ

会社で働く

Ⅲ

1

さまざまなルール――労働条件の決まり方

清明　4月5日

　これまで，外資系金融機関に勤めてきた。

　日本の現状を見ると，全く高齢化に対応していない。

　金融資産を保有する高齢者は少なくないが，そういった人たちが豊かな人生を謳歌しているかというと，必ずしもそんなことはない。ビジネスチャンスでもある。

　そこで一念発起，介護の会社を立ち上げた。社員も新しく採用した。

　ただ，起業にあたって知らないことばかりだ。法律のことは税理士と社労士の先生に相談しながら進めている。

　そんな中，今日，社労士の先生から，「社員さんが増えてきたので，就業規則を作成するほうがいいと思います」と言われた。

「聞いたことはありますが……何でしたっけ，それ」

「会社の中でのルールですよ。学校の校則みたいなものだと思ってもらったら結構です」

「そんなもの，いきなり作れませんよ。。」

「大丈夫です。厚生労働省のサイトに『モデル就業規則』というのが載っていますので，それを参考に私が作ってきます」

「ありがとうございます。でも経営が今でもまだ軌道に乗っていないので，先生，労働条件は低くしておいてくださいよ」

「お気持ちはわかりますが，法律を下回ることはできませんよ。あと，労働協約も」

「えっ。労働協約？　法律と就業規則だけじゃないんですか？」

「労働協約っていうのは，労働組合と会社との間の取り決めのことです。また，時期が来たらお話ししますよ」

　時期が来たらって。。いつのことだ。

　とにかく，人を雇うのは大変だ。意気込みだけでは会社は作れない。個人で仕事を請け負ったりするのとは違う責任があるようだ。会社勤

めのときは労働法なんて気にとめていなかったけど，起業して労働法について考えることになるなんて皮肉なもんだ。もっと大学時代に勉強しておけばよかったかもな。でも今からでも遅くないだろ。法律の勉強。やればわかるさ。

　目には見えないかもしれませんが，働くみなさんや使用者など，労働関係に登場するさまざまな人・ものは，さまざまなルールや規則で守られたり，ときには行為などを制限されたりしています。本章では，こうした労働関係を取り巻くルールのうち，主要な4つ（法律，労働協約，就業規則，労働契約）の基本的特徴をみていきます。

　そして，各ルールは相互に異なる内容を定めることもあります。そのため，各ルールの整理・順位づけ（どちらが優先するか）なども必要となります。各ルールがどのように整理・順位づけされるかについても，ここでみていきましょう。

（1） 法律

　憲法は，「賃金，就業時間，休息その他の勤労条件に関する基準は，法律でこれを定める」と規定しています（27条2項）。そして勤労条件に関係するルールには，労働基準法，労働契約法，最低賃金法などなど，さまざまな法律があります。これらの法律は，使用者に一定の行為を禁止したり，義務づけたりするほか，労使間の合意の効力について定めたりしています。

⌒ 労働基準法の実効性確保のしくみ ⌒

☑ 法律がその目的の実現のためにどのようなしくみを置いているかも，法律をみていくうえで重要なポイントです。労基法についてはどのようなしくみが置かれているでしょうか。

　労働関係に関するそれぞれの法律は，上記のようにさまざまなかたちで労使間の関係を規律していますが，法律に「……しなければならない」と定めるだけでは，実効性（その法律が目指す状況を実現すること）という観点からは十分でないことがあります。法律にどのようなかたちで実効性を持たせるかは非常に重要なポイントです。

　たとえば労基法は，労働条件について最低限守るべき基準（最低労働基準）を定めています（1条2項）。その労基法が実効性を確保するためにどのようなしくみを置いているか，みてみましょう。

■ 強行的・直律的効力

　第1に，強行的・直律的効力があげられます。例をとって説明しましょう。労基法32条2項は，「使用者は，……1日について8時間を超えて，労働させてはならない」と定めていますが，労使間で「1日10時間労働」との合意をしたとしましょう。このとき，同項の定めの実効性を確保する手段が労基法に与えられていなければ，最低労働基準の確保という目的は達せられません。そこで，労基法は，13条第1文でまず，「この法律で定める基準に達しない労

働条件を定める労働契約は，その部分については無効とする」と定めています。この無効にする効力を強行的効力といいます。これにより，「1日10時間労働」という合意は無効となります。

それでは，「1日10時間労働」が無効になったとき，労働者が働くべき時間はどうなるのでしょうか。これについては，労基法13条第2文が「この場合において，無効となつた部分は，この法律で定める基準による」と定めており，結局は1日8時間労働になります。この契約内容を補完する効力を直律的効力といいます。労基法の強行的・直律的効力という強い効力は，労基法が定める最低労働基準を確保するしくみの1つです。

ここで注意が必要なのは，労働者が真意で「1日10時間労働」に同意していてもそのような合意は無効になるという点です。労使間のルール設定において，場合によっては労使間の合意よりも労基法の定める最低基準を優越させて，最低労働基準という「とりで」を守っているのです。

なお，労基法の定める最低労働基準を上回る労働条件の設定（たとえば「1日7時間労働」）については，労基法は介入せず，当事者にゆだねられます。労基法は，最終ラインのみチェックしているのです（最低基準効）。

■ 付加金 ─────────────

第2に，付加金の制度があります（労基法114条）。労基法は使用者に対して，解雇予告手当（20条），休業手当（26条），割増賃金（37条），年休手当（39条9項）の支払を義務づけています。使用者がこうした金銭を支払わない場合，裁判所は，労働者の請求により，これらの未払金とあわせてこれと同一額の金銭の支払を使用者に命ずることができます。これが付加金です[1]。裁判所から未払金額の

---

1) 付加金の請求期間は5年（当分の間3年。労基法附則143条2項）です。

倍の額の支払を命じられる可能性があるのであれば，最初から全額支払おうという使用者の行動の可能性を高めることができ，結果として，労基法の最低労働基準が守られることになります。

■ 行政監督 ─────────────────────────

第3に，労基法は，労基法違反がないかチェックする機能を担うものとして，行政監督制度を定めています（第11章）。この制度のもと，労働基準監督署等に労働基準監督官が置かれ（97条1項），労働基準監督官は，事業場等に臨検し，帳簿・書類の提出を求め，または，使用者や労働者に尋問を行うことができます（101条1項）。また労働基準監督官は，労基法違反の罪について，司法警察官の職務を行います（102条）。

■ 罰則 ─────────────────────────

第4に労基法違反には罰則規定が置かれています（117条以下）。行為者だけでなく会社も罰則の適用を受けることがあります（両罰規定。121条）。こうした罰則の規定が，使用者の法違反行為を抑制する効果を有することはいうまでもありません。

■ 規制の解除 ─────────────────────────

以上のように，労基法は最低労働基準を確保するための実効性確保のしくみを備えていますが，それとともに，一定の場合に労基法が定める規制を解除するしくみも置いています。

その1つが，労使協定です。労使協定とは，事業場において労働者の過半数で組織する労働組合がある場合においてはその労働組合（過半数組合），労働者の過半数で組織する労働組合がない場合においては労働者の過半数を代表する者（過半数代表者[2]。過半数組合とあわせて一般に，過半数代表といいます）と使用者との書面による協定のことをいいます。たとえば，労基法は1日8時間を超えて労働させてはならないと定めていますが，所定の労使協定を締結し，行政官庁に届け出た場合には，その労使協定の範囲内で労働時間を

8時間を超えて延長させることができます（36条1項）。これにより，使用者は8時間を超えて労働させても罰則の適用を受けず（この効力を免罰的効力といいます），8時間を超えて労働させる合意が労使間でなされたとしても，強行的効力（労基法13条）によって無効，とはなりません。

　労使協定によるこうした規制の解除は，その他の場面でも規定されています（休憩の一斉付与〔→175頁〕の例外〔34条2項〕など。労使協定は他の場面では異なる役割も担っています）。また，規制を解除するしくみとしては，労使協定のほかに，労使委員会決議もあります（→167頁・171頁）。

（2）　労働協約

　労働協約とは，使用者（または使用者団体）と労働組合とが労働条件や労使関係について定める合意のことをいいます。労働協約が定める労働条件は，当該組合の組合員にのみ適用されるのが原則です。

　労働協約は，書面に作成し，両当事者が署名するか記名押印することによってその効力が生じます（労組法14条）。これらを欠いているときには規範的効力（→60頁）は生じません[3]。

　労働協約は，3年を超える有効期間の定めをすることはできず

---

2)　過半数代表者は，①管理監督者（労基法41条2号）でない，②過半数代表者を選出することを明らかにして実施される投票，挙手等の方法により選出された者であって，使用者の意向に基づき選出されたものでない，という要件を満たす必要があります。また，使用者は，③労働者が過半数代表者であること等を理由として不利益な取扱いをしないようにしなければならず，④過半数代表者が労使協定等に関する事務を円滑に遂行することができるよう必要な配慮を行わなければなりません（労基則6条の2）。

3)　都南自動車教習所事件・百選90・最三小判平成13年3月13日民集55巻2号395頁。

（労組法 15 条 1 項），3 年を超える有効期間の定めがされた場合には，有効期間が 3 年の労働協約とみなされます（同条 2 項）。有効期間が設定されていない労働協約は，当事者の一方が，署名または記名押印した文書で相手方に，解約しようとする日から 90 日以上前に予告することにより，解約することができます（同条 3 項・4 項）。

（ア） 規範的効力

労働契約のうち，労働協約に定める基準（労働条件その他の労働者の待遇に関する基準）に違反する部分は，無効となり（強行的効力），無効となった部分と労働契約に定めのない部分は，労働協約の定める基準によることになります（直律的効力）（労組法 16 条）。この労働協約の労働契約に対する効力（強行的効力＋直律的効力）は，規範的効力といわれています。このように労組法は，労働協約が労働契約に対して強い効力を有することを定めています。

■ 有利性原則

先にみたとおり，労基法は，最終ラインのみをチェックしています（最低基準効）。この点，労働協約はどうでしょうか。すなわち，労働協約が定める基準を上回る労働条件が労働契約で定められている場合には，その労働契約上の定めは有効で，労働契約が定める基準が適用されるのでしょうか，それとも，そのような労働契約上の定めは無効で，労働協約が定める基準が適用されるのでしょうか（これは，「有利性原則」の問題として議論されています）。

この点は，規範的効力を定めた労組法 16 条が，「労働協約に定める……基準に違反する労働契約の部分」は無効とする，と定めていることから，労働協約が，それが定める基準を下回ることだけでなく上回ることも許容していないといえる場合（両面的効力を有する場合）には，労働協約の定める基準が適用されることになります。これに対して，労働協約が，それが定める基準を上回ることを許容しているといえる場合には，その上回る労働条件が適用されること

になります。

■ 労働条件の不利益変更 ────────────────────

　それでは，組合員の労働条件を不利益に変更する方向で労働協約が締結された場合，その労働協約に，労働契約に対する効力は認められるでしょうか。

　まず，すでに発生した労働者の請求権については，その後に結ばれた労働協約により処分することはできません[4]（規範的効力の範囲外といえます）。

　また，労働協約よりも有利な労働条件が労働契約等により設定されることが労働協約により許容されている（両面的効力を有しない）場合，当該労働条件の労働協約による不利益変更はなされません。

　これに対して，労働協約が両面的効力を有する場合には，労働協約による労働条件の不利益変更は原則として認められます。最高裁判決[5]も，「労働協約に定める基準が……労働条件を不利益に変更するものであることの一事をもってその規範的効力を否定することはできない」としたうえで，当該事案において，「同協約が特定の又は一部の組合員を殊更不利益に取り扱うことを目的として締結されたなど労働組合の目的を逸脱して締結されたものとはいえず，その規範的効力を否定すべき理由はない」と判示しています。この最高裁判決を前提とすると，例外的に，労働協約が特定のまたは一部の組合員をことさら不利益に取り扱うことを目的として締結されたなど労働組合の目的を逸脱して締結されたと評価できる場合には，労働協約の規範的効力は否定されることになります。労働協約は，労働組合と使用者との間で締結された契約の一種であるので，使用

───────────────────────────────

4)　朝日火災海上保険(高田)事件・百選92・最三小判平成8年3月26日民集50巻
　　4号1008頁。
5)　朝日火災海上保険(石堂)事件・百選91・最一小判平成9年3月27日労判713
　　号27頁。

者が一方的に作成する就業規則（→68頁）と比べると，広い範囲で有効性が肯定されるといえます。

> （イ）　労働協約の適用範囲
> 　　　　　── 規範的効力の拡張適用（一般的拘束力）

労働組合と使用者との間で締結された労働協約の規範的効力は，先にみたとおり，当該組合の組合員の労働条件にのみ及ぶのが原則です。ただし，労組法は，一定の要件を満たした場合には，当該組合の組合員以外にもその労働協約の規範的効力が及ぶことを定めています（規範的効力の拡張適用。一般的拘束力ともいいます）。

■ 事業場における拡張適用 ─────────────────────

その１つが，事業場内での拡張適用です。労組法17条は，「一の工場事業場に常時使用される同種の労働者の4分の3以上の数の労働者が一の労働協約の適用を受けるに至つたときは，当該工場事業場に使用される他の同種の労働者に関しても，当該労働協約が適用されるものとする」と定めています。したがって，労組法17条の要件が満たされる場合には，当該組合の組合員以外にもその労働協約の規範的効力が及ぶことになります（ただし，他組合〔少数組合〕の組合員にも及ぶかについては，後述のとおり議論があります）。

それでは，拡張適用される労働協約の基準が当該組合の組合員以外の者にとって不利なものであっても，これらの者に対してその効力は及ぶのでしょうか。この点につき，最高裁判決[6]は，未組織の労働者に関して，「〔労組法17条の〕適用に当たっては，右労働協約上の基準が一部の点において未組織の同種労働者の労働条件よりも不利益とみられる場合であっても，そのことだけで右の不利益部分についてはその効力を未組織の同種労働者に対して及ぼし得ないものと解するのは相当でない」と判示したうえで，「しかしながら

---

6)　朝日火災海上保険(高田)保険・前掲注4)。

……未組織労働者は，労働組合の意思決定に関与する立場になく，また逆に，労働組合は，未組織労働者の労働条件を改善し，その他の利益を擁護するために活動する立場にないことからすると，労働協約によって特定の未組織労働者にもたらされる不利益の程度・内容，労働協約が締結されるに至った経緯，当該労働者が労働組合の組合員資格を認められているかどうか等に照らし，当該労働協約を特定の未組織労働者に適用することが著しく不合理であると認められる特段の事情があるときは，労働協約の規範的効力を当該労働者に及ぼすことはできない」と述べています。

労組法 17 条による労働協約の拡張適用に関しては，他組合（少数組合）の組合員についても及ぶかも問題となります。この点については，まだ最高裁判決は出されていません。学説の多数は，少数組合の団結権の保障などの観点から，少数組合の組合員には，組合員にとって有利／不利どちらの方向のものであっても，当該労働協約の効力は及ばないと考えています。

■ 地域的拡張適用 ─────────────────────

労働協約の拡張適用について，労組法はもう 1 つ，地域的拡張適用を定めています（18 条）。すなわち，一の地域において従業する同種の労働者の大部分が一の労働協約の適用を受けるに至ったとき，当該地域において従業する他の同種の労働者およびその使用者も当該労働協約の適用を受けることがあります。この拡張適用がされるには，当該労働協約の当事者の双方または一方の申立てに基づき，労働委員会（→286 頁）の決議により，厚生労働大臣または都道府県知事による当該拡張適用の決定がされる必要があります。この制度の趣旨は，所定の要件が満たされた場合，当該労働協約に定める労働条件を地域における公正労働条件とみなして，同じ地域の当事者以外の労使にも及ぼすことで，より低い労働条件を設定する方向での企業間の競争を防止し，労働条件の維持・改善を図ること

にあるといえます。

　地域的拡張適用については，具体的ケースにおいて，もっぱら当該地域における競業企業の排除や新規参入排除を目的とするなど，当該制度を濫用的に利用しようとするといった特段の事情が認められるかなどもみていくことが必要であるように思われます。

（3）　就業規則

　就業規則とは，事業場において使用者が定める労働条件等に関する規則類（使用者が定める職場のルール）のことをいいます。「就業規則」と耳慣れないことをいわれて面食らうのが普通だと思いますが，学校での校則が生徒・学生にとって大きな意味を持つように，労働時間や賃金などについて定める就業規則は，以下でみるように労働者にとって非常に大きな意味を持ちます。また，就業規則は，事業場の中で統一的に労働条件を設定する機能を持ち，使用者にとっても，事業経営上，非常に重要な役割を果たすものです。

（ア）　手続に関するルール

　就業規則について，労基法はいくつか手続に関する規定を置いています。

　まず，従業員を常時10名以上使用する事業場では，使用者は就業規則を作成し，行政官庁に届け出なければなりません（労基法89条）。就業規則には，労働時間や賃金など必ず定めなければならない事項（絶対的必要記載事項）と，制度を設ける場合には就業規則に定めなければならない事項（相対的必要記載事項）を記載する必要があります。そして，就業規則を作成・変更する場合には，過半数代表（→58頁）の意見を聴取し，行政官庁に届け出なければなりません（過半数代表が反対した場合であっても，意見を聴取し行政官庁に届け出ていれば労基法違反にはなりません）（90条）。また，使用者は，就業規則を掲示したり磁気ディスク等に記録しパソコンなどで

確認できるようにするなどの方法により，労働者に周知しなければなりません（106条1項，労基則52条の2）[7]。

（イ） 就業規則と労働協約

労基法は，「就業規則は，法令又は当該事業場について適用される労働協約に反してはならない」と定め，法令（強行法規），労働協約が就業規則に優越することを定めています（92条1項）。

「労働協約に反してはならない」と規定されていることから，労働協約が許容すると解される場合を除いて，就業規則が労働協約を下回ることだけでなく上回ることも認められません。

法令（強行法規）または労働協約に抵触する就業規則については，行政官庁は，変更を命ずることができます（同条2項）。

（ウ） 就業規則と労働契約

☑ 就業規則と労働契約の関係をしっかり整理することは，難しいですがとても大切です。場合分けして整理しましょう。

就業規則が労働契約との関係でどのような役割を果たすか，場面・場合に分けてみていきたいと思います。

■ 労働契約締結の場面

● 就業規則の内容が労使間の合意の対象である場合

▼ 図表5

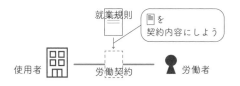

労働契約の締結時に，就業規則が記載されている文書を使用者が

---

7) これに関連して，使用者は，就業規則を備え付けている場所等を労働者に示すこと等により，就業規則を労働者が必要なときに容易に確認できる状態にすることが求められています（令和5年10月12日基発1012第2号 🔗）。

労働者に見せ，労働者がその内容に同意して労働契約を締結した場合を考えてみてください。この場合のように，就業規則の内容が労使間の合意の対象となった場合，それにより，就業規則の内容が労働契約の内容となります。

この場合，労使間で「合意」があったと認定できるか否かは問題となりえますが（山梨県民信用組合事件最高裁判決〔後掲注9〕の考え方も参照してください），以下でみるような，労契法7条の「合理性」の問題とは区別されます。

● 就業規則の内容が労使間の合意の対象でない場合

▼ 図表6

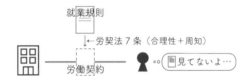

就業規則を使用者が労働者に見せず労働者がその内容を知らないときなど，就業規則の内容が労使間の合意の対象でない場合，就業規則の内容は労働契約の内容にならないことになりそうです。しかしそうなってしまうと，実務上，統一的に労働条件を設定するという就業規則の機能が大きく減じることになります。

この点に関して，「就業規則の法的性質」の問題として議論され，最高裁の判例[8]においても重要な判断がなされてきましたが，現在においては，労契法において立法による解決がなされています。

すなわち，労契法7条本文は，

├─①労働契約を締結する場合に

├─②就業規則の定める労働条件が合理的で

---

8) 秋北バス事件・百選20・最大判昭和43年12月25日民集22巻13号3459頁など。

├─③労働者に周知されていた場合には

就業規則の定める労働条件が，労働契約の内容になる旨を定めています。

「合意が認定できなくても，労働契約の内容になる」というルートを労契法は定めたのです。

なお，労使間で就業規則の内容と異なる合意があった場合には，上記のルートはとられず，それが就業規則の内容を下回らない限り（→69頁），当該合意が労働契約の内容となります（同条ただし書）。

■就業規則変更による労働条件不利益変更の場面

●労働者が同意した場合

就業規則は使用者が変更することも可能です（労基法89条参照）。このとき，労働条件はどうなるでしょうか。就業規則変更により労働条件が不利益に変更される場合に特に問題となります（就業規則変更により労働条件が有利に変更される場合には，変更された就業規則が定める労働条件が労働契約の内容となります）。

この点については，労契法は，労働条件の変更に関して，8条では合意の原則を定め，9条では「使用者は，労働者と合意することなく，就業規則を変更することにより，労働者の不利益に労働契約の内容である労働条件を変更することはできない。ただし，次条の場合は，この限りでない」と定めています。9条本文は，「労働者と合意することなく」と規定しており，これを反対解釈すると，労働者と合意をした場合には，就業規則変更により，労働者の不利益に労働契約の内容である労働条件を変更することはできることになります。

この点，山梨県民信用組合事件最高裁判決[9]においても，「労働契約の内容である労働条件は，労働者と使用者との個別の合意によ

---

9) 百選23・最二小判平成28年2月19日民集70巻2号123頁。

って変更することができるものであり，このことは，就業規則に定められている労働条件を労働者の不利益に変更する場合であっても，その合意に際して就業規則の変更が必要とされることを除き，異なるものではないと解される（労働契約法8条，9条本文参照）」と判示しています。

　ただし同判決は，続けて，「就業規則に定められた賃金や退職金に関する労働条件の変更に対する労働者の同意の有無については，当該変更を受け入れる旨の労働者の行為の有無だけでなく，当該変更により労働者にもたらされる不利益の内容及び程度，労働者により当該行為がされるに至った経緯及びその態様，当該行為に先立つ労働者への情報提供又は説明の内容等に照らして，当該行為が労働者の自由な意思に基づいてされたものと認めるに足りる合理的な理由が客観的に存在するか否かという観点からも，判断されるべき」であると述べています。労働者の同意の有無に関するこの最高裁判決の考え方もしっかりおさえておくことが必要です。

● 労働者が同意していない場合

▼ 図表 7

就業規則
変更後
（←労契法 10 条（合理性＋周知）
変更前
労働契約
不利益変更反対！

　この場合についても議論と判例の蓄積がなされてきましたが，現在では，労契法により立法的解決がなされています。

　すなわち，労契法 10 条本文は，

①就業規則の変更が，労働者の受ける不利益の程度，労働条件の変更の必要性[10]，変更後の就業規則の内容の相当性，労働組合等との交渉の状況その他の就業規則の変更に係る事情に照らして合理的なものであり

├─②それが労働者に周知されている場合には

変更された就業規則が定める労働条件が労働契約の内容になる，と しています。就業規則変更の場面でも，労働者の同意に基づかなく ても変更された就業規則上の労働条件が労働契約の内容となるルー トが設けられているのです。

ここでの「合理性」は，就業規則の変更により労働条件が不利益 に変更される場面でのものであるため，そのような状況ではない場 面に適用される労契法7条が要求する「合理性」よりも厳格に判 断されることになります。

また，使用者が一方的に行う就業規則変更による労働条件の不利 益変更が認められる場合は，労働協約による労働条件の不利益変更 が認められる場面（→61頁）よりも限定的でもあるでしょう。

なお，労使間で，ある労働条件について，就業規則の変更によっ ては変更されないものとして合意することも可能です。そのような 合意をしていた部分については，それが就業規則の水準を下回らな い場合には，上記のルートはとられず，当該合意が労働契約の内容 となります（労契法10条ただし書。下記参照）。

■労働契約で定める基準が就業規則の基準を下回る場面 ─────

上でみたように，労使間で就業規則の内容と異なる合意をするこ とは可能です。しかし，就業規則で定める基準に達しない労働条件 を定める労働契約は，その部分については，無効となり，無効とな った部分は，就業規則で定める基準によることになります（最低基 準効。労契法12条。労基法13条と同様の規定ぶりとなっていることを 確認してください）。就業規則は労基法と同様，労働条件の下支えと

---

10) 判例（第四銀行事件・百選22・最二小判平成9年2月28日民集51巻2号 705頁）は，賃金，退職金など労働者にとって重要な労働条件に関しては，不利 益を労働者に受忍させることを許容することができるだけの高度の必要性に基づ くことが必要であると判示しています。

いう非常に重要な役割を担っているのです。

▼ 図表8

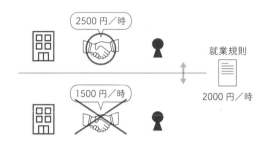

（4）　労働契約

> ✓ ここまでのおさらいをしておくと，各ルールの優劣（特に下限について）はおおざっぱには，強行法規＞労働協約＞就業規則＞労働契約と表せそうです。

　もちろん，といっていいと思いますが，労使間で合意された労働契約の内容は，その労使の労働関係のルールを構成します。

　ここで労働契約の基本的性質をみておきたいと思います。

　まず，労働契約は，労働者が使用者に使用されて労働し，使用者がこれに対して賃金を支払うことを合意することによって成立する（労契法6条）ことから，労働者は労働義務を，使用者は賃金支払義務を負います。

　このほか，労働関係は，人的・継続的な関係であることから，労働契約の基本的義務である上記の労働義務，賃金支払義務のほかにも，付随義務を負います。これについては信義則（下記参照）が根拠となり，「ふんわり」したものになりやすいため，その内容は，労働者が過度に制約されることがないように解釈していくことが求められます。

　なお，労契法は，労働契約の基本原則として，

├①合意の原則（3条1項・6条・8条・9条等）

├②就業実態に応じた均衡の考慮（3条2項）

├③ワークライフバランスへの配慮（3条3項）

├④信義誠実の原則（使用者だけでなく労働者にも要請されます。3条4項）

├⑤権利濫用の防止（これも，使用者だけでなく労働者も対象とされています。3条5項）

を定めています。

スポット
ライト ————————————————————————————— 労使慣行

　事業場において，長期間かつ継続的に労働条件に関わる一定の取扱いがなされていることがあります（労使慣行といいます）。

　労使慣行については，裁判例[11]では，

①同種の行為または事実が長期間反復継続して行われてきた

②労使双方が明示的に排除・排斥していない

③当該慣行が労使双方の規範意識によって支えられている（使用者側においては，当該労働条件の決定権限者またはその取扱いについて一定の裁量権を有する者が規範意識を有している）

場合には，民法92条により法的効力が認められるとしています。

---

11) 商大八戸ノ里ドライビングスクール事件・百選29・大阪高判平成5年6月25日労判679号32頁。

翔真　5月21日

　就職活動の季節がやってきた，というほどみんなでヨーイドンでないのがそわそわさせる。

　ゼミ仲間の何人かはインターンシップをしているし，直接聞いてはいないけど，もう内々定をもらった人もいるかもしれない。

　もやもやしっぱなしも嫌なので，パソコンを起動させ，就活サイトを開いてみる。

　今は売り手市場って言われているしなんとかなるとは思うけど，就職氷河期時代だったら大変だったろうなあ。まさにガチャ……。でも人生がかかっているから，こんな言葉では片づけられない。

　会社情報とネットでの評判をチェックして，なんとなくイケてて，かつ行けそうなところに応募することにした。エントリーシートには，氏名，住所，大学，メアド，趣味・特技などの記載欄がある。性別は任意記載にしている会社もあった。血液型を書かせるところはないみたいだ。当たり前か。

　最近，就活生のSNSアカウントのリサーチを専門業者に委託する企業が増えているという話を聞いた。裏アカまで特定されるかどうかはわからないけど，特定されたら自分のプライバシー筒抜けだし（しかも，ずっとフォローされたら……），誤爆は最悪だし（それで採用されなかったら……），でも，こっちから調べようもないし考えても仕方ないな……と思いながらエントリーシートを記入する。

　エントリー動画提出方式のところもあった。

　画角とかをチェックしてインタビューにのぞみ，会社から出された質問に答えていく。インタビューでの質問はよくあるもので緊張もしなかったけど，これって「AI面接」なんだろうか，と思うと，いろんな思いがぷかぷか浮き出てきた。AIはどうやって評価しているんだろう。AI面接対応サービスがあるか，事前にネットで調べておく

べきだったな。AIは人間じゃないのに，AIに落とされたほうがなんかショックかも……。

　こんな悩みや不安，疑問を抱えた就職活動だったが，最終的に，2社から内々定をもらった。最初に内々定を出してくれたところには，入社承諾書を提出し，すでに研修っぽいミーティングも何度かあった。内々定は本当にありがたかったが，その後に本命レベルの会社から内々定をもらえたので，辞退の連絡をしないといけない。今のところオワハラめいたことはされていないけど，連絡すれば，厳しく問い詰められて，損害賠償まで請求されるかも。そんなことが入社承諾書に書いてあった。入社承諾書に就活生がサインしたら，契約成立ってことなんだろうか。新聞を読んでいると，内定時点で労働契約が成立するって書かれていたけど……。

　大学生であれば，3年生くらいから就職を意識し始めるのではないでしょうか。就職活動のプロセスはおおむね，企業からの募集に対して応募し，選考過程が本格化します。最近では，企業からの募集に先行してインターンシップがなされることも少なくありません（企業の視点からは，ここから，選考過程を開始したといえる場合もありそうです）。選考過程が進む中で会社から内々定，内定が出され，入社に至ります。入社後には，一定期間試用期間を設けられる場合もあり，その場合には試用期間経過後に本採用に至ります。

　ここでは，入社や本採用に至るまでの場面の法的ルールをみていきましょう。

（1） 求職プロセスと法

☑ 採用よりも前の段階での法規制の重要性が高まっています。

（ア） 求人・募集に関する規制

　みなさんが，バイトしようか，就活しようか，と思ったとき，会社などが出している求人情報を，バイト先の張り紙，就活サイト，就職情報誌，学校などで入手していると思います。また，転職を検討している人の中には，職業紹介業者に登録している人もいるでしょう。職業紹介，労働者の募集等については，職安法が規制を行っています。ここでは職安法の3つのポイントを確認しておきます。

　第1に，職業紹介という三者間の関係（職業紹介者，求人者，求職者。→24頁）に対する規制という点です。1947年に成立した職安法では，当初，有料職業紹介事業は原則禁止とされていましたが，ILO（国際労働機関）が職業紹介に対する方針を転換したことを受けて，有料職業紹介事業への門戸が広く開かれました（もちろん，現在においても公共職業安定所〔ハローワーク〕は職業紹介において極めて重要な役割を担っています）。ただし，有料の職業紹介事業を行うには，厚生労働大臣の許可を受けなければなりませんし（30条），求職者から手数料を徴収することは原則できません（32条の3第2項，職安法施行規則20条2項）[1]。

　第2に，適切なマッチングという点です。職業紹介や労働者の募集の場面につき，労働条件の明示（5条の3），求人に関する情報の的確表示（5条の4）に関する規制が設けられています（→81頁）。また，職業紹介事業者は，すべての求人を受理することが原則ですが，労働条件が通常の労働条件と比べて著しく不適当な求人，労基法や最賃法など一定の労働関係法令違反の求人者による求人などは，

---

1)　労働者の募集に関する規制については→77頁。

受理しないことができます（5条の6）。

第3に，個人情報の取扱いという点です。求職のプロセス等においては，求職者の多様な個人情報がやりとりされることから，個人情報の取扱いに関する規制（5条の5）が設けられています（職安法指針[2]〔職安法48条〕も参考にしてください〔→79頁〕）。こうした場面の個人情報に関しては，個人情報保護法による規制もなされます（→125頁）。

〔（イ）　インターンシップ

インターンシップは，法律上定義づけられていません。一般的には，広く学生・生徒などを対象とする就業体験のことをいう場合が多いと思われます。インターンシップも，その実態に応じて，労働法をはじめとする法のネットワークの中で規制されます。

たとえば，学生がインターンシップ実施中に事故にあった場合に労災保険給付を受給できるかどうかの関係で，労基法上の労働者か否か（→32頁）が問題となることがあります。この点に関して厚生労働省は，「一般に，インターンシップにおいての実習が見学や体験的なものであり使用者から業務に係る指揮命令を受けていると解されないなど使用従属関係〔「使用され……賃金を支払われる」（労基法9条）関係（→33頁）〕が認められない場合には，労働基準法第9条に規定される労働者には該当しないものであるが，直接生産活動に従事するなど当該作業による利益・効果が当該事業場に帰属し，かつ，事業場と学生との間に使用従属関係が認められる場合には，当該学生は労働者に該当するものと考えられ，また，この判断は，個々の実態に即して行う必要がある」[3]としています[4]。インターンシップ学生に労基法上の労働者性が認められない場合であっても，

---

2)　平成11年労働省告示第141号 🔗。
3)　平成9年9月18日基発636号。

ケガをしたようなときには，企業は安全配慮義務に基づき当該学生に対して損害賠償責任を負う場合もあるでしょう（→211頁参照）。

また，ハラスメントに関しては，厚生労働省の指針において，事業主は，雇用する労働者がインターンシップを行っている者等に対する言動について必要な注意を払うよう配慮するとともに，事業主や役員だけでなく労働者も，インターンシップを行っている者等に対する言動について必要な注意を払うよう努めることが望ましい，とされています（→111頁）。

（2） 労働契約成立プロセスと法

（ア） 採用の自由

☑ 昭和48年に出された三菱樹脂事件最高裁判決が，現在においても大変重要な意義を有しています。
☑ 採用の自由の過去・現在・未来を考えてみましょう。

採用されるかされないか。就活する人たちにとって最大の関心事ですよね。企業はどんな基準で採用しているのか，その基準は許されるのか，気になることも少なくないでしょう。たとえば，高齢であること，障害があることや性別を理由に採用しないことは許されるのでしょうか。また，応募者の学歴や容姿を基準とすることは許されるでしょうか。

この点は，使用者の採用の自由に関する問題として議論されています。

憲法による営業の自由（22条），財産権（29条）の保障が，採用の自由の法的な根拠となり，議論の出発点ともなります。採用の自

---

4) なお，研修医（奨学金等が支払われていた）の労基法上の労働者性を肯定した判例として，関西医科大学事件・最二小判平成17年6月3日民集59巻5号938頁。

由に関して判示した三菱樹脂事件最高裁判決[5]も,「憲法は,……22条,29条等において,財産権の行使,営業その他広く経済活動の自由をも基本的人権として保障している」と述べています。ただし,憲法も,営業の自由や財産権が「公共の福祉」による制約を受けることがあることは予定しており,その限りで使用者の採用の自由も制約を受けうることになります。

採用の自由には,①募集方法の自由,②採用内容の自由,③調査の自由,④契約締結の自由,がその内容として含まれています。

■ 募集方法の自由

募集「方法」に関して,使用者は,原則として自由にそれを選択することができます。公募によらずに,コネクションのある人にのみ声をかけることも可能です。

ただし,職安法には一定の規制が設けられています。たとえば,有償で募集を第三者に委託するには,厚生労働大臣の許可を受けなければならず,報酬額は厚生労働大臣の認可を受けなければなりません(36条1項・2項)。また,使用者は,募集に応じた労働者から,その募集に関し,いかなる名義でも,報酬を受けてはなりません(39条)。

■ 採用内容の自由

● 原則

採用「内容」,すなわち,何名採用するか,どのような基準で誰を採用するかについても,使用者に自由が認められます。

三菱樹脂事件最高裁判決は,上記の判示部分に続けて,「企業者は……契約締結の自由を有し,……いかなる者を雇い入れるか,いかなる条件でこれを雇うかについて,<u>法律その他による特別の制限がない限り</u>,原則として自由にこれを決定することができる」とし

---

5) 百選8・10・最大判昭和48年12月12日民集27巻11号1536頁。

て，「企業者が特定の思想，信条を有する者をそのゆえをもつて雇い入れることを拒んでも，それを当然に違法とすることはできない」としています。また，均等待遇を定めた労基法3条（→92頁）は，雇い入れられた後の労働条件に関して適用されるもので，雇入れそのものを制約する規定ではないと判示しています。

● 「法律その他による特別の制限」

三菱樹脂事件最高裁判決が述べる「法律その他による特別の制限」がある場合には，使用者の採用の自由は制限されることになります。

具体的にみてみると，性別（均等法5条），障害（障害者雇用促進法34条），年齢（労働施策総合推進法9条。ただし，例外を広く認めています〔同法施行規則1条の3第1項〕。年齢差別禁止に関する議論については→247頁）に関しては，労働者の募集・採用について，均等な機会を与えなければならない旨の法規定が存します。また，障害者雇用促進法は，雇用率制度を定めており，事業主は雇用する労働者の中で対象となる障害者の数が一定率以上であるようにしなければなりません（43条など。→103頁）。

労働組合の組合員であることなどを理由として採用を拒否することについては，学説では，労組法7条1号の不当労働行為（→292頁）になるとする立場が多数ですが，判例[6]は，労組法7条1号本文は雇入れの段階と雇入れ後の段階とに区別を設けたものと解されるとして，原則として不当労働行為にあたらないと解しています。

社会においては，さまざまな場面で，人々を区別し異なった取扱いをすることがあります。これらについて法律に定められていない場合でも，「法律その他による特別の制限」として法的に制約され

---

6) JR北海道・JR貨物事件・百選103・最一小判平成15年12月22日民集57巻11号2335頁。

るかについては，憲法上の要請，法的安定性などを考慮しながら，検討していくことになるでしょう。

　なお，採用に関して，具体的な採用理由は明確にする必要はありません（退職〔たとえば解雇〕の場合には，労働者が解雇理由等につき証明書を請求した場合には，使用者はこれを交付しなければなりません。労基法22条1項・2項。→249頁）。

■ 調査の自由

　三菱樹脂事件最高裁判決は，さらに続けて，「企業者が雇傭の自由を有し，思想，信条を理由として雇入れを拒んでもこれを目して違法とすることができない以上，企業者が，労働者の採否決定にあたり，労働者の思想，信条を調査し，そのためその者からこれに関連する事項についての申告を求めることも，これを法律上禁止された違法行為とすべき理由はない」として，使用者の調査の自由を広く認めています。

　このように調査の自由を広く認める背景として，三菱樹脂事件最高裁判決は，企業における雇用関係が，一種の継続的な人間関係として相互信頼を要請するところが少なくなく，わが国のようにいわゆる終身雇用制が行われている社会では一層，労働者が当該企業の中でその円滑な運営の妨げとなるような行動，態度に出るおそれのある者でないかどうかに大きな関心を抱くことになることを指摘しています。そうすると今後，同判決のいう終身雇用制が変容していくことになると，調査の自由を広く認める判断枠組みの前提が変わることになるのでしょうか……。この点も注視していきましょう。

　なお現在においても，職安法は，使用者等は，<u>労働者本人の同意がある場合その他正当な事由がある場合を除いて，業務の目的の達成に必要な範囲内で，当該目的を明らかにして求職者等の個人情報を収集し，当該収集の目的の範囲内でこれを保管・使用しなければならない</u>旨を定めています（5条の5）。職安法指針（→75頁）にお

いては，①人種，民族，社会的身分，門地，本籍，出生地その他社会的差別の原因となるおそれのある事項（家族の職業，収入，本人の資産等の情報。容姿，スリーサイズ等差別的評価につながる情報），②思想および信条（人生観，生活信条，支持政党，購読新聞・雑誌，愛読書），③労働組合への加入状況（労働運動，学生運動，消費者運動その他社会運動に関する情報）は，原則として収集が認められないとされています[7]。職安法5条の5違反の場合，改善命令が発出されることや，命令違反に罰則が科せられることが定められていますが，同条自体には私法上の効力（当事者間の法律関係に関する効力）は予定されていません（不法行為責任が認められる場合はありうるでしょう）。

　最近は，SNSで公開されている情報などをリサーチして応募者の属性やSNS上の発言を推測し，それを採用に利用する企業もあるようです。その場合も上記職安法の規定などに抵触しない取扱いが求められています[8]。

■ 契約締結の自由 ──────────

　法律違反が認められる場合であっても，使用者は不法行為責任を負うことはありえますが，特定の労働者との間で労働契約の締結が強制されることは原則ありません。

　ただし例外として，①過去に雇用関係が存続していたときに，法律の効果として雇用関係が存続（解雇権濫用規制：労契法16条。

──────────────────────

7)　ただし，特別な職業上の必要性が存在することその他業務の目的の達成に必要不可欠であって，収集目的を示して本人から収集する場合はこの限りでないとされています。

8)　職安法指針では，個人情報の収集は，①本人から直接収集，②本人の同意のもとで本人以外の者から収集，③本人により公開されている個人情報の収集，等の手段であって，適法かつ公正なものによらなければならない，とされています。
　　個人情報保護法上の規制については→125頁。

→245頁），または，成立（雇止め規制：同法19条，無期転換：同法18条。→16頁・18頁）する場合のほか，②労働者派遣法40条の6が定める派遣先の直接雇用申込みみなし制度（→30頁）により，派遣労働者と派遣先との間に雇用関係が新たに成立する場合があります。

（イ） 労働契約の成立

　労契法6条は，「労働契約は，労働者が使用者に使用されて労働し，使用者がこれに対して賃金を支払うことについて，労働者及び使用者が合意することによって成立する」と規定しています。すなわち，労働契約は，労働することと賃金を支払うことについての労働者と使用者間の合意のみによって成立します（契約文書がなくても労働契約は成立します）。合意の時点で賃金額が明示されていなくても，労働契約が成立する場合もあるでしょう[9]。どの時点で労働契約が成立したといえるかについては，後述します（→84頁・85頁）。

（ウ） 労働条件の明示

■ 労働条件明示義務

　労働条件は求職者が求職活動を行ううえで極めて重要な情報であり，それが正しく表示されることが必要です。このことは，労働者が労働関係に入った後，不明確・不安定な地位に置かれることを防ぐため，労働関係が成立する場面においても妥当します。

　そうしたことから，職安法，労基法は以下の規制を定めています。

　まず求職プロセスの場面においては，公共職業安定所（ハローワーク），職業紹介事業者，労働者の募集を行う者（求人企業）等は，

---

9)　これに対して，労働契約締結交渉の過程で賃金の額について合意できなかったケースにつき労働契約は成立していないとした裁判例もあります（プロバンク(抗告)事件・東京高決令和4年7月14日労判1279号54頁）。

①業務内容（変更の範囲を含む），②労働契約の期間（更新上限の有無と内容を含む），③試用に関する事項，④就業場所（変更の範囲を含む），⑤始業・就業時刻，所定労働時間を超える労働の有無，休憩時間，休日，休暇，就業時転換，⑥賃金の決定，計算および支払方法，⑦社会保険の適用，⑧求人企業名，⑨受動喫煙防止措置，等について，書面交付か，書面を交付される者の同意がある場合には電子メール等の手段で，明示しなければなりません（職安法5条の3第1項，職安法施行規則4条の2第3項・4項）。また，上記の内容を変更する場合には，相手方に変更内容を明示しなければなりません（職安法5条の3第3項）。

また，広告等により求人等に関する情報を提供するときは，当該情報について虚偽の表示や誤解を生じさせる表示をしてはなりませんし，正確かつ最新の内容に保たなければなりません（職安法5条の4）。

続いて，労働契約の締結に際しては，使用者は，①労働契約の期間，②有期労働契約を更新する場合の基準（更新上限の有無と内容を含む），③就業の場所，従事すべき業務（就業場所・業務の変更の範囲を含む），④始業・就業時刻，所定労働時間を超える労働の有無，休憩時間，休日，休暇，就業時転換，⑤賃金の決定，計算および支払方法，⑥退職に関する事項（解雇の事由も含む），⑦無期転換申込機会，無期転換後の労働条件の明示について，書面交付か，書面を交付される者の同意がある場合には電子メール等の手段で，明示しなければなりません（労基法15条1項，労基則5条）。これらの明示された労働条件が事実と相違する場合には，労働者は，即時に労働契約を解除することができます（労基法15条2項）。

労基法15条は，「労働契約の締結に際し」ての明示を要請しているため，採用内定により労働契約関係が開始する場合（→84頁）には，採用内定の段階で明示する必要があります。

なお，労契法においても，使用者は，労働者に提示する労働条件および労働契約の内容について，労働者の理解を深めるようにするものとすること，労働者および使用者は，労働契約の内容について，できる限り書面により確認するものとすること，が定められています（4条）。

■ 提示された労働条件と実際との食い違い ─────────────

　使用者等が提示した労働条件が実際の労働条件とは異なる場合，労働者は上記のように労働契約を解除することができます。労働者はそのほかに，当初提示された労働条件が労働契約の内容となっていると主張することはできるでしょうか。

　この点については，提示された労働条件が当然に労働契約の内容になるわけではありませんが，裁判例には，求人広告その他の労働者募集のための労働条件提示は，それ自体は契約を成立させる意思表示ではないが，上記労働条件提示で契約の内容を決定できるだけの事項が表示されている限り，使用者が上記労働条件提示の内容とは労働条件が異なることを表示せずに労働者を採用したときは，上記労働条件提示の内容で労働契約が成立したというべきとするもの [10] などがあります。

　提示された労働条件が労働契約の内容にならない場合であっても，提示方法に不相当な点があるときには，雇用契約締結過程における信義則に反し，不法行為責任が認められることもあります [11]。

（エ）　採用内定

☑ 採用内定＝労働契約成立，といえるか，確認しましょう。
☑ 新卒採用でないケースや，新卒採用が一般的でなくなったとしたらど

───────────────────────

10)　Apocalypse 事件・東京地判平成 30 年 3 月 9 日労経速 2359 号 26 頁。
11)　日新火災海上保険事件・百選 7・東京高判平成 12 年 4 月 19 日労判 787 号 35 頁。

うなるかも考えてみましょう。

■ 採用内定の法的性質 ───────────────────

　企業が応募者に内定を出した後に，それを取り消したとき，内定を取り消された者はどのような救済を求めることができるでしょうか。契約締結過程に瑕疵（欠点）があったとして，企業に不法行為責任を追及しうるにとどまるでしょうか。

　これは，採用内定がどのような法的性質を有しているか，どの時点から労働契約関係が成立したといえるかに関わります（労契法6条参照）。

　この点について参照すべき判例は，大日本印刷事件最高裁判決 [12] です。同判決ではまず，採用内定の実態は多様であるため，採用内定の法的性質を一義的に論断することは困難であり，採用内定の事実関係に即して採用内定の法的性質を検討する必要がある，と述べます。そのうえで，問題となったケース（現在一般的な大学生の採用プロセスとは異なるケースでした）において，採用内定通知のほかには労働契約締結のための特段の意思表示をすることが予定されていなかったことを考慮すると，会社からの採用内定通知は，学生の労働契約の申込みに対する承諾であって，当該学生の本件誓約書の提出とあいまって解約権を留保した労働契約が成立したと判示しました。

　この大日本印刷事件最高裁判決の重要なポイントは，①採用内定の法的性質はケースバイケースで判断され，②当該ケースにおいては，採用内定時に労働契約が成立したといえる，とした点です。世間一般では，②の点が強調されていますが，①の点も忘れないでください。

　また中途採用のケースについて，採用内定段階で労働契約の成立

───────────────────────────────

12)　百選9・最二小判昭和54年7月20日民集33巻5号582頁。

を認めた裁判例[13] もありますが，ここでも実態に応じて判断することが重要でしょう。

■ 採用内々定 ──────────────────────────────

最近では，内定の前段階で「内々定」をもらえるかが，就活する人たちの最大の注目点でしょう。裁判例には，企業が応募者に文書で内々定を通知し，応募者は入社承諾書を提出していたケースにつき，本件は大日本印刷事件最高裁判決のケースと事案が異なり，採用内々定の時点では，労働契約は成立したとはいえないとしたもの[14] があります。採用内々定についても，個々のケースの具体的事情をみたうえで，労働契約が成立していたといえるかを判断していくことになるでしょう。

■ 採用内定取消しの有効性 ──────────────────────

採用内定時点で労働契約関係が成立したといえる場合，採用内定取消しは，使用者による解雇の場面といえます。このように構成されることにより，労働者は，採用内定取消しが不当な場合には労働契約の存続（労働契約上の地位の確認）を主張することができます。不法行為に基づく損害賠償請求とは異なるかたちで救済されうることになります。

採用内定の取消事由につき，大日本印刷事件最高裁判決は，「採用内定当時知ることができず，また知ることが期待できないような事実であつて，これを理由として採用内定を取消すことが解約権留保の趣旨，目的に照らして客観的に合理的と認められ社会通念上相当として是認することができるものに限られる」と判示しています。

一般的には，卒業できなかった，重要な経歴に詐称があった，と

───────────────────

13) インフォミックス事件・東京地決平成 9 年 10 月 31 日労判 726 号 37 頁。
14) コーセーアールイー（第 2）事件・福岡高判平成 23 年 3 月 10 日労判 1020 号 82 頁では，応募者からの損害賠償請求は認められています（55 万円）。

いった場合には，採用内定の取消しが認められるでしょう。使用者の経営上の理由から採用内定取消しが行われた場合には，整理解雇（→244頁）に準じた枠組みで判断されることになります（ただし，採用内定時は試用期間〔→87頁〕よりも時間的に前の段階でもあり，通常の解雇よりもゆるやかに採用内定取消しの有効性が判断されるでしょう）。

■ 採用内定・採用内々定の辞退

このほか，採用内定や採用内々定の場面では，応募者から，採用内定や採用内々定を辞退することもあります。これらの場面で，応募者が企業に「誓約書」，「承諾書」などを提出して，すでに労働契約関係が成立していたといえる場合であっても，2週間の予告期間をおけば入社を辞退することは可能です（民法627条1項）。企業から応募者への損害賠償請求も，応募者に強い害意が認められるなどの特別な事情がない限り，認められないでしょう（ただし誠実に対応することは大切です。「オワハラ」については下記参照）。

■ 内定期間中の法律関係

内定期間中，企業から研修への参加が要請されることもあります。この場合，研修がどのように位置づけられるか（労働契約上の業務といえるか，それへの参加が義務づけられているかなど）について，研修の実態，当事者の合意内容などの諸事情を考慮しながら検討していきます。

入社前の研修に関して，裁判例には，「使用者は，内定者の生活の本拠が，学生生活等労働関係以外の場所に存している以上，これを尊重し，本来入社以後に行われるべき研修等によって学業等を阻害してはならないというべきであり，入社日前の研修等について同意しなかった内定者に対して，内定取消しはもちろん，不利益な取扱いをすることは許されず，また，一旦参加に同意した内定者が，学業への支障などといった合理的な理由に基づき，入社日前の研修

等への参加を取りやめる旨申し出たときは，これを免除すべき信義則上の義務を負っていると解するのが相当である」と判示するもの[15]があります。

採用内定・内々定との関係では，いわゆる「オワハラ」などのハラスメントの防止も重要な課題です。政府は，セクシュアル・ハラスメントを行ってはならない旨の社員への周知や，学生からの相談への適切な対応など，セクシュアル・ハラスメントの防止のための対応を徹底することのほか，正式な内定前に他社への就職活動の終了を迫ったり，誓約書等を要求したりすることや，内（々）定期間中に行われた業務性が強い研修について，内（々）定辞退後に研修費用の返還を求めたり（→121頁参照），事前にその誓約書を要求したりすることなど，採用選考における学生の職業選択の自由を妨げる行為を行わないよう徹底することを要請しています[16]。

（オ）　試用期間

■試用期間の法的性質と留保解約権

企業によっては，試用期間を設けることがあります。試用期間は，一般的には，本採用の前に行われる従業員としての適格性を判定するための期間といえます。

試用期間についても，採用内定の場面と同様に，その法的性質や本採用拒否の適法性などが問題となります。

この点，三菱樹脂事件最高裁判決（採用の自由〔→77頁〕でみたものと同じ判決です）は，試用契約の法的性質について，就業規則の規定の文言や試用期間中の処遇の実情等を重視すべきであるとして，当該ケースにおいては，本採用の拒否は，留保解約権の行使，

---

15)　宣伝会議事件・東京地判平成17年1月28日労判890号5頁。
16)　「2024（令和6）年度卒業・修了予定者等の就職・採用活動に関する要請事項」　🔗。

すなわち雇入れ後における解雇にあたると判示しました。そして，留保解約権に基づく解雇は通常の解雇よりも広い範囲における解雇の自由が認められるとしつつも，「留保解約権の行使は，……客観的に合理的な理由が存し社会通念上相当として是認されうる場合にのみ許され」，「企業者が，……当初知ることができず，また知ることが期待できないような事実を知るに至つた場合において，……その者を引き続き当該企業に雇傭しておくのが適当でないと判断することが，……客観的に相当であると認められる場合には，さきに留保した解約権を行使することができる」と判示しています（採用内定に関する大日本印刷事件最高裁判決の判示内容と類似していますが，時系列的には，先に，試用期間に関する三菱樹脂事件最高裁判決が出されて，その後に，採用内定に関する大日本印刷事件最高裁判決が出されました）。

本採用拒否のほかに，試用期間中の解雇の有効性が問題になることもあります。この場合についても，三菱樹脂事件最高裁判決をふまえたうえで，当該ケースにおいて，試用期間の性格・趣旨，留保解約権の内容，労働者の適格性・能力欠如の程度など個別具体的な事情をみて判断することになるでしょう。たとえば，新卒労働者を特定の技能やスキルに着目せずに採用したような場合には，試用期間の途中段階では適格性・能力を十分に評価することはできず，解雇は不当と判断されることもあると思われます。これに対して，当該労働者の技能やスキルを前提として中途採用され，職務内容が限定されているような場合で，試用期間中に適格性・能力の欠如が明白になり改善可能性も見込まれないときには，試用期間中の解雇が有効と判断されることもありうるでしょう。

■試用期間の延長 ──────────────────────

使用者が一方的に試用期間を延長することは，労働者の不安定な状態がさらに延長されることになるので，原則として許されません。

ただし，就業規則に延長などに関する規定があり，本採用拒否が猶予されるなどの場合には，例外的に許容されうるでしょう。

■ 試用期間か有期労働契約か？ ────────────────

　実務においては，採用後一定期間（たとえば1年間）を労働者の適性を判断する期間として設ける場合がありますが，この場合，当該期間は試用期間か，それとも有期労働契約の期間かが問題になることがあります。

　この点につき，最高裁判決[17)]は，「使用者が労働者を新規に採用するに当たり，その雇用契約に期間を設けた場合において，その設けた趣旨・目的が労働者の適性を評価・判断するためのものであるときは，右期間の満了により右雇用契約が当然に終了する旨の明確な合意が当事者間に成立しているなどの特段の事情が認められる場合を除き，右期間は契約の存続期間ではなく，試用期間であると解するのが相当である」と判示しています。

---

17)　神戸弘陵学園事件・百選11・最三小判平成2年6月5日民集44巻4号668頁。試用期間と評価せず，有期契約期間であると判断した判例として，福原学園事件・最一小判平成28年12月1日労判1156号5頁。

3

III

みんなそれぞれ尊重される

キアーラ　5月31日

　ベーカリーの閉店作業後，お店に残っていたスタッフと一緒に，翔真の歓迎会にむかう。店長も私たちとほぼ同時に本部から到着した。歓迎会はスタートしていて，テーブルは料理とお酒とトークですでににぎわっていた。

「おっ。今日もたくさん来てるね。これで全員？」

「いや店長，志代さんは来てません」

「志代さん，どうして来てないの？」

「これまで誘っても来なかったし，誘わないでオーラを出してるような感じがして，あえて今回も誘わなかったんです。お子さんも小さいようだし」

「彼女，私もちょっと苦手。仕事場でも関わらないように，私ができることはなるべく私がして，彼女には仕事回すことがないようにしてる」

「そんなこと言わず，仲良くしてあげてよ」

「店長，それは店長の仕事なんじゃないですか。彼女も仕事密度が薄くて逆に感謝してるかもしれないですよ」

「まあまあそんな話はおいといて，乾杯しましょう」

　隣のテーブルは，ベーカリーに来るお客さんのことで盛り上がっている。

「最近，お客さん多くない？　20％くらい値上げしたのに，客足減るどころか増えてる感じがする」

「お金持ちの人，世の中増えてるんじゃない？　ナヴィーリオ，最近インスタでもちょっと話題になってるみたい，って娘が言ってた」

「それはそれでいいんだけど，最近困ったお客さんに出くわす度合いも高まってない？」

「え，それどんな感じ？」

「お客さんが多くて待たされるのにイライラして暴言吐いてきたり，このあいだは，ネームプレートみて，『名前，覚えたからな。覚えとけよ』って言われた」

「それ，怖いよ。カスハラだよ。店長に相談すべきだよ」

「でも，店長忙しそうで，なかなか言えないんだよね」

　たしかに，ネームプレートは必要なのか，気になっていた。「お客様は神様」っていうフレーズを最初に聞いたとき，イタリアとは違うな，って感じたことも思い出した。

　こっちのテーブルでは，翔真に話題が移っていた。

「ねえ，新人君の名前は翔真くん？　かっこいいね。彼女いるの？ちょっとお酒ついでくれない？　キアーラのグラスも空いているよ。キアーラに，イタリアでは男性が女性にワインを注ぐのが常識よって，言われちゃうよ」

「そんなこと，言いません。安心してください」

「いやほんと，この職場は，なぜか女性とイケメン男子だけだよね。ねえ，店長，どうしてですか？　採用してるの，店長でしょ」

「お客様のニーズを推測してそうしてるんだよ。『お客様は神様』だからね」

　イタリアのクイズ番組でも，意味なく女性が笑顔を振りまいている。このやるせなさ，翔真の注いだ冷えた日本酒と一緒に飲み込んだ。

　「みんなそれぞれ尊重される」。このこと，みんな大切だと思っているのに，なんて，そしてなんで，難しいのでしょうか。労働法もこの課題に取り組み続けています。

（1） 均等待遇

　労基法は，使用者は，労働者の国籍，信条または社会的身分を理由として，賃金，労働時間その他の労働条件について，差別的取扱いをしてはならない，と定めています（3条）。

　「国籍」については，出身国を含むとする考えもありますが，労基法違反の場合には罰則の適用もありその解釈は厳格になされなければならないことからすると，国籍法に定める「国籍」に限定すべきであるように思います。

　「社会的身分」とは，自己の意思によって逃れることのできない先天的に（出身国など）または後天的に（受刑者・破産者など）獲得された身分のことをいいます。

　同条は，「労働条件」について，差別的取扱いをしてはならないと定めています。雇入れは「労働条件」には含まれません[1]。最近の裁判例には，同条違反には罰則が用意されていることを考慮すると，「労働条件」の意義を広範に解することには慎重であるべきだとして，職場環境について，「労働条件」に含まれないとするもの[2]があります。

（2） 男女平等など

（ア） 男女同一賃金の原則（労基法 4 条）

　労基法 3 条は均等待遇について定めていますが，そこには「性別」は含まれていません。これは，労基法には制定時，現在より多くの女性保護規定が存していて（現在は→117 頁），一般的な性差別禁止規定を設けることができなかったことによります。とはいえ，

---

1)　三菱樹脂事件・前掲Ⅲ 2 注 5）。
2)　フジ住宅事件・大阪高判令和 3 年 11 月 18 日労判 1281 号 58 頁。

労基法に性差別禁止に関する規定がないわけではなく，賃金分野に関して，男女同一賃金の原則が定められています（4条）。

同条は，「女性であることを理由として……男性と差別的取扱いをしてはならない」と定めていますが，女性だけでなく，男性を不利益に扱うことも禁止していると解されています。

また同条は，「女性であることを理由」とした差別的取扱いを禁止していますので，勤続年数などを理由とした異別取扱いは本条の対象とはなりません。他方で，「女性は一般的にみると勤続年数が短いから」として女性一般を異別に取り扱うことは，本条違反となりえます（経済学で「統計的差別」として議論されるテーマとも関わります）。

「女性であることを理由とし」たといえるためには，使用者に性差別の意図が認められることが必要となります（直接差別ルートでの救済。間接差別ルートでの救済については→96頁）。裁判で争われる場合には，証拠等から明らかになる客観的事情（運用実態等）などから性差別の意図を認定できるかが判断されることになります[3]。

（イ）　男女平等取扱い法理

労基法制定当時，性差別禁止規定は，賃金に係る労基法4条にとどまっていました。しかしその後，女子結婚退職制や女子若年定年制などの適法性が問題となり，それらにつき裁判所は，平等原則を定めた憲法14条を参照して民法90条により公序良俗違反としました[4]。このように，男女間の処遇格差を民法90条により公序良俗違反とする法的構成を，「男女平等取扱い法理」といいます。

1985年に均等法が成立して以降，男女平等取扱い法理のカバーする範囲は狭まってきたといえるかもしれません。しかし，法律に

---

3)　三陽物産事件・東京地判平成6年6月16日労判651号15頁参照。
4)　日産自動車事件・最三小判昭和56年3月24日民集35巻2号300頁など。

よりカバーされていない男女間の処遇の格差が問題となったときには、男女平等取扱い法理により処理されることになるでしょう。

┌─ **（ウ）　男女雇用機会均等法** ─────────────────┐

☑ 均等法の性格を、その歴史をふまえて、おさえることが重要です。
☑ また、性別差別禁止指針は、詳しく、わかりやすく書かれています。
　しっかり確認しましょう。

　1979年に国連で採択された女子差別撤廃条約について、日本は1980年に署名し、国内法の整備を進めていくことになりました。労働法分野においては、激しい議論を経て、1985年に、勤労婦人福祉法の改正法として均等法が制定されました。

　制定当初の均等法は、募集・採用・配置・昇進差別については努力義務を定めるにとどまっていました。また、女性のみを対象とする片面的性格を有するものであり、男性を不利益に扱うことは同法の関知するところではないものと扱われました。こうした点はその後の改正により修正され、現在の均等法は、以下のように、均等法が定める場面での性差別を強行的に禁止しており、また、男女双方を対象とした両面的性格を有する性差別禁止法と位置づけられます。

　なお、性別を理由とする差別禁止等に関する規定について、厚生労働省は、事業主が適切に対処するための指針を出しています（均等法10条。性別差別禁止指針[5]）。

■性別を理由とする差別禁止（直接差別）───────────

　事業主は、労働者の募集および採用について、その性別に関わりなく均等な機会を与えなければなりません（均等法5条）。たとえば、

・募集・採用にあたって、その対象から男女のいずれかを排除すること
・募集・採用にあたっての条件を男女で異なるものとすること

───────────────────────────────

5）　平成18年厚生労働省告示第614号 🔗。

├─・採用選考において，能力および資質の有無等を判断する場合に，その方法や基準について男女で異なる取扱いをすること

├─・募集・採用にあたって男女のいずれかを優先すること

は禁止されます（性別差別禁止指針）。

　また，

├─・労働者の配置，昇進，降格，教育訓練（均等法6条1号）

├─・住宅資金の貸付け（同法6条2号），福利厚生の措置で厚生労働省令で定めるもの（均等法施行規則1条1号〜4号）

├─・労働者の職種および雇用形態の変更（均等法6条3号）

├─・退職の勧奨，定年および解雇ならびに労働契約の更新（同法6条4号）

について，労働者の性別を理由として，差別的取扱いをしてはなりません（同法6条）。

　なお，

├─・芸術・芸能の分野における表現の真実性等の要請から男女のいずれかのみに従事させることが必要である職務

├─・守衛，警備員等のうち防犯上の要請から男性に従事させることが必要である職務

├─・そのほか，宗教上，風紀上，スポーツにおける競技の性質上その他の業務の性質上男女のいずれかのみに従事させることについてこれらと同程度の必要性があると認められる職務

├─・労基法の規定により女性を就業させることができない場合（61条1項・64条の2・64条の3第2項），保健師助産師看護師法の規定により男性を就業させることができない場合（助産師。3条）

├─・風俗，風習等の相違により男女のいずれかが能力を発揮しがたい海外での勤務が必要な場合など

には，均等法5条・6条違反にはなりません（性別差別禁止指針）。

■ 間接差別 ────────────────────────────────

☑ 性差別に対する救済ルートが2種類あることと，それらの違いをお
  さえましょう。

　上記の下線つき<u>直接差別</u>（性別を理由とした直接的な差別）が認められるた
めには，使用者に差別意思が認められることが必要となります。労
働者がこの直接差別ルートで救済を求めることができる場合には問
題ありませんが，差別意思の立証などが困難な場合があります。そ
こで均等法は，一定の場合につき，<u>間接差別</u>（一見性別とは関係が
ないが結果的に性別による差が出てしまう扱いで合理的理由がないもの）
として，もう1つの救済ルートを設けています（7条）。

　すなわち，事業主は，「労働者の性別以外の事由を要件とするも
ののうち，〔均等法5条・6条に掲げる事項に関する〕<u>措置の要件を満
たす男性及び女性の比率その他の事情を勘案して実質的に性別を理
由とする差別となるおそれがある措置として厚生労働省令で定める
もの</u>」，具体的には，

─①労働者の募集・採用にあたって，労働者の身長・体重・体力に
　関する事由を要件とするもの（均等法施行規則2条1号）
─②労働者の募集・採用・昇進・職種の変更にあたって，転勤に応
　じることができることを要件とするもの（同条2号）
─③労働者の昇進にあたって，転勤経験を要件とするもの（同条3
　号）

については，当該措置の実施が当該業務の遂行上または雇用管理上
特に必要である場合など合理的な理由がある場合でなければ，これ
を講じてはなりません。①②③の場合には，労働者は使用者の差別
意思を立証する必要はなく，使用者が合理的理由を立証できなけれ
ば間接差別が成立することになります。

　この間接差別ルートを利用できるのは，上記①②③の場合のみで
す。これら以外の場面においては，直接差別ルート（差別意思の立

証を要する）で救済を求めていくことになります。

■ ポジティブアクション ――――――――――――――――――――

☑ ポジティブアクションの均等法上の位置づけと具体的イメージを確認
しましょう。

均等法は，性差別禁止法であり，女性を男性よりも不利益に扱う
ことを禁止するほか，男性を女性よりも不利益に扱うことも禁止し
ています。それを前提としつつ，他方で，女性が男性よりも雇用の
場面において不利益に扱われて現在に至っているという事実もあり
ます。そうしたことから，均等法は，女性を男性と異なって（女性
に有利な方向で）取り扱うことを例外的かつ限定的に許容していま
す（こうした措置を一般的にポジティブアクションといいます）（8条）。

許容される措置の例示として，性別差別禁止指針では，女性労働
者が男性労働者と比較して相当程度少ない雇用管理区分における募
集・採用にあたって，当該募集・採用情報の提供について女性に有
利な取扱いをすること，採用の基準を満たす者の中から男性より女
性を優先して採用することなどがあげられています。採用基準に達
していないにもかかわらず当該女性を優先して採用することは，性
差別禁止の原則に反すると整理されることになると思われます（均
等法5条）。

■ 妊娠・出産等 ――――――――――――――――――――――――

● 不利益取扱いの禁止等

☑ 妊娠または出産に起因する症状により労働能率が低下したことを理由
に不利益取扱いを行うことは許容されるでしょうか。

事業主は，女性労働者が婚姻し，妊娠し，または出産したことを
退職理由として予定する定めをしてはなりません（均等法9条1項）
し，女性労働者が婚姻したことを理由として解雇をしてはなりませ
ん（同条2項）。

また事業主は，女性労働者の妊娠・出産，労基法上の産前産後休

業その他の母性保護措置や均等法上の母性健康管理措置（12条・13条1項）の請求・取得等，軽易業務への転換（労基法65条3項），労働時間・深夜業への従事の制限の請求・実施（同法66条），育児時間の請求・取得（同法67条），妊娠または出産に起因する症状により労務の提供ができないこともしくはできなかったことまたは労働能率が低下したことを理由として，当該女性労働者に対して解雇その他不利益な取扱いをしてはならないとされています（均等法9条3項，均等法施行規則2条の2）。

　均等法9条3項に関して，広島中央保健生協(C生協病院)事件最高裁判決[6]は，

- ・妊娠，出産，産前休業の請求，産前産後の休業または軽易業務への転換等を理由として解雇その他不利益な取扱いをすることは，均等法9条3項違反として違法であり，無効である
- ・女性労働者につき妊娠中の軽易業務への転換を契機として降格させる事業主の措置は，原則として均等法9条3項の禁止する取扱いにあたる
- ・例外的に，

　①当該労働者が軽易業務への転換および降格措置により受ける有利な影響ならびに降格措置により受ける不利な影響の内容・程度，事業主による説明の内容その他の経緯や当該労働者の意向等に照らして，当該労働者につき自由な意思に基づいて降格を承諾したものと認めるに足りる合理的な理由が客観的に存在するとき

　　または

　②事業主において当該労働者につき降格の措置をとらずに軽易業務へ転換させることに円滑な業務運営や人員の適正配置の

---

6)　百選18・最一小判平成26年10月23日民集68巻8号1270頁。

確保などの業務上の必要性から支障がある場合であり，その

　　　業務上の必要性の内容・程度および上記の有利・不利な影響

　　　の内容・程度に照らして，降格措置につき<u>同項の趣旨・目的</u>

　　　<u>に実質的に反しないものと認められる特段の事情が存在する</u>

　　　<u>とき</u>

　　　は，均等法9条3項の禁止する取扱いにあたらない

としています。

　このほか均等法は，妊娠中の女性労働者および出産後1年を経

過しない女性労働者の解雇は，事業主が当該解雇が同法9条3項

に規定する事由を理由とする解雇でないことを証明した場合を除き

無効とする，としています（9条4項）。

■ 均等法に係る紛争解決のしくみ ────────────────

　均等法の差別禁止・不利益取扱い禁止規定（5条～9条）は，強

行規定と解されていて，これに反する法律行為は無効となりますし，

不法行為上の違法性を基礎づけ，労働者による使用者への損害賠償

請求が認められる場合もあります。

　そのほか，均等法には，自主的解決の努力（15条）のほか，下記

のような行政的なしくみが定められています（<u>障害者雇用促進法</u>，

<u>育児・介護休業法，労働施策総合推進法などにおいても同様のしくみが</u>

<u>とられています</u>）。

・当事者の求めがあった場合の都道府県労働局長による助言・指

　導・勧告（17条1項）

・紛争調整委員会における調停（労働者の募集・採用についての紛

　争を除く。18条1項）

・厚生労働大臣による報告徴収，助言・指導・勧告（29条1項）。

　この報告をしない，または虚偽の報告をした者は，過料に処せ

　られます（33条）。このほか，厚生労働大臣は，上記の勧告を

　受けた事業主がこれに従わなかったときは，その旨を公表する

ことができます（30条）。

スポット
ライト

ダイバーシティ

2023年6月にいわゆるLGBT理解増進法が制定され施行されました。

この法律において，「性的指向」とは恋愛感情または性的感情の対象となる性別についての指向をいい，「ジェンダーアイデンティティ」とは自己の属する性別についての認識に関するその同一性の有無または程度に係る意識をいうとされています（同法2条）。

また同法は，基本理念として，「性的指向及びジェンダーアイデンティティの多様性に関する国民の理解の増進に関する施策は，全ての国民が，その性的指向又はジェンダーアイデンティティにかかわらず，等しく基本的人権を享有するかけがえのない個人として尊重されるものであるとの理念にのっとり，性的指向及びジェンダーアイデンティティを理由とする不当な差別はあってはならないものであるとの認識の下に，相互に人格と個性を尊重し合いながら共生する社会の実現に資することを旨として行われなければならない」と定めています（3条）。

事業主は，上記基本理念にのっとり，「性的指向及びジェンダーアイデンティティの多様性に関するその雇用する労働者の理解の増進に関し，普及啓発，就業環境の整備，相談の機会の確保等を行うことにより性的指向及びジェンダーアイデンティティの多様性に関する当該労働者の理解の増進に自ら努めるとともに，国又は地方公共団体が実施する性的指向及びジェンダーアイデンティティの多様性に関する国民の理解の増進に関する施策に協力するよう努めるものとする」とされています（同法6条1項）。

ダイバーシティに関してはこのほか，2023年7月に，性同一性障害である職員のトイレ使用に係る措置の人事院の判定を違法とする最高裁判決[7]が出されました。

（3）　女性活躍推進法

☑ ポジティブアクション（均等法 8 条）との関係も意識しましょう。

　日本においても多くの女性が働いていますが，その働き方にさらに目を向けると留意すべき点がみえます。雇用者全体に占める女性の割合は 44.9% ですが，その半数以上は非正規雇用です[8]。また，出産・育児を契機に就業率が低下する「M 字カーブ」が現在においてもみられます。このほか，管理職以上の女性の割合も，国際的にみると低い水準にあります。

　こうした状況を改善すべく，2015 年に「女性の職業生活における活躍の推進に関する法律」（女性活躍推進法）が制定されています。

　そこでは，

①企業の女性の活躍に関する状況把握・課題分析

　（状況把握の必須項目：(a)女性採用比率，(b)女性管理職比率，(c)勤続年数男女差，(d)労働時間の状況，(e)男女の賃金の差異〔301人以上の企業〕）

②上記の状況把握・課題分析をふまえた行動計画の策定・届出・公表

③女性の活躍に関する情報公表

④認定制度

⑤履行確保措置（厚生労働大臣による報告徴収・助言・指導・勧告）

が定められています（①〜③については，101 人以上の企業で義務〔それ未満の企業では努力義務。301 人以上の企業においては情報公表が強化されています〕）。

---

7)　国・人事院(経産省職員)事件・最三小判令和 5 年 7 月 11 日民集 77 巻 5 号 1171 頁。

8)　厚生労働省雇用環境・均等局「令和 4 年版働く女性の実情」 🔗 。

たとえば，一般事業主行動計画（101 人以上の企業に策定義務があります）には，採用労働者に占める女性労働者の割合や，管理職に占める女性労働者の割合などについて項目を選択し数値目標を定めなければなりません（これとの関係では，労働法の全体的な体系の中で，均等法のポジティブアクション〔8 条〕〔→97 頁〕との関係も意識しておくことも必要でしょう）。

また，優良な事業主には「えるぼし認定」（基準を満たしている評価項目数が増えれば色が変わり星マークが増えます），特に優良な事業主には「プラチナえるぼし認定」が与えられます。

スポット
ライト 　　　　　　　　　　　　　さまざまなマークの持つ意味

このように最近では，一定の基準を満たした事業主に対して，政府から「マーク」が付与されることがあります。こうしたマークは，その企業のレピュテーション（評判）の向上に寄与しうるものです。目にみえる身近な取組みですが，労働法の実効性の観点（→56 頁）からみると，労働政策の目標を実現する取組みと位置づけることができます（反対に，法違反の企業を公表する制度もあります。それも企業のレピュテーションに関係するしくみです）。SNS の普及などにより，評判が一気に広がる社会の中で，企業も企業イメージ向上のためにさまざまな取組みをしています。そうした動きにハマると効果は大きいでしょう。

（4）　障害者雇用

☑ 障害者雇用政策の現在の姿を理解しましょう。

日本において障害者雇用対策が雇用政策上明確に位置づけられたのは，1960 年の身体障害者雇用促進法の制定によってです。同法

の制定当時から，雇用率制度（下記）が障害者雇用対策の基本制度として位置づけられ，1987年に障害者雇用促進法に改称されてから現在に至るまで，その位置づけは変わっていません。

あわせて，障害者雇用促進法は，2013年に，障害者差別禁止規定を設けるに至りました。これは，2006年に国連で障害者権利条約が採択され，翌年日本がこれに署名したことにより，国内法の整備を進めていくことになったことを契機とするものです。

現在では，日本の障害者雇用対策は，以下でみる雇用率制度と差別禁止のほか，職業リハビリテーションについて定めています。

（ア）　雇用率制度

■雇用率

一定数以上の労働者を雇用する事業主は，雇用する労働者のうち，対象となる障害者の数が，一定割合以上の数であるようにしなければなりません。この割合が，障害者雇用率（法定雇用率）です（障害者雇用促進法43条1項。国および地方公共団体については，同法38条1項）。

法定雇用率は，障害者について，一般労働者と同じ水準において常用労働者となりうる機会を確保することとするものです。2024年度から，民間企業については2.5％（2026年7月から2.7％），国，地方自治体については2.8％（3.0％）に引き上げられています。

雇用率の算定の対象となるのは，身体障害者，知的障害者，精神障害者保健福祉手帳の所有者です（37条2項）。

法定雇用率以上の労働者を雇用しているか否かは，個々の事業主ごとに判断されるのが原則です。ただし，障害者雇用の促進・安定を図るため，事業主が障害者雇用に特別の配慮をした子会社を設立し，一定の要件を満たす場合には，特例としてその子会社に雇用されている労働者を親会社に雇用されているとみなして，雇用率を算定できることとしています（44条）。このほかにも，企業グループ

等が所定の要件を満たした場合にも雇用率算定特例が適用可能です（45条・45条の2・45条の3）。

■ 納付金制度 ─────────────────────

障害者雇用促進法には，雇用率未達成企業（常用雇用労働者100人超）から納付金を徴収し，雇用率達成企業に対して調整金（常用雇用労働者100人超），報奨金（常用雇用労働者100人以下）等を支給するしくみが設けられています。これは，障害者雇用に伴う経済的負担の調整を図り，また，全体的な障害者の雇用水準を引き上げることを目的とするものです。

具体的には，雇用率未達成の事業主から，不足1人あたり月5万円の納付金が徴収され，雇用率達成の事業主には，超過1人あたり月2万9000円の調整金，月2万1000円の報奨金等が支給されます（調整金，報奨金の額は，2025年度から支給対象人数に応じて調整されます）。

⌒（イ）　障害者差別禁止 ─────────────────

☑ どのような場合に法違反となるのか，何が求められているのかをおさえておきましょう。

■ 差別禁止 ─────────────────────

事業主は，労働者の募集・採用について，障害者に対して，障害者でない者と均等な機会を与えなければなりません（障害者雇用促進法34条）。また，事業主は，賃金の決定，教育訓練の実施，福利厚生施設の利用その他の待遇について，労働者が障害者であることを理由として，障害者でない者と不当な差別的取扱いをしてはなりません（35条）。

この障害者差別禁止規定は，障害者（身体障害，知的障害，精神障害〔発達障害を含みます〕その他の心身の機能の障害があるため，長期にわたり，職業生活に相当の制限を受け，または職業生活を営むことが著しく困難な者。2条1号）に適用されます（雇用率の算定対象より広

い範囲です）。

障害者差別禁止に関しては，障害者差別禁止指針が定められています（36条1項）[9]。そこでは，障害者であることを理由とする差別に該当しないものとして，

- ・積極的差別是正措置として，障害者でない者と比較して障害者を有利に取り扱うこと
- ・合理的配慮を提供し，労働能力等を適正に評価した結果として障害者でない者と異なる取扱いをすること
- ・合理的配慮に係る措置を講ずること（その結果として，障害者でない者と異なる取扱いとなること）
- ・障害者専用の求人の採用選考の際または採用後に，仕事上の能力・適性の判断，合理的配慮の提供のためなど，雇用管理上必要な範囲で，プライバシーに配慮しつつ，障害者に障害の状況等を確認すること

があげられています。

■ 合理的配慮 ─────────────────────────────

2013年の障害者雇用促進法の改正により，差別禁止に関する規制とあわせて，合理的配慮に関する規定も設けられました。これは，おおざっぱなイメージでいうと，障害者が障害者でない者と同等程度のスタートラインに立てるようにして，その能力を有効に発揮できるようにするというものです。

事業主は，

- ・障害者である労働者について，
- ・障害者でない労働者との均等な待遇の確保または障害者である労働者の有する能力の有効な発揮の支障となっている事情を改善するため，

─────────────────────────────

9) 平成27年厚生労働省告示第116号 [Z]。

- ・障害者である労働者の障害の特性に配慮した職務の円滑な遂行に必要な施設の整備，援助を行う者の配置その他の必要な措置を講じなければなりません（36条の3）。

　募集・採用の場面では，障害者からの申出があった場合に，必要な措置を講じなければなりません（36条の2）。これら必要な措置を一般に，「合理的配慮」といいます。

　合理的配慮に関しては，合理的配慮指針が出されています（36条の5）[10]。そこでは合理的配慮の具体例として，視覚障害者に対して拡大文字・音声ソフト等を活用し業務が遂行できるようにすること，肢体不自由者に対してスロープ・手すり等を設置すること，発達障害者に対して，感覚過敏を緩和するため，サングラスの着用や耳栓の使用を認める等の対応を行うことなどがあげられています。

　以上の合理的配慮の提供の義務は，事業主に対して「過重な負担」を及ぼすことになる場合は課されません。過重な負担にあたるか否かについては，①事業活動への影響の程度，②実現困難度，③費用・負担の程度，④企業の規模，⑤企業の財務状況，⑥公的支援の有無を総合的に勘案して個別的に判断します（合理的配慮指針）。

　合理的配慮を講ずるにあたっては，事業主は，障害者の意向を十分に尊重しなければなりません（障害者雇用促進法36条の4第1項）。また事業主は，障害者である労働者からの相談に応じ，適切に対応するために必要な体制の整備その他の雇用管理上必要な措置を講じることを求められています（同条2項）。具体的内容として，合理的配慮指針には，

- ①相談に応じ，適切に対応するために必要な体制の整備
- ②採用後における合理的配慮に関する相談があったときの適切な対応

10）　平成27年厚生労働省告示第117号 🔗。

├③相談者のプライバシーを保護するために必要な措置
　├④相談をしたことを理由とする不利益取扱いの禁止（その旨の規
　│　定を設け，周知・啓発を行うことを含む）
があげられています。

■ 障害者雇用促進法に係る紛争解決のしくみ ─────────

　障害者雇用促進法に係る紛争処理については，均等法と同様のし
くみ（→99頁）がとられています（障害者雇用促進法74条の4・74
条の6・74条の7・82条1項・36条の6〔差別禁止・合理的配慮に関し
て[11]〕）。事業主が障害者雇用促進法の差別禁止規定や合理的配慮を
定めた規定に反した場合，これらの規定から直ちに私法上の効力が
生じるとまでいうことは難しいように思われます。ただしこれらの
規定違反の状態が間接的に不法行為責任を基礎づけたり，公序違反
を構成し当該法律行為が無効となることはありうるでしょう。

スポット
ライト　　　　　　　　　　　　　　　　　　　治療と仕事の両立
────────────────────────────────

　がんや難病など病気を抱えながら仕事をしている人たちや不妊治療
を受けながら仕事をしている人たちがいます。他方で，治療と仕事と
の両立ができなくなり離職に至るケースもみられます。
　本章のテーマ「みんなそれぞれ尊重される」職場を築くためにも，
政府や企業による支援体制の整備が重要な課題です。
　病気治療に関しては，柔軟な勤務制度（短時間勤務など）・休暇制
度の導入が可能か，各事業場の実情をみつつ検討していくことが望ま
れるでしょう（パートや有期で働く人たちのことも忘れてはなりませ
ん）。このほか，企業と労働者の意識啓発や，病気治療をしている労
働者が相談しやすい環境づくりも必要でしょう。
　不妊治療に関しては，企業は，次世代育成支援対策推進法に基づき，

────────────────────────────────

11)　勧告に従わなかったときの公表については定められていません。

労働者の仕事と子育てに関する「一般事業主行動計画」を策定することとなっていて，一定基準を満たした企業はくるみん認定・プラチナくるみん認定（より高い認定基準を満たす場合）等を受けることができますし，さらに，2022年4月から，不妊治療と仕事を両立しやすい職場環境整備に取り組む企業の認定制度「プラス」が創設されました。また2022年4月から不妊治療の保険適用もスタートしています。

（5）ハラスメント対策

☑ ハラスメントに関するルールを知っておくことが，ハラスメントの被害をなくす，そして加害者にならないようにするための一歩です。

　セクハラ，マタハラ，パワハラ，カスハラ……。「ハラスメント」をメディアなどで見たり，聞いたりしたことはあるでしょう。「ハラスメントにあった」と感じたことのある人も少なくないかもしれません。それでは，「ハラスメントをしてしまった」人は……。

　労働分野では，1997年にセクシュアル・ハラスメント，2016年に妊娠・出産・育児休業・介護休業等に関するハラスメント，2019年にパワー・ハラスメントについての規制が定められました。以下ではこれらに対する規制・ルールをみていくことにしましょう。

（ア）　セクシュアル・ハラスメント

☑ ハラスメントについて，法律に定められた措置義務等のほか，この措置等に関して厚生労働省が定めた指針（ここでは，セクハラ指針[12]）を確認しましょう。それぞれの内容の異同（相当程度重なっています）もチェックしてください。

■ セクシュアル・ハラスメントの内容

☑ 「性的な言動」に，性的指向・性自認を問う，「男だったら……」「女

---

12)　均等法11条4項。平成18年厚生労働省告示第615号 🔗。

だったら……」と発言する，食事に誘う，といったことは含まれるでしょうか。考えてみましょう。

職場におけるセクシュアル・ハラスメントには，

- ・対価型セクシュアル・ハラスメント：職場において行われる<u>性的な言動</u>に対する労働者の対応により当該労働者がその労働条件につき不利益を受けるもの
- ・環境型セクシュアル・ハラスメント：職場において行われる<u>性的な言動</u>により労働者の就業環境が害されるもの

があります（均等法 11 条 1 項，セクハラ指針）。

「<u>性的な言動</u>」とは，性的な内容の発言および<u>性的な行動</u>を指し，「<u>性的な内容の発言</u>」には，性的な事実関係を尋ねること，性的な内容の情報を意図的に流布すること等が，「<u>性的な行動</u>」には，性的な関係を強要すること，必要なく身体に触ること，わいせつな図画を配布すること等が含まれます。当該言動を行う者には，労働者を雇用する事業主，上司，同僚に限らず，取引先等の他の事業主，患者，生徒等もなりえます [13]（以上につき，セクハラ指針）。

■ 措置義務

セクシュアル・ハラスメントに関して講ずべき措置は，均等法に定められています（11 条）。

事業主は，セクシュアル・ハラスメントのないよう，労働者からの相談に応じ，適切に対応するために必要な体制の整備その他の<u>雇用管理上必要な措置</u>を講じなければなりません（同条 1 項）。

この<u>雇用管理上講ずべき措置</u>の内容としては，セクハラ指針では，

- ①事業主の方針等の明確化およびその周知・啓発
- ②相談（苦情を含む）に応じ，適切に対応するために必要な体制

---

13) 事業主は，企業外部の者からのセクシュアル・ハラスメントに関しても，雇用管理上の措置を講ずることが求められます。

の整備

─③職場におけるセクシュアル・ハラスメントに係る事後の迅速か
　　つ適切な対応

─④①〜③までの措置とあわせて講ずべき措置（プライバシーを保
　　護するために必要な措置等）

があげられています（パワー・ハラスメントについても同様です）。

　このように，均等法・セクハラ指針は，セクシュアル・ハラスメ
ントが生じた場合の事後の個別対応だけでなく，それを予防もしく
は適切に対処するために事前かつ全体的な対応を求めています。

　このほか，事業主は，労働者が相談を行ったことまたは事業主に
よる当該相談への対応に協力した際に事実を述べたことを理由とし
て，当該労働者に対して解雇その他不利益な取扱いをしてはなりま
せんし（均等法11条2項），事業主は，雇用する労働者が他の事業
主が雇用する労働者にセクハラを行った場合などにおいて，他の事
業主から，事実関係の確認等の雇用管理上の措置の実施に関し必要
な協力を求められた場合には，これに応ずるように努めなければな
りません（同条3項）。

■国・事業主・労働者の責務 ─────────────

　均等法は，職場における性的な言動に起因する問題に関する国・
事業主および労働者の責務についても定めています（11条の2）。
事業主は，性的言動問題に対する，雇用する労働者の関心と理解を
深めるとともに，労働者が他の労働者（他の事業主が雇用する労働者
および求職者を含みます）に対する言動に必要な注意を払うよう，
研修の実施その他の必要な配慮をするほか，国の講ずる措置に協力
するように努めなければなりませんし，事業主（役員を含みます）
は，自らも，性的言動問題に対する関心と理解を深め，労働者に対
する言動に必要な注意を払うように努めなければなりません（同条
2項・3項）。また労働者も，性的言動問題に対する関心と理解を深

め，他の労働者に対する言動に必要な注意を払うとともに，事業主の講ずる措置に協力するように努めなければなりません（同条4項）。

さらにセクハラ指針は，

・事業主は，雇用する労働者が，他の労働者のみならず，個人事業主，インターンシップを行っている者等の労働者以外の者に対する言動についても必要な注意を払うよう配慮するとともに

・事業主（役員を含みます）自らと労働者も，労働者以外の者に対する言動について必要な注意を払うよう努めることが望ましい

としています（以上は，妊娠・出産等に関するハラスメントや，パワー・ハラスメントに関しても同様です）。

> ### （イ）　妊娠・出産・育児休業・介護休業等に関する
> ### 　　　ハラスメント

妊娠・出産・育児休業・介護休業等に関するハラスメントについても，措置義務等が法律で定められ，指針も出されています[14]。

■ ハラスメントの内容

職場におけるこれらに関するハラスメントは，職場において上司または同僚から行われる

・妊娠・出産等に関する言動

・育児休業・介護休業等（育児休業等）の利用に関する言動

により，妊娠・出産した女性労働者や，育児休業等を申出・取得した労働者の就労環境が害されることをいいます。

これらのハラスメントには，

・労働者の，男女雇用機会均等法，育児・介護休業法が対象とする制度・措置の利用に関する言動により就業環境が害されるも

---

[14]　妊娠・出産ハラスメント指針（均等法11条の3第3項。平成28年厚生労働省告示第312号 ）。育児休業等ハラスメント指針（育児・介護休業法28条。平成21年厚生労働省告示第509号 ）。

の（「制度等の利用への嫌がらせ型」）[15]

・女性労働者の妊娠・出産に関する言動により就業環境が害されるもの（妊娠・出産に関するハラスメントのみ）（「状態への嫌がらせ型」）

があります。

　なお，客観的にみて，業務上の必要性に基づく言動によるものについては，職場における妊娠・出産・育児休業等に関するハラスメントには該当しません（以上につき，妊娠・出産ハラスメント指針，育児休業等ハラスメント指針）。

■ 措置義務 ─────────────────────────

　男女雇用機会均等法および育児・介護休業法は，妊娠・出産・育児休業等に関するハラスメントの措置義務について定めています（均等法11条の3，育児・介護休業法25条）。

　事業主は，妊娠・出産・育児休業等に関するハラスメントのないよう，当該（女性）労働者からの相談に応じ，適切に対応するために必要な体制の整備その他の雇用管理上必要な措置を講じなければなりません（均等法11条の3第1項，育児・介護休業法25条1項）。

　この雇用管理上講ずべき措置の内容としては，指針では，

①事業主の方針等の明確化およびその周知・啓発

②相談（苦情を含む）に応じ，適切に対応するために必要な体制の整備

───────────────────────────

15）　典型的な例として，①解雇その他不利益な取扱いを示唆するもの（なお，妊娠・出産等を理由として解雇その他不利益な取扱いを行うことは均等法9条3項違反になります〔→98頁〕），②制度等の利用の請求等または制度等の利用を阻害するもの，③制度等の利用をしたことにより嫌がらせ等をするものがあります。②に関して，育児休業等に関しては，労働者の事情やキャリアを考慮して，早期の職場復帰を促すことは制度等の利用が阻害されるものに該当しない，とされています。

├③職場における妊娠・出産・育児休業等に関するハラスメントに
　係る事後の迅速かつ適切な対応
├④職場における妊娠・出産・育児休業等に関するハラスメントの
　原因や背景となる要因を解消するための措置
├⑤①〜④までの措置とあわせて講ずべき措置（プライバシーを保
　護するために必要な措置等）
があげられています。

　このほか，事業主は，労働者が相談を行ったことまたは事業主に
よる当該相談への対応に協力した際に事実を述べたことを理由とし
て，当該労働者に対して解雇その他不利益な取扱いをしてはなりま
せん（均等法11条の3第2項，育児・介護休業法25条2項）。

　■ 国・事業主・労働者の責務 ────────────────

　均等法，育児・介護休業法は，妊娠・出産等関係言動問題，育児
休業等関係言動問題に対する国・事業主・労働者の責務についても
定めています（均等法11条の4，育児・介護休業法25条の2）。

　（ウ）　パワー・ハラスメント

　パワー・ハラスメントに関しても，措置義務等が法律で定められ，
指針（パワハラ指針）も出されています[16]。

　■ パワー・ハラスメントの内容 ──────────────

　職場におけるパワー・ハラスメントとは，
├・職場において行われる優越的な関係を背景とした言動であって，
├・業務上必要かつ相当な範囲を超えたものにより，
├・労働者の就業環境が害されるもの
をいいます（労働施策総合推進法30条の2第1項，パワハラ指針）。
したがって，客観的にみて，業務上必要かつ相当な範囲で行われる
適正な業務指示や指導については，職場におけるパワー・ハラスメ

────────────────────────────

16）　労働施策総合推進法30条の2第3項。令和2年厚生労働省告示第5号 🔗。

ントには該当しません。この判断にあたってはさまざまな要素を総合的に考慮することになりますが，判断が難しい場合は少なくないでしょう。

パワー・ハラスメントの代表的な類型（限定列挙でありません）としては，

- ①身体的な攻撃（暴行・傷害）
- ②精神的な攻撃（脅迫・名誉棄損・侮辱・ひどい暴言）
- ③人間関係からの切り離し（隔離・仲間外し・無視）
- ④過大な要求（業務上明らかに不要なことや遂行不可能なことの強制・仕事の妨害）
- ⑤過小な要求（業務上の合理性なく能力や経験とかけ離れた程度の低い仕事を命じることや仕事を与えないこと）
- ⑥個の侵害（私的なことに過度に立ち入ること）[17]

があります（以上につき，パワハラ指針）。

■ 措置義務

パワー・ハラスメントについても，事業主は，雇用管理上必要な措置を講じなければなりません（労働施策総合推進法30条の2第1項）（→110頁）。この措置の内容については，パワハラ指針にあげられています。

■ 国・事業主・労働者の責務

労働施策総合推進法は，優越的言動問題に対する国・事業主・労働者の責務についても定めています（30条の3）。

また，事業主は，取引先等の他の事業主が雇用する労働者や他の事業主（役員を含みます）からのパワー・ハラスメントや顧客等か

---

17) パワハラ指針は，これに該当する例として，労働者の性的指向・性自認や病歴，不妊治療等の機微な個人情報について，当該労働者の了解を得ずに他の労働者に暴露すること（性的指向・性自認に関しては，「アウティング」といわれることがあります）などをあげています。

らの著しい迷惑行為（暴行，脅迫，ひどい暴言，著しく不当な要求等。カスタマー・ハラスメントと一般的にいわれています）により，労働者が就業環境を害されることのないよう，雇用管理上の配慮として，たとえば，

- ・相談に応じ，適切に対応するために必要な体制の整備
- ・被害者への配慮のための取組み
- ・他の事業主が雇用する労働者等からのパワー・ハラスメントや顧客等からの著しい迷惑行為による被害を防止するための取組み

を行うことが望ましいとされています（パワハラ指針）。

（エ）　ハラスメントに係る紛争解決のしくみ

■ 行政上のしくみ

　上記のハラスメントに関しては，その紛争解決のしくみとして行政上の手続が定められています（→99頁）。

■ 私法上の救済

　ハラスメントに係る私法上の救済については，加害者の不法行為に基づく損害賠償請求（民法709条），使用者の不法行為（同条・715条等）または債務不履行（415条）に基づく損害賠償請求によることになります[18]。

　上記ハラスメントに関する各法律は，使用者の雇用管理上の措置義務を定めていますが，これらの規定から直接，損害賠償請求権など私法上の請求権が導かれるわけではありません。ただし，実際に

---

[18]　セクシュアル・ハラスメントに関する裁判例のリーディングケースである福岡セクシュアル・ハラスメント事件・百選17・福岡地判平成4年4月16日労判607号6頁は，加害者に対しては被害労働者にとって働きやすい職場環境の中で働く利益を害したとしたうえで不法行為責任を，使用者に対しては職場が被用者にとって働きやすい環境を保つよう配慮する注意義務がある等としたうえで使用者責任を，認めました。

は，使用者が各法律が定める雇用管理上の措置義務を果たしているか否かは，損害賠償請求権の存否・額などの考慮事情となりうるでしょう。

（6）　年少者・母性の保護

（ア）　年少者の保護

労基法は，年少者（満18歳に満たない者）の健康・福祉の確保などの観点から，規制を設けています。

■ 最低年齢

使用者は，満15歳に達した日以後の最初の3月31日が終了するまでは，原則として児童を使用することはできません（労基法56条1項）。ただし，非工業的事業（製造業・鉱業・土木建築業・運送業・貨物取扱業以外の事業）に係る職業で，児童の健康・福祉に有害でなく，かつ，その労働が軽易なものについては，行政官庁の許可を受けて，満13歳以上の児童を修学時間外に使用することができます。映画製作・演劇の事業については，満13歳に満たない児童も，前記要件を満たす限り修学時間外に使用することができます（同条2項）。

■ 未成年者の労働契約の締結

親権者または後見人は，未成年者に代わって労働契約を締結してはなりません（労基法58条1項）。他方で，親権者，後見人，行政官庁は，労働契約が未成年者に不利であると認める場合には将来に向かって当該契約を解除することができます（同条2項）。

■ 賃金の請求

未成年者は，独立して賃金を請求することができます。親権者・後見人は，未成年者の賃金を代わって受け取ってはなりません（労基法59条）。労基法は労働者への直接払いの原則（24条。→140頁）を定めており，そこから，親権者・代理人による賃金の受領の禁止

は導かれますが，独立した規定を置き，より明示的に禁止しています。

■ 労働時間・休日労働・深夜業 ────────────

満15歳以上で満18歳に満たない者について，

①1週40時間以内で，1週間のうち1日の労働時間を4時間以内に短縮する場合において，他の日の労働時間を10時間まで延長するとき

②1週48時間，1日8時間以内で，1か月または1年単位の変形労働時間制を適用するとき

を除いて，使用者は，変形労働時間制（→163頁）を利用して労働させることはできません。また，年少者には，時間外・休日労働をさせることはできません（労基法60条）[19]。

さらに深夜業についての規制があり，使用者は，原則として，年少者を午後10時から午前5時までの間使用してはなりません（同法61条。ただし，交替制の場合など例外があります）。

■ その他 ────────────────────────

労基法は，このほかに，危険有害業務の就業制限（62条）・坑内労働の禁止（63条）を定めています。

（イ）母性の保護

労基法上の女性一般に関する保護規定は少なくなっていき，現在では母性に関する保護規定のみとなっています。坑内業務・危険有害業務の就業制限（64条の2・64条の3）のほか，以下の規制が置かれています。

■ 産前産後休業 ──────────────────────

産前につき，使用者は，6週間（多胎妊娠の場合は14週間）以内

---

19) 労基法56条2項の児童（→116頁）については，<u>修学時間を通算して</u>，1週間について<u>40時間</u>，1日について<u>7時間</u>を超えて労働させてはなりません。

に出産する予定の女性が休業を請求した場合，その者を就業させてはなりません（労基法65条1項）。

産後[20]については，使用者は，産後8週間を経過しない女性を就業させてはなりません。ただし，産後6週間を経過した女性が請求した場合に，医師が支障がないと認めた業務に就かせることは差し支えません（同条2項）。

なお，産前産後休業期間中については，労働協約，就業規則，労働契約等に規定のない限り無給となります。しかし，健康保険制度から，産前42日（多胎妊娠の場合は98日）から出産後56日までの間，労務に服さなかった期間について，1日につき標準報酬日額の3分の2に相当する額が支給されます（<u>出産手当金</u>。健康保険法102条・138条）。

■ 軽易業務への転換 ──────────────

使用者は，妊娠中の女性が請求した場合，他の軽易な業務に転換させなければなりません（労基法65条3項）。軽易業務への転換を理由とする不利益取扱いについても規制されています（→98頁）。

■ 妊産婦の労働時間 ──────────────

使用者は，妊産婦が請求した場合で，変形労働時間制により労働させるとき，その者を，1週・1日の法定労働時間を超えて労働させてはなりません。また，使用者は，妊産婦が請求した場合，時間外・休日労働や深夜労働をさせてはなりません（労基法66条）。

■ 育児時間 ──────────────

生後満1年に達しない生児を育てる女性（男性は対象外です）は，休憩時間のほか，1日2回，それぞれ少なくとも30分，その生児

20）　出産の範囲は，妊娠4か月以上の分娩とし，死産も含みます（昭和23年12月23日基発1885号）。したがって，妊娠4か月以降に流産・死産した女性労働者も産後休業の対象となります。

を育てるための時間を請求することができます。使用者は，当該育児時間中は当該女性を使用してはなりません（労基法 67 条）。

■ 生理日の就業が著しく困難な女性に対する措置 ─────────

使用者は，生理日の就業が著しく困難な女性が休暇を請求したとき，その者を生理日に就業させてはなりません（労基法 68 条）。当該休暇期間中の賃金については，労働協約，就業規則，労働契約等に定めがない限り無給となります。また，生理休暇を欠勤扱いすることは，生理休暇の取得を著しく困難とし同規定が設けられた趣旨を失わせるものでない限り違法でないとする判例 [21] があります。

■ 妊娠中および出産後の健康管理に関する措置 ─────────

使用者は，女性労働者が母子保健法の定める保健指導や健康診査を受けるために必要な時間を確保することができるようにしなければなりません（均等法 12 条）。また，上記の保健指導や健康診査に基づく指導事項を守ることができるようにするため，使用者は，勤務時間の変更，勤務の軽減等必要な措置を講じなければなりません（同法 13 条 1 項。以上「母性健康管理措置」）。それに関して，医師等による女性労働者への指示事項を事業主に適切に伝えるためのツールとして，母性健康管理指導事項連絡カード（母健連絡カード）が設けられています。ほとんどの母子健康手帳にも様式が記載されています。使用者も労働者もこの存在を知っておきましょう。

（7）拘束と搾取の禁止──労働憲章

「拘束と搾取」，これらを過去の遺産と思うことなかれ，です。現在においても，こうした問題は生じています。労基法は第 1 章「総則」，第 2 章「労働契約」に以下の規制（これらは，労働憲章といわ

───────────────────

21) エヌ・ビー・シー工業事件・最三小判昭和 60 年 7 月 16 日民集 39 巻 5 号 1023 頁。

れることがあります。重みを感じさせますね）を置いています。

（ア） 強制労働の禁止

使用者は，暴行，脅迫，監禁その他精神または身体の自由を不当に拘束する手段によって，労働者の意思に反して労働を強制してはなりません（5条）。封建的労働関係において，労働者を強制的に労働させることがあったことから，この規定が設けられました。経済的な圧力により労働を強制する場合も本条違反に該当します[22]。

なお，本条違反の罰則は，1年以上10年以下の懲役（2025年6月1日以後は拘禁刑）または20万円以上300万円以下の罰金であり，労基法違反の中で最も重い刑罰が定められています（117条）。

（イ） 中間搾取の排除

労働関係をめぐって賃金のピンハネがみられてきました。そこで，労基法は，「何人も，法律に基いて許される場合の外，業として他人の就業に介入して利益を得てはならない」と，中間搾取の排除の規定を置いています（6条）。

「他人の就業に介入して」とは，他人どうしの間で形成される就業関係の成立・継続に関わることをいいます。求職者と求人企業との間を仲介する職業紹介はそのケースの1つです。これに対して，労働者派遣関係は，派遣元と労働者との間に労働関係が成立し，派遣先と派遣労働者との間には労働関係はないため（→23頁），派遣元が派遣先から受け取るマージンは，「他人の就業に介入」した「利益」ではありません。

「法律に基いて許される場合」とは，委託募集や許可された有料職業紹介などです。

（ウ） 公民権行使の保障

使用者は，労働者が労働時間中に，選挙権その他公民としての権

22） 日本ポラロイド事件・東京地判平成15年3月31日労判849号75頁など参照。

利を行使し，または公の職務を執行するために必要な時間を請求した場合においては，拒んではなりません。ただし，権利の行使または公の職務の執行に妨げがない限り，請求された時刻を変更することができます（7条）。

「公民としての権利」には，選挙権，被選挙権，最高裁判所の国民審査などがあります。「公の職務」には，各種議会の議員，裁判員，労働審判員，検察審査員などが該当します。

なお，同条は，賃金の扱いについては定めていません。したがって，所定労働時間中に労働者が公民権を行使した場合，特に定めがなければ使用者はその間を有給扱いとする必要はありません。

また判例には，公職の就任を使用者の承認にかからしめ，その承認を得ずに公職に就任した者を懲戒解雇とする条項は，労基法7条の趣旨に反し無効とすべきである，と判示するもの[23]があります。ただし，普通解雇については，公務就任により会社業務の遂行を著しく阻害するおそれのある場合には，認められる可能性はあると思われます（同判決参照）。

（エ）賠償予定の禁止

使用者は，労働契約の不履行について違約金を定め，または損害賠償額を予定する契約をしてはなりません（16条）。この規定も，封建的労使関係のもとで，違約金や損害賠償額があらかじめ定められることにより，労働者の当該労働関係への足止めがみられたため設けられたものです[24]。

たとえば，看護師の看護学校修学に関する費用につき，一定期間

---

23) 十和田観光電鉄事件・最二小判昭和38年6月21日民集17巻5号754頁。

24) 最近では，キャバクラ店に勤務する従業員に対する私的交際禁止と違約金200万円の支払を内容とする同意書が問題となったケースがあります（キャバクラ運営A社従業員事件・大阪地判令和2年10月19日労判1233号103頁〔16条違反を肯定〕）。

以上勤務した場合には費用負担を免除するが，それまでに退職した場合には費用負担を求めることは，同条違反となりえます[25]。

このほか，企業が従業員に留学費用を貸し付け，帰国後一定期間経過前に退職した場合には返還を求める定めが労基法16条違反になるかも問題となります。

ある裁判例[26]は，「本件留学制度は……大所高所から人材を育成しようというものであって，留学生への応募は社員の自由意思によるもので業務命令に基づくものではなく，留学先……の選択も本人の自由意思に任せられており，留学経験や留学先大学院での学位取得は，留学社員の担当業務に直接役立つというわけではない一方，……留学社員にとっては原告〔会社〕で勤務を継続するか否かにかかわらず，有益な経験，資格となる。従って，本件留学制度による留学を業務と見ることはできず，……〔留学費用の負担については，〕労働契約とは別に，当事者間の契約によって定めることができる」と判示しました。そして，使用者と労働者との間で，少なくとも学費については，当該労働者「が一定期間……勤務した場合には返還債務を免除する旨の特約付きの金銭消費貸借契約が成立している」として，労基法16条違反にはならないと判断しています[27]。

このほかの裁判例もあわせてみると，裁判所は，業務との関連性，任意性，返還方法の合理性，額や範囲などを考慮して，同条違反か否かを判断しているといえます。

（オ）　労働者に対する損害賠償請求

☑　使用者は労働者の行為により発生した損害について全額の賠償を請求

---

25)　医療法人杏祐会事件・広島高判平成29年9月6日労判1202号163頁参照。

26)　長谷工コーポレーション事件・百選12・東京地判平成9年5月26日労判717号14頁。

27)　最近の裁判例として，みずほ証券事件・東京地判令和3年2月10日労判1246号82頁（16条違反を否定）。

できるでしょうか？

　労基法 16 条はあらかじめ損害賠償額を定めておくことを禁止していますが，労働者の行為により損害が発生した場合に，使用者が労働者に対して損害賠償請求を行うこと自体は禁止されていません。

　ただし，損害額全額を労働者に常に請求できるかというとそうではありません。茨城石炭商事事件最高裁判決[28] は，「使用者が，その事業の執行につきなされた被用者〔労働者〕の加害行為により，直接損害を被り又は使用者としての損害賠償責任を負担したことに基づき損害を被つた場合には，使用者は，その事業の性格，規模，施設の状況，被用者の業務の内容，労働条件，勤務態度，加害行為の態様，加害行為の予防若しくは損失の分散についての使用者の配慮の程度その他諸般の事情に照らし，損害の公平な分担という見地から信義則上相当と認められる限度において，被用者に対し右損害の賠償又は求償の請求をすることができるものと解すべきである」として，本件の事実関係のもとで労働者に対して賠償・求償を請求しうる範囲は，信義則上損害額の 4 分の 1 を限度とすべきであるとしています。使用者が損害賠償請求・求償できる範囲は，ケースに応じて異なるでしょう。また，労働者が被害者に損害賠償を行った後，使用者にその負担すべき額について求償することも可能です[29]。

（カ）　前借金相殺の禁止

■ 給料の前借りは，労基法違反でしょうか？

　使用者は，前借金その他労働することを条件とする前貸の債権と賃金を相殺してはなりません（17 条）。前近代的な労働関係において，事前に金銭を貸し付けその後賃金と相殺し，返済完了前に退職

---

28)　百選 28・最一小判昭和 51 年 7 月 8 日民集 30 巻 7 号 689 頁。
29)　福山通運事件・最二小判令和 2 年 2 月 28 日民集 74 巻 2 号 106 頁。

した場合には残借金の即時返還を求めることでその雇用関係に拘束するという事例がみられたため，この規定が設けられました。

なお，同条は前借金（前借り）自体は禁止していません。これは，前借金自体は，相当程度利用されていたためです。

また，労働者が会社の制度で住宅ローンを組み，賃金から一定額を差し引くということがあります。このような場合も「前貸の債権と賃金を相殺」していると読めそうですが，厚生労働省の解釈では，貸付けの原因，期間，金額，金利の有無等を総合判断して，労働することが条件となっていないことが極めて明白な場合には，本条の規定は適用されないと解されている[30]ので，労基法17条違反にはならない場合が多いでしょう（労基法24条も参照〔→142頁〕）。

（キ）　強制貯金の禁止

最近はあまりみられませんが，以前は社内預金制度を有する会社が結構ありました。労基法18条はこれらに関する規定です。

使用者は，労働契約に附随して貯蓄の契約をさせ，または貯蓄金を管理する契約をしてはなりません（同条1項）。また，使用者は，労働者の貯蓄金をその委託を受けて管理しようとする場合においては，労使協定を締結し，これを行政官庁に届け出なければなりません（同条2項）。

使用者は，貯蓄金の管理が社内預金であるときは，利子をつけなければなりません。その利子が一定利率（利率省令2条。現在，年0.5%）を下回るときは，当該利率による利子をつけたものとみなされます（労基法18条4項）。

（8）　個人情報・プライバシーの保護

デジタル社会が急速に進展している中で，個人情報やプライバシ

---

30)　昭和22年9月13日発基17号 ⬀，昭和33年2月13日基発90号。

ーの保護の重要性は一層高まっています。このことは，労働関係においてももちろんあてはまります。

（ア） 個人情報保護法と労働関係

個人情報保護の基本法というべき役割を担っているのが個人情報保護法です。同法は労働関係にも適用されます。

企業などの個人情報取扱事業者は，個人情報を取り扱うにあたっては，その利用目的をできる限り特定しなければなりません（17条1項）。そして，個人情報取扱事業者は，あらかじめ本人の同意を得ないで，上記の特定された利用目的の達成に必要な範囲を超えて，個人情報を取り扱ってはなりません（18条1項。法令に基づく場合などを除きます。同条3項）。また，個人情報取扱事業者は，法令に基づく場合（健康診断の結果〔労安衛法66条の3〕，ストレスチェック後の面接指導の結果〔同法66条の10第4項〕など）などを除いて，あらかじめ本人の同意を得ないで，要配慮個人情報（2条3項，同法施行令2条。病歴，犯罪歴など）を取得してはなりません（20条2項）。さらに，個人情報取扱事業者は，個人情報の取得・利用・管理等の場面でさまざまな規制に服します（21条〜32条）。

個人情報保護法は，個人情報取扱事業者に対する監督（報告・立入検査，指導・助言，勧告・命令）および罰則を定めています。個人情報保護法違反は，当然に私法上の効力を有するものではありませんが，企業の不法行為責任を導くこともあります。裁判例には，個人情報保護法18条（当時16条）に違反して取り扱った場合には，特段の事情がない限り，プライバシーの侵害の不法行為が成立するとしたもの[31]があります。

---

31)　社会医療法人天神会事件・百選15・福岡高判平成27年1月29日労判1112号5頁。

　労働関係が成立し，展開していく場面において，使用者が労働者の情報を取得することがありますが，その際当該労働者のプライバシーを侵害したとして，使用者は法的責任を負うかが問題となることがあります。

　こうした問題は2つの場面でよくみられます。

　第1の場面は，使用者による健康情報の取得です（上記(ア)も参照してください）。裁判例には，他病院から得た看護師のHIV情報について本人の同意なく情報を共有したことに関する上記裁判例のほか，本人の同意を得ることなくB型肝炎ウイルスに関する検査を行ったケースにつき，プライバシー権を侵害するものとして違法であるとして慰謝料請求を認めたもの[32] があります。

　第2の場面は，使用者による労働者の勤務態度などの監視です。

　裁判例には，社員の電子メールの利用につき，社員に一切のプライバシー権がないとはいえないとしつつ，社内ネットワークシステムを用いた電子メールの送受信には，通常の電話装置の場合と全く同程度のプライバシー保護を期待することはできず，当該システムの具体的情況に応じた合理的な範囲での保護を期待しうるにとどまるとしたもの[33] があります。このほか，セキュリティー向上のために監視システムを設置する必要性は認められ，当該労働者のプライバシーを侵害するものではないとする一方で，従業員に労務提供義務がない時間帯，期間においてナビシステムを利用して居場所確認をすることは，特段の必要性のない限り許されず，結論において不法行為を構成するとしたもの[34] があります。

---

32)　B金融公庫事件・東京地判平成15年6月20日労判854号5頁。

33)　F社Z事業部事件・東京地判平成13年12月3日労判826号76頁。

34)　東起業事件・東京地判平成24年5月31日労判1056号19頁。

使用者による勤務態度などのチェックについては，労働者のプライバシーを侵害するおそれもあるので，①就業規則などで定めたうえで，②合理的理由に依拠するものであり，③手段も相当であることが必要でしょう[35]。

（9）　公益通報者保護

　会社で行われた違法行為などについて労働者が会社外部などに通報したことに対して，会社が当該労働者を処分した場合，公益通報者保護法の適用が問題となります[36]。

　同法は，公益通報を，労働者・退職者・役員が，不正の目的でなく，勤務先・勤務先の役員・従業員等についての刑事罰・過料の対象となる不正を通報することをいうとしています（2条）。

　そして，一定の保護の条件（後述）を満たした場合には，解雇は無効となり（3条），懲戒などの不利益取扱いは禁止され（5条），当該者に対する損害賠償請求も制限されます（7条）。

　上述の保護の条件は，通報先により区分されています。

- ①事業者を通報先とする場合：不正があると思料すること
- ②行政機関を通報先とする場合：不正があると信ずるに足りる相当の理由があること，または，不正があると思料し，氏名などを記載した書面を提出すること
- ③報道機関等を通報先とする場合：不正があると信ずるに足りる

35）　判例には，所持品検査のケースにつき，合理的理由に基づいて，一般的に妥当な方法と程度で画一的に実施されるものでなければならず，そうしたものとして就業規則等明示の根拠に基づいて行われるときは，特段の事情がない限り，検査を受忍すべき義務がある，とするもの（西日本鉄道事件・百選58・最二小判昭和43年8月2日民集22巻8号1603頁）があります。

36）　同法の規定は，その他の労働法のルールを排除するものではありません（8条参照）。関連裁判例として，トナミ運輸事件・百選57・富山地判平成17年2月23日労判891号12頁。

相当の理由があることのほか，生命・身体への危害の発生など
　　があること

が，保護の条件となります。

　公益通報者保護法は，このほかに，事業者に対する，公益通報に
適切に対応するために必要な体制の整備等を行うことの義務づけ
（11 条。常時使用する労働者数が 300 人以下の事業者については努力義
務〔同条 3 項〕），体制整備等の義務に違反する事業者に対する報告
徴収・助言・指導・勧告（15 条），勧告に従わない場合の公表（16
条）といった行政措置についても規定しています。

　さらに，同法は，内部調査等の従事者に対して，通報者を特定さ
せる情報の守秘を義務づけ（12 条），違反した場合につき，刑事罰
（30 万円以下の罰金）を設定しています（21 条。この点につき，法人
等も処罰の対象とする両罰規定は設けられていません）。

スポット
ライト
　　　　　　　　　　　　　　　　　　　　　　　　　　　　職務発明
_____

　たとえば，研究所勤務のあなたが実験中に発明をした場合，特許に
係る問題や報酬はどのように取り扱われるでしょうか？

　この点については，特許法が定めています。

　まず，「職務発明」とは，従業者等がした発明であって，その性質
上使用者等の業務範囲に属し，かつ，その発明をするに至った行為が
その使用者等における従業者等の現在または過去の職務に属する発明
のことをいいます（35 条 1 項）。したがって，使用者等の業務範囲に
属さない発明は，職務発明にはあたらず，以下の規制の対象にはなり
ません。

　次に，従業者等がした職務発明については，契約，勤務規則等にお
いてあらかじめ使用者等に特許を受ける権利を取得させることを定め
たときは，その特許を受ける権利は，発生した時から使用者等に帰属
します（同条 3 項）。特許を受ける権利の取得についてあらかじめ就

業規則等で定めが置かれていないときには，特許を受ける権利は，当該従業者等に帰属します。

　そして，契約，勤務規則等により職務発明について使用者等に特許を受ける権利を取得させた場合には，従業者等は，相当の金銭その他の経済上の利益（相当の利益）を受ける権利を有します（同条4項）。

　相当の利益については，契約等で定めることができますが，その場合，相当の利益の内容の決定基準の策定に際して使用者等と従業者等との間の協議状況，策定された当該基準の開示状況，相当の利益の内容の決定について行われる従業者等からの意見聴取の状況等を考慮して，その定めたところにより相当の利益を与えることが不合理であると認められるものであってはなりません（同条5項）。そして，相当の利益についての定めがない場合やその定めたところにより相当の利益を与えることが不合理であると認められる（同項参照）場合には，相当の利益の内容は，その発明により使用者等が受けるべき利益の額，その発明に関連して使用者等が行う負担，貢献および従業者等の処遇等を考慮して決定されます（同条7項）。

　このように，あらかじめ相当の利益に関する規定が定められた場合には，不合理であると認められる場合を除いて，使用者はその定めるところにより算出される報酬額を支払えば足ります。

美奈　6月29日

　今日も疲れた。帰り間際に発生したアクシデントの対処に時間がかかり，予定より30分帰宅スケジュールが遅れてしまった。しかも今日の訪問介護先は，訪問エリアぎりぎりのところで，行きでも電動自転車をとばして20分かかった。帰りは上り坂が多いから，スーパーまで25分くらいかかる。電動自転車の充電，もつかな，と思いながらとばしていると，充電ランプが1つ消えた。「あ゛ー」。ため息か叫びかわからない音が口から出た。運転モードを節約モードに変える。

　なんとか閉店ぎりぎりにスーパーにすべり込むことができた。でも特売品や「半額」「30%引き」の黄と赤の丸いシールが貼ってあるお惣菜はもうほとんどない。

　介護の仕事にはもちろん大きなやりがいを感じるが，肉体的にだけでなく精神的な負担も——同じくらいかもっと大きく——感じる。シフトを入れていない時間帯にも上司から依頼を受けると訪問先に行かざるをえない。新しくできた会社で働き始めて1年近くたつが，日々の疲労を解消する手だてを見つけられずにいる。

　こんなに大変なのに，もらえるお給料は時給だけだと1200円。最低賃金の引上げにあわせて時給もアップしたが，ここのところの物価の上昇はそれ以上なので，生活はきつくなってきている。出産前に働いていた仕事はデスクワークだったが，正社員だったのでお給料で困ることもなかった。介護は社会的に貢献度の高い仕事なのに，その賃金が低いというのが——仕事に就く前からわかっていたこととはいえ——腑に落ちない。

　安くなったお惣菜と明日の食材と牛乳と缶ビール6本パックを買い物かごに入れてレジに向かう。レジ前の列に並びながらiPayアプリを起動させる。今の会社では経費の精算にiPayのサービスを使っていて，この春から給料の支払にもアプリ振込の利用を始めた。アプ

リ振込の利用は強制ではないと会社に言われていたが，クレジットカードが使えないところでもスマホ決済は対応しているところがあるし，仕事をしていると銀行に行くのも億劫なので，給料のアプリ振込を利用している。

　センサーにスマホをかざすと「チャリン」と音が鳴った。決済と同時にポイントが付いたのがわかる。この瞬間，ちょっとうれしい。

　外に出て，荷物を電動自転車の前かごに詰め込む。つい予定より買い込んだせいで前かごが重く，ふらつく。こけないように気をつけながらペダルを踏み込む。「え゛ー」。電動自転車の充電ランプがまた1つ消えた。

　労働契約が成立しているといえるためには「使用者が……賃金を支払うことについて，労働者及び使用者が合意」していることが必要とされていて（労契法6条），賃金は労働契約関係の本質的要素です。本章の主役はこの「賃金」です。

正社員として働く人の給与明細書には、「基本給」、「残業手当」という項目が置かれていることが多くみられます。

　「基本給」は、賃金の主たる構成部分となりますが、何が基本給の算定基準とされ、それがどのように反映されるかは、各企業でさまざまです。職能資格（→219頁）や勤続年数などを基準に定められることもありますし、成果や業績が基準となる（または職能資格などと併用する）場合もあります。

　「残業手当」は、所定労働時間（就業規則で通常働く時間として定められた時間）を超えて働いた場合に支払われる賃金です。「残業手当」も「基本給」と同様に法律で定義づけられている概念ではありません。「残業手当」は、法定労働時間を超えた場合に支払われる時間外割増賃金（労基法37条。→155頁）と同じ概念ではないことに注意しましょう。

　さて、これらの給与明細書に記載されている賃金は、どのような場合にその請求権が発生しているのでしょうか。また、使用者は、いかなる場合に賃金支払義務を負うでしょうか。本章ではまずこの点をみます。そのうえで、賃金に関して、労働法はどのような保護をしているか、その保護のしくみについてみていきましょう。

（1）賃金請求権

　働いていなくても賃金請求権が発生する場合はあるのでしょうか。確認してみましょう。

　労働契約をベースとして賃金請求権が発生する場面としては、以下があげられます[1]。

---

1)　このほか、最賃法により、最低賃金額に達するまでの賃金請求権が認められます（4条1項。→147頁）。なお、割増賃金請求権（労基法37条）については→155頁。

（ア） 現実の労働

　民法では，労働者は，その約した労働を終わった後でなければ，報酬を請求することはできない，と定められています（624条1項）。このことから，現実の労働がなされた後に賃金請求権が発生し後払いが原則となります（このことは，ノーワーク・ノーペイ〔ワークがなければ，ペイはない〕の原則ともいわれます）。

（イ） 合意

　ただし，ノーワーク・ノーペイの原則はあくまで原則でしかありません。労使間の合意により，上記以外のタイミングで賃金請求権を発生させることや後払い以外の支払方法も認められます。

　また，賃金の支払時期だけでなく，現実の労働がなくても賃金を支払うことも，合意によって定めることが可能です。

　このほか，各種手当や賞与（ボーナス），退職金なども，労使の合意により定められます（賞与や退職金の制度を設けることは法律で義務づけられてはいません）。

■ 賞与

　賞与に関しては，賞与算定の基準期間（たとえば11月～4月）に後れて支給日（たとえば6月10日）が設定され，支給日に在籍していなければ賞与は支給しないという，いわゆる支給日在籍条項の有効性が争われることがあります。

　この問題については，①労基法上の問題と，②民法上許容されるか，に分けて考えることができます。

　①たとえば賞与請求権が基準期間満了時に発生すると構成できる場合，支給日前に退職したことにより賞与が支払われなければ，賃金全額払いの原則（労基法24条。→141頁）に抵触することになりますが，支給日に賞与請求権が発生すると構成されるのが一般的でしょう。この場合には，労基法24条違反の問題にはなりません。

　②そうであったとしても，当該取扱いが公序良俗に反するもので

4　賃金をもらう　133

あってはなりません（民法90条）。具体的事情を勘案して判断することになりますが，定年年齢到達など労働者が退職時期を選択できないような場合には支給日在籍条項を適用すべきではないと思われます。

■ 退職金 ────────────────────────────

　懲戒解雇事由が認められる場合や競業避止義務違反があった場合につき，退職金の減額や不支給が定められることがあります。この有効性についても，①労基法上の問題と，②民法上許容されるか，に分けて考えることができます。

　①退職金請求権が，たとえば，各年度末に発生しそれが蓄積されるのではなく，退職金算定時に発生すると考えられる場合，退職時に最終的に算出された額の退職金請求権が発生する（または発生しない）と考えられるので，全額払い原則（労基法24条）違反の問題は出てきません。

　②しかし，退職金算定にあたってその算定ポイントが各年度末で発生するような場合には，賃金の後払い的であるともいえ，その減額・不支給は労基法24条違反とまではいえないとしても合理性がない，と判断されることもありうるでしょう。

　裁判例には，懲戒解雇処分に基づく退職金不支給のケースにつき，

・退職金の支給制限規定は，退職金の功労報償的な性格に由来するものであるが，他方で賃金の後払い的性格を有し，

・退職金全額を不支給とするには，それが当該労働者の永年の勤続の功を抹消してしまうほどの重大な不信行為があることが必要であり，

・非違行為が強度な背信性を有するとまではいえない場合，当該不信行為の具体的内容と被解雇者の勤続の功などの個別的事情に応じ，退職金のうち一定割合を支給すべきであり，本件条項はその限りで合理性を持つ

として，当該事案において支給されるべき退職金は，本来の退職金の3割であるとしたもの[2]があります。

なお，退職金については，このほか，自己都合退職の場合には退職金が減額される取扱いがなされることが少なくなく，従来の厚生労働省「モデル就業規則」⤴（拘束力はありませんがこれを参考に就業規則を策定する企業は少なくないでしょう）にもそれに類する規定が置かれていましたが，2023年7月の改定で削除されました。

（ウ）　危険負担

たとえば，シフト（→スポットライト「シフト制」）が入っていたのでバイトに行ったら，オーナーの都合でお店が閉まっていたという場合，シフトが入ったので，他の用事を入れずにバイトに行ったのに，働けなかったから賃金をもらえない，というのであれば，働くほうとしても納得がいかない場合が多いのではないでしょうか。

こうした場面（当事者のどちらがリスクを負担するか〔危険負担〕が問題になっています）に関しては，民法536条2項が参照されることになります。同項は，「債権者〔ここでは使用者〕の責めに帰すべき事由〔帰責事由〕によって債務〔労働債務〕を履行することができなくなったときは，債権者〔使用者〕は，反対給付の履行〔賃金の支払〕を拒むことができない」と定めていて，使用者の帰責事由により，労働者が働けなくなったという場合には，労働者に賃金請求権が認められます。使用者に同項の帰責事由が認められる代表的な例としては，解雇が無効だったときがあげられます。

また同項は，「債権者〔使用者〕の責めに帰すべき事由によって」と定めていますので，同項により賃金請求権が認められるためには，労働者が働けなくなったこと（履行不能）が，使用者の帰責事由に

---

2)　小田急電鉄(退職金請求)事件・百選34・東京高判平成15年12月11日労判867号5頁。

よるといえることが必要となり，その前提として，労働者側が働ける状態にあったことが必要となります。したがって，かぜをひいて出社していなかったという場合には，働ける状態にはなかったので，賃金請求権は認められません。

　それでは，労働者が，私傷病などの理由でこれまで従事していた業務ができなくなった場合に，使用者が当該労働者を働かせなかったケースはどうでしょうか。

　この点について，片山組事件最高裁判決[3]は，「労働者が職種や業務内容を特定せずに労働契約を締結した場合においては，現に就業を命じられた特定の業務について労務の提供が十全にはできないとしても，〔①〕その能力，経験，地位，当該企業の規模，業種，当該企業における労働者の配置・異動の実情及び難易等に照らして当該労働者が配置される現実的可能性があると認められる他の業務について労務の提供をすることができ，かつ，〔②〕その提供を申し出ているならば，なお債務の本旨に従った履行の提供があると解するのが相当である」と判示しています。同判決は，このように解さないと，現に就業を命じられている業務（たとえば，現場作業か事務作業か）によって，労務の提供が債務の本旨に従ったものになるか否か，また，その結果，賃金請求権を取得するか否かが左右されることになり不合理である，と述べます。したがって，上記の場合において①②の事情が認められるにもかかわらず，使用者が労働者を働かせなかった場合には，使用者の帰責事由による履行不能といえ，労働者には賃金請求権が認められます。

　なお，片山組事件最高裁判決は，「職種や業務内容を特定せずに労働契約を締結した場合」について上記の判断をしています。したがって，労働契約上，職種や業務内容が特定されている場合には，

---

3)　百選26・最一小判平成10年4月9日労判736号15頁。

同判決で提示された枠組みが当然にそのまま適用されることにはならないでしょう。

スポット
ライト   就労請求権

使用者が労働者による労務の受領を拒否して労働者が労務の履行を行うことができなくなった場合，前述のように，それが使用者の帰責事由によるときには，労働者には賃金請求権が認められます。

このように賃金請求権が認められたとしても，労働者が「自分は賃金をもらうだけでは満足できない。そこで働くことが重要なんだ！」と主張して，使用者に対して就労を求めることはできるでしょうか。これは，「就労請求権」の問題として議論されています。

この点については，ある裁判例[4]は，「労働契約においては，労働者は使用者の指揮命令に従つて一定の労務を提供する義務を負担し，使用者はこれに対して一定の賃金を支払う義務を負担するのが，その最も基本的な法律関係であるから，労働者の就労請求権について〔①〕労働契約等に特別の定めがある場合又は〔②〕業務の性質上労働者が労務の提供について特別の合理的な利益を有する場合を除いて，一般的には労働者は就労請求権を有するものでないと解するのを相当とする」と判断して，就労請求権を原則否定する立場に立っています。

ただしこの決定も，「〔①〕労働契約等に特別の定めがある場合」と「〔②〕業務の性質上労働者が労務の提供について特別の合理的な利益を有する場合」については就労請求権が認められうることを示しています。したがって，個別の契約において就労請求権を認めるような合意がなされた場合や，就労し続けること自体が労働者のキャリアにおいて本質的な意義を有するような場合（たとえば，レストランのシェフの場合にはそのように言えるケースもありそうです）には，就労請求権は認められうることになりそうです[5]。

---

4) 読売新聞社事件・百選25・東京高決昭和33年8月2日労民集9巻5号831頁。

（2） 労働基準法の規制

労基法は，以下でみるように，賃金に関する種々の規制を置いています。そこで，その規制の対象となる，労基法上の賃金の意味が問題となります。この点につき，労基法は，同法で賃金とは，

├①使用者が労働者に対して
├②労働の対償として支払う

すべてのものをいうとしています（11条）。

■使用者による労働者への支払

①に関しては，たとえば，レストランで客がホールスタッフに直接支払い，ホールスタッフがそれを自分のものとすることができるようなチップは，使用者が支払うものではないので，労基法上の賃金には該当しません。

■労働の対償

②の「労働の対償」に該当するか否かは，厳密に客観的に判断することは容易ではありません。そこで実務においては，労働協約，就業規則，労働契約等によって支給基準が明確に定められ，それにより，使用者に支払義務が生ずるかによって判断しています。

また，作業服や出張旅費などは，業務に係る費用であり，「労働の対償」ではないと解されています。

スポット
ライト　　　　　　　　　　　　**業務費用を労働者に負担させられる？**

アパレル店舗などでは，自社の洋服を労働者自ら購入し（社員割引

---

5) 肯定した裁判例として，レストラン・スイス事件・名古屋地判昭和45年9月7日労判110号42頁。

が適用されることもあります）、それを着用して業務を行う場合があります。このように、業務に係る費用を労働者に負担させることは労働法上可能でしょうか（その他、自社製品に係る問題は→140頁・142頁）。

　この点、労働者に負担させるべき食費、作業用品その他に関する事項は、これらについての定めをする場合には、労働条件明示義務の対象とされており（労基法15条、労基則5条1項6号）、また、就業規則必要記載事項でもあります（労基法89条5号）。これらの規定は、業務に係る費用を労働者に負担させることを想定しているといえます。しかし、業務に係る費用は本来使用者が負担すべきものと考えられるので、労働者に相当程度を超える負担をさせるのは妥当でないでしょう。使用者が費用補助するなどのしくみがあるとよいと思われます。

（イ）　平均賃金

　労基法は、使用者に支払を義務づけている解雇予告手当（20条）、休業手当（26条）、年休手当（39条9項）、災害補償（第8章）の算定基礎として、「平均賃金」（12条）を用いています。

　平均賃金は、これを算定すべき事由の発生日以前3か月間に支払われた賃金総額を、その期間の総日数で除した金額です。各種の休業期間および試用期間中を算定に含めると算出される平均賃金が通常支払われる賃金より低くなってしまうので、これらは算定から除かれます（12条3項）。逆に、臨時に支払われた賃金や3か月を超える期間ごとに支払われる賃金等を算定に含めると平均賃金が高くなってしまうので、これらは算入されません（同条4項）。

（ウ）　賃金支払の4原則

　賃金に関して、労基法24条は、以下の4つの原則を定めています。

■ 通貨払いの原則

　第1は、通貨払いの原則です。使用者は、労働者に対して通貨で賃金を支払わなければなりません（24条1項）。ここでいう「通

貨」とは，日本円のことをいいます。したがって，アメリカドルなどの外国通貨や通勤定期券，自社製品などの現物を賃金として支払うことは原則できません[6]。ただし，同原則には2つの例外があります（同項ただし書）。

その1は，法令や労働協約に別段の定めがある場合です。したがって，労働協約（労使協定ではありません）に通貨以外のものでの支払が定められている場合には，通貨払いの原則違反にはなりません（法令による例外はありません）。

その2は，「厚生労働省令で定める賃金について確実な支払の方法で厚生労働省令で定めるものによる場合」です。これにより，労働者の同意を得た場合には，

- ①労働者が指定する銀行等の口座への振込
- ②労働者が指定する証券取引口座等への払込（所定の要件あり）
- ③厚生労働省の指定を受けた，労働者の指定する資金移動業者の口座への資金移動（いわゆる賃金のデジタル払い。2023年4月から認められました。資金移動業者が破綻した場合の補償，不正利用時の損失補償等所定の要件あり。説明要件も課されています）
- ④退職金について銀行等による自己宛小切手等の交付

が可能となります（労基則7条の2）。

■ 直接払いの原則 ─────────────

第2は，労働者に直接賃金を支払わなければならないという，直接払いの原則です（24条1項）。代理人への支払は直接払いの原則に反します（未成年の場合については，労基法59条の規定も存します〔→116頁〕）。他方で，使者への支払は直接払いの原則に反しないと解されています。ただ，賃金を受け取りに来た人が「代理人」なの

---

6) 通勤定期券などの現物も，「賃金」（労基法11条）に該当しうることは確認しておきましょう（→138頁）。

か「使者」なのか，判然としない場合もありそうですね。

また，賃金の差押えについては，法律で一定の限度が定められています（民事執行法152条，国税徴収法76条）。

■ 全額払いの原則 ─────────────────────

第3は，賃金は全額支払わなければならないという全額払いの原則です（24条1項）。「使用者が一方的に賃金を控除することを禁止し，もつて労働者に賃金の全額を確実に受領させ，労働者の経済生活をおびやかすことのないようにしてその保護をはかろうとする」のがその趣旨です[7]。この全額払いの原則についても，労基法は2つの例外ルートを設けています（同項ただし書）。

1つ目は，法令に別段の定めがある場合です。所得税や社会保険料などが，法律の規定により控除される場合がこれにあたります（所得税法183条，厚生年金保険法84条，健康保険法167条・169条6項，労働保険徴収法32条等）。

2つ目は，賃金の控除が労使協定で定められている場合です。

そこで，上記の例外ルートがとられない場合，以下の取扱いが全額払いの原則に反しないかが，問題となります。

● 賃金債権の放棄

給与や退職金を労働者が放棄する場合，労働者がこれらを放棄すること自体は，労働者の一方的な行為であり，使用者の行為ではないので，全額払いの原則の問題に直接には該当しないと考えられます。ただし全額払いの原則の趣旨にかんがみて，放棄の意思表示の効力を肯定するには，労働者の自由な意思に基づくものであることが明確でなければなりません[8]。

───────────────────────

7) シンガー・ソーイング・メシーン事件・最二小判昭和48年1月19日民集27巻1号27頁。
8) シンガー・ソーイング・メシーン事件・前掲注7)。

● 調整的相殺

　使用者による一方的相殺は，原則として全額払いの原則に反します。たとえば，自社製品の購入代金[9]を使用者が一方的に控除して賃金を支払うことは労基法24条違反となります。

　それでは，使用者が労働者に対する過払額を後日賃金から差し引くこと（調整的相殺）も全額払いの原則に反するでしょうか（この場合も，「使用者による一方的相殺」の一類型です）。この調整的相殺について，判例[10]は，過払時期と賃金の清算調整の実を失わない程度に合理的に接着した時期においてされ，また，そのことが予告されるとか，その額が多額でないとか，要は労働者の経済生活の安定をおびやかすおそれのない場合には，労基法24条の全額払いの原則に反しないとしています。

● 合意による相殺

　さらに，労使協定が締結されていないときに給与や退職金などを労使間の合意に基づき相殺すること（合意による相殺。金融機関との間で住宅ローンを組むような場合が例としてあげられます）は，全額払いの原則に反しないかも問題となります。この点につき判例[11]は，相殺することへの労働者の同意が自由な意思に基づいてされたものであると認めるに足りる合理的な理由が客観的に存在するときは，全額払いの原則に反しない（もっとも，同意が労働者の自由な意思に基づくものであるとの認定判断は，厳格かつ慎重に行われなければならない），としています。

　この判示については，最低労働条件を定め，労使間で最低労働条

---

9)　いわゆる「自爆営業」として問題となるケースがあります（→113頁〔パワー・ハラスメント〕・138頁〔業務費用負担〕・140頁〔通貨払いの原則〕も参照）。

10)　福島県教組事件・百選31・最一小判昭和44年12月18日民集23巻12号2495頁。

11)　日新製鋼事件・百選32・最二小判平成2年11月26日民集44巻8号1085頁。

件を下回る労働条件について真に合意されていたとしてもそのような合意は無効とする（労基法 13 条）労基法の基本的姿勢に反するのではないかという疑問もあげられているところです。また，例外ルート（労使協定の締結）をとればいい話じゃないか，と考えられるかもしれません（チェック・オフの場合について→268 頁）。

■ 毎月 1 回以上一定期日払いの原則 ─────────

　第 4 に，賃金は，臨時の賃金等を除き，毎月 1 回以上，一定の期日を定めて支払わなければなりません（24 条 2 項）。年俸制を採用して賃金額を決定する場合も，この規制に従って支払をしなければなりません。

─（エ）　その他の賃金支払に関する規制─────────

　● 賃金非常時払い

　使用者は，労働者が出産，疾病，災害その他厚生労働省令で定める非常の場合の費用に充てるために請求する場合には，支払期日前であっても，既往の労働に対する賃金を支払わなければなりません（労基法 25 条，労基則 9 条）。

　● 出来高払制の保障給

　労基法は，出来高払制その他の請負制で使用する労働者については，使用者は，労働時間に応じ一定額の賃金の保障をしなければならない，と定めています（27 条）。

　「一定額の賃金の保障」については，休業手当の額（26 条。→144 頁）との関係から，少なくとも平均賃金の 60% 程度を保障することが妥当との見解が示されていますが [12]，それが支払われない場合にも，その差額を請求することはできないでしょう。なお，この場合にも最低賃金法の適用はあります（→147 頁）。

────────────────────────

12)　厚生労働省労働基準局編『令和 3 年版　労働基準法　上』（労務行政，2022年）389 頁。

（オ） 時効

　賃金請求権の時効について，労基法115条は，賃金請求権はこれを行使することができる時から5年間行わない場合には，時効によって消滅する旨を規定していますが，当分の間は，賃金請求権（退職手当を除きます）はこれを行使することができる時から3年間行わない場合に，時効によって消滅します（退職手当は5年。附則143条3項）。

（カ） 休業手当

　履行不能の場合の取扱いについては，上記でみたとおり（→135頁），民法536条2項によって処理されますが，それとあわせて，休業手当を定めた労基法26条も問題となります。

　労基法26条は，「使用者の責に帰すべき事由〔帰責事由〕による休業の場合においては，使用者は，休業期間中当該労働者に，その平均賃金の100分の60以上の手当を支払わなければならない」と定めています。

　そこで問題となるのが，民法536条2項の使用者の帰責事由（これが認められる場合には，労働者に〔100％の[13]〕賃金請求権が認められます）と，労基法26条の使用者の帰責事由（これが認められる場合には，平均賃金〔同法12条〕の60％の休業手当が認められます）の範囲は同じなのか違うのか，それぞれどの範囲までを含むものなのか，といった点です。

　この点については，ノース・ウエスト航空事件最高裁判決[14]が「労働基準法26条の『使用者の責に帰すべき事由』の解釈適用に当たつては，いかなる事由による休業の場合に労働者の生活保障のために使用者に前記の〔同条で定める〕限度での負担を要求するの

---

13)　異なる定めを置く場合の取扱いについては議論があります。
14)　百選99・最二小判昭和62年7月17日民集41巻5号1283頁。

が社会的に正当とされるかという考量を必要とする」として，労基法26条の「『使用者の責に帰すべき事由』とは，取引における一般原則たる過失責任主義とは異なる観点をも踏まえた概念というべきであつて，民法536条2項の「債権者ノ責ニ帰スヘキ事由」〔帰責事由〕よりも広く，使用者側に起因する経営，管理上の障害を含むものと解するのが相当である」と判示しています。

「使用者側に起因する経営，管理上の障害」とは，たとえば，親会社の経営難のための資金・資材の入手困難な場合には認められると解されます。これに対して，不可抗力と評価される場合には，労基法26条の使用者の帰責事由も認められません。

スポット
ライト   シフト制

　読者のみなさんの中には，シフト制で働いている人もいることと思います。ただ，シフト制といっても，法律で明確な定義があるわけでなく，その運用は，それぞれのケースで異なっています。労働者が事前に就労希望の日時を使用者に提出し，使用者がそれを考慮してシフトを決定するというのが，よくあるパターンの1つでしょう。

　最近問題となっているのは，シフトが削減された場合の取扱いです。裁判例には，労働契約上，勤務日の最低保障日数は定められていないとして，労働者の賃金請求権を否定したもの[15]，本件事情のもとにおいては，使用者が合理的な理由なく特定の従業員の業務の割当てを減らしてその労働時間を削減することは，不法行為にあたりうるとしたもの[16]，書面や労働者の事情，使用者の認識等の事実から，一定数のシフト勤務が継続的に確保されることを黙示に合意していたと推認されるとしたもの[17]，所定労働日数に係る合意は，契約書の記載

---

15)　東京シーエスピー事件・東京地判平成22年2月2日労判1005号60頁。

16)　北港観光バス事件・大阪地判平成25年4月19日労判1076号37頁。

17)　萬作事件・東京地判平成29年6月9日労働判例ジャーナル73号40頁。

のみにとらわれることなく，勤務実態等の事情もふまえて，契約当事者の意思を合理的に解釈して認定するのが相当であるとしたもの[18]，労働時間数等について合意があったとは認められないとしたうえで，シフト制で勤務する労働者にとって，シフトの大幅な削減は収入の減少に直結するものであり，労働者の不利益が著しいことからすれば，合理的な理由なくシフトを大幅に削減した場合には，シフトの決定権限の濫用にあたり違法となりうると解され，不合理に削減されたといえる勤務時間に対応する賃金について，民法536条2項に基づき，賃金を請求しうると解されるとしたもの[19]などがあります。

　なお，厚生労働省は，2022年1月に，「いわゆる『シフト制』により就業する労働者の適切な雇用管理を行うための留意事項」 を出しています。これは，近年問題となっているシフト制について，厚生労働省がそれに着目して，雇用管理のあり方を一覧性をもって示したものです。シフト制に関心のあるみなさんはぜひ目を通してもらいたいと思います。……え？　大したことが書かれていないって？　たしかに，現行法制度のしくみを前提に記述されたものであり，若干踏み込んだ点についても，「……しておくことが考えられます」という表現にとどまっています。ただ，多くの労働者がシフト制で勤務している現状からすると，シフト制を採用する際に留意すべき事項をまとめておくことは使用者・労働者の理解の促進の助けになりますし，記載に強制力がないとしても労使がそのような認識を持つきっかけにはなるでしょう。そしてさらにいうと，現行の法制度で対応できる限界を示したものと考えれば，シフト制について何らかの立法上の手当ての必要性を認識し，その実現に向けた動きのきっかけになるかもしれません。

---

18)　ホームケア事件・横浜地判令和2年3月26日労判1236号91頁。
19)　シルバーハート事件・東京地判令和2年11月25日労判1245号27頁。

（3） 最低賃金

　賃金額は労使が決定するのが基本ですが，賃金の最低限を保障するために最低賃金法が定められています。

　最賃法は，

- ・賃金の最低額を保障することにより，労働条件の改善を図り，もって，
- ・労働者の生活の安定，労働力の質的向上および事業の公正な競争の確保に資するとともに，
- ・国民経済の健全な発展に寄与する

ことを目的としています（1条）。

　使用者は，労働者に対し，最低賃金額以上の賃金を支払わなければなりません。最低賃金額に達しない賃金を定める労働契約は，その部分については無効となり，無効となった部分は最低賃金と同様の定めがなされたものとみなされます（4条1項・2項）。

　なお，

- ①精神・身体の障害により著しく労働能力の低い者
- ②試用期間中の者
- ③認定職業訓練を受ける所定の者
- ④軽易業務・断続的労働に従事する者

については，使用者が都道府県労働局長の許可を受けたときには，減額した額を最低賃金として適用することができます（7条）。

（イ）　地域別最低賃金

　最低賃金には2種類あります。その1つが，地域別最低賃金です（最賃法第2章第2節）。

　地域別最低賃金は都道府県ごとに決定されます。地域別最低賃金の審議にあたり，中央最低賃金審議会は，都道府県を3つのグル

ープに分け，それぞれについて目安額を示しています。

　地域別最低賃金は，地域における労働者の生計費および賃金，そして通常の事業の賃金支払能力を考慮して定められなければなりません。労働者の生計費を考慮するにあたっては，労働者が健康で文化的な最低限度の生活を営むことができるよう，生活保護に係る施策との整合性に配慮するものとされています（9条）。

（ウ）　特定最低賃金

　地域別最低賃金のほかに，特定最低賃金があります（最賃法第2章第3節）。

　特定最低賃金は，関係労使の申出により，厚生労働大臣または都道府県労働局長が最低賃金審議会の意見を聴いて決定する，一定の事業・職業に係る最低賃金のことをいいます（15条）。特定最低賃金の額は，当該地域の地域別最低賃金の額を上回るものでなければなりません（16条）。

（4）　賃金支払確保法

　労基法は，賃金全額払いの原則を定め，罰則や行政監督によりその実効性を確保しようとしていますが，使用者に賃金支払能力がない場合も考えられます。この場合の取扱いについては，民法や倒産法に賃金債権を特別に位置づける規定が置かれていますが，それでもなお，労働者の保護という観点からは必ずしも十分でありません。賃金支払確保法は，こうしたリスクに対して，未払賃金の立替払いのしくみを設けています。

　同法による未払賃金の立替払いは，労災保険の適用事業主で1年以上事業を行っていた者が，

├①破産手続開始の決定を受けた
├②特別清算開始の命令を受けた
├③再生手続開始の決定があった

├─④更生手続開始の決定があった

├─⑤中小企業事業主であり，事業活動が停止し，再開する見込みが

　　なく，かつ，賃金支払能力がない状態になったことについて，

　　退職者の申請に基づき，労基署長の認定があった

場合に，行われます（同法7条，同法施行規則7条，同法施行令2条，同法施行規則8条）。

　この未払賃金の立替払いは，労災保険制度の社会復帰促進等事業として行われ（労災保険法29条1項3号），その財源は労災保険の保険料です。

スポット
ライト 　　　　　　　　　まだある！　賃金支払確保法の重要ポイント

　賃金支払確保法は，

│①未払賃金の立替払いのしくみ

のほか，

│②貯蓄金・退職手当の保全措置（5条）

│③退職労働者の賃金に係る遅延利息（6条）

についても定めを置いています。

　賃金債権の通常の遅延利息は3％（民法404条2項）ですが，退職金を除く賃金が退職日までに支払われなかった場合には，③により，年14.6％を乗じて得た金額を遅延利息として支払わなければなりません（賃金支払確保法施行令1条。ただし，(a)天災地変，(b)事業主の倒産，(c)法令の制約により賃金の支払に充てる資金の確保が困難であること，(d)支払が遅滞している賃金の全部または一部の存否に係る事項に関し，合理的な理由により，裁判所または労働委員会で争っていること，(e)上記に掲げる事由に準ずる事由が認められる場合には，その期間を除きます。同法施行規則6条）。銀行の普通預金金利とは比較にならない高率が定められています。一般的にそれほど知られていないので，しっかりスポットライトをあてておきましょう。

那都　7月1日

　バタン。冷蔵庫を閉める音が私を夢の世界から引き戻す。

　ああ寝てたのか。くっついた瞼をはがすように開ける。暗いこの部屋に，隣のリビングから音と光が漏れている。

　引き戸を開けると，ビールを飲んでいる俊がいた。テレビににぎやかな色の CM が流れている。

「おかえり」

「ただいま。あ，起こしたね。ごめん」

「ううん，大丈夫。仕事あるから」

　ダイニングテーブルの椅子に座り，パソコンを取り出すと，俊はテレビの音量を下げる。

　狭い家だから，お互いが気を遣ってはいるけど，お互いがささくれ感──ほんの少し，であってほしい──を抱え込む。

　コロナが始まってから，私はほぼテレワークだ。システム開発という仕事内容的に，テレワークで全く問題ない。それに，化粧を毎日する必要もないし，勤務しているていで，タイミングを見計らって，掃除や洗濯をしたり，なんならコンビニまで行けちゃってる。ついでに調子にのって言うと──会社にも，そして俊にも内緒だけれど──副業サイト "サイドワークス" に登録してプログラミングもしている。もう，オフィス勤務には戻れない。

　パソコンを開いて，会社で使っているチャットアプリを開く。どっさりメッセージが届いている。1 つずつ確認していくうちに，今日もこのまま仕事に突入することへのあきらめがついた。昨日仕事を終えてから 8 時間もたっていない。

　スマホを手に取り，SNS に声にできない思いを吐き出す。

──私，裁量労働制なんだけど，裁量労働制って，上司が裁量で部下をいつでも働かせることのできる制度だったっけ？

――技術革新が進むと，労働時間が短くなるって，だれか偉い人が言ってなかったっけ？

――本業のせいで，副業の締め切り，間に合わない。誰か助けて～

そんな独り言を誰か，受け止めてほしい。俊にも言えない。2人ともダブルワークして，疎遠になって，お互いへの気遣いだけが残って。何をしているのか自分でもわからない。現実は複雑すぎて空回りばっかり。

すぐに，いいね！マークがつく。会社の愚痴とかを大げさに書いたら，その分だけ多くのいいね！がもらえる。こんなこと，しないほうがいいのはわかっているけれど，ドーパミンが出るこの感じがやみつきでやめられない。

キッチンに行って，コーヒーメーカーにコーヒー豆とお湯を入れる。コーヒーの量を多めにセットした。

労働時間は，労働者の健康にも関わるもので，労働者にとって最も重要な労働条件といっても過言ではないでしょう。労働時間に関する規制は労基法に定められており，基本的な規制から，さまざまな労働時間制度に関する規制まで存在します。

（1） 法定労働時間と時間外・休日労働

（ア） 法定労働時間

　まず，労基法上の基本的な規制からみていきましょう。

　出発点になるのが，労基法 32 条です。そこでは，1 週 40 時間，1 日 8 時間を超えて労働させてはならないと定めています（これを，法定労働時間といいます）。法定労働時間を超えて働かせた場合，使用者には罰則の適用がありえます（119 条 1 号）。また，法定労働時間を超えて働くことを合意しても，そのような合意は無効となります（13 条）。

（イ） 時間外・休日労働

☑ 労基法の労働時間規制には，いくつかのアプローチがあります。ここでは，労働時間の上限規制をみていきましょう。

■ 限度時間・絶対的上限規制

　上記のように，32 条では法定労働時間を定めていますが，いかなる場合でも 1 週 40 時間，1 日 8 時間を超えて労働させる（これを，時間外労働といいます）ことができないわけではありません。災害等による臨時の必要がある場合（33 条）のほか，労使協定（→58 頁）が締結され届け出られた場合も時間外・休日（→175 頁）労働をさせることができます（36 条。この労使協定は一般に 36 協定といわれます。その効果については→155 頁）。

　ただし，労使協定が定められればその範囲内で何時間でも時間外労働をさせることができるわけではなく，36 条では，時間外労働の上限が定められています。この上限を超えて労働させることはできません[1]。

　上限は，原則，月 45 時間，年 360 時間（休日労働を含みません）であり（限度時間。36 条 2 項〜4 項），例外的に当該事業場における通常予見することのできない業務量の大幅な増加など臨時的な必要

があり特別条項付き 36 協定が締結された場合は，年 720 時間，月 100 時間未満，2 か月平均〜6 か月平均のすべてにつき月 80 時間（休日労働を含む）とされ，時間外労働が月 45 時間を超えることができるのは年 6 か月までとされています（絶対的上限規制。36 条 5 項・6 項）。これは脳・心臓疾患を労災認定するうえでの基準（認定基準〔→207 頁〕）において重要とされている労働時間数を参照して定められています。こうしたことから，現在の労働時間規制は，<u>労働者の健康確保</u>という観点からも位置づけられていることがわかります。

▼ 図表 9

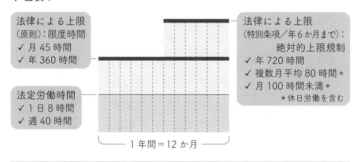

法律による上限
（原則）：限度時間
✓ 月 45 時間
✓ 年 360 時間

法定労働時間
✓ 1 日 8 時間
✓ 週 40 時間

法律による上限
（特別条項／年 6 か月まで）：
絶対的上限規制
✓ 年 720 時間
✓ 複数月平均 80 時間 *
✓ 月 100 時間未満 *
＊休日労働を含む

1 年間＝12 か月

「時間外労働の上限規制 わかりやすい解説」 をもとに作成。

■ 上限規制の例外

一部の事業・業務については，上記の上限規制と異なる規制の対象となります。

・<u>建設事業</u>：災害復旧・復興事業に関して，各月 100 時間未満，2 〜6 か月平均のいずれも 80 時間以内との規制は適用されません

---

1) この上限規制が設けられた 2018 年成立の働き方改革関連法の施行前においては，大臣告示による上限は定められていましたが，超えた場合の罰則の適用・私法上の強行的な効力が認められるものではありませんでした。

（附則 139 条）。

- ドライバー：特別条項付き 36 協定が締結された場合の時間外労働の上限は年 960 時間となるほか，月 100 時間未満，2〜6 か月平均のいずれも 80 時間以内との規制，時間外労働が月 45 時間を超えることができるのは年 6 か月との規制は適用されません（附則 140 条）。

- 医師：時間外・休日労働時間の上限年 960 時間，月 100 時間未満（例外あり）が原則（A 水準）ですが，

  医師派遣する病院（連携 B [2]），救急医療（B）・臨床研修など集中的技能向上が必要とされる（C-1, C-2）指定機関については，年 1860 時間，月 100 時間未満（例外あり）とされています。

  あわせて，面接指導のほか，連続勤務時間制限 28 時間・勤務間インターバル 9 時間の確保・代償休息が義務づけられています（後者については，A 水準は努力義務）（附則 141 条）。

- 新技術・新商品等の研究開発業務：上限規制の適用が除外されます（36 条 11 項）。ただし労安衛法で，所定の者に関して医師の面接指導が義務づけられています（→スポットライト「医師による面接指導」）。

スポット
ライト
                                                    ドライバーへの特別規制

　ドライバーについては，その業務実態をふまえて，「労働時間」にプラスして，「拘束時間」，「休息期間」，「運転時間」についても基準が定められています [3]。

2）　自院では年 960 時間以内である一方，副業・兼業先での労働時間を通算すると年 960 時間を超える場合に設けられた水準です。

3）　自動車運転者の労働時間等の改善のための基準（平成元年労働省告示第 7 号 ）。

タクシー・ハイヤー運転手	1 日／1 か月の拘束時間	原則 13 時間以内／288 時間以内（日勤）
	1 日の休息時間	継続 11 時間以上付与努力が基本。継続 9 時間を下回らない。
トラック運転手	1 日／1 か月の拘束時間	原則 13 時間以内／284 時間以内
	1 日の休息時間	継続 11 時間以上付与努力が基本。継続 9 時間を下回らない。
	連続運転時間	4 時間以内
バス運転手	1 日／1 か月の拘束時間	原則 13 時間以内／281 時間以内
	1 日の休息時間	継続 11 時間以上付与努力が基本。継続 9 時間を下回らない。
	連続運転時間	4 時間以内

■36 協定の効力と時間外・休日労働義務

　36 協定は免罰的効力（法定労働時間を超えて働かせても罰則の適用を受けない）と強行性を解除する効力（法定労働時間を超えて働く合意がなされても無効とはならない）を有します。しかし，36 協定の締結だけでは，労働者に時間外労働を義務づけることはできず，契約上の根拠が必要です。契約上の根拠としては，労働協約のほか就業規則も契約上の根拠となりえます[4]（働く人の意識やライフスタイルの変化〔副業・兼業などを含む〕が進む中で，当たり前のように時間外労働，残業をさせることの見直しへの取組みも課題といえるでしょう）。

（2）割増賃金

☑　続いて，割増賃金規制をみていきましょう。

---

4)　日立製作所武蔵工場事件・百選 38・最一小判平成 3 年 11 月 28 日民集 45 巻 8 号 1270 頁。

（ア）　割増率

　労基法は，時間外・休日・深夜労働がなされた場合，使用者に割増賃金の支払を義務づけています。これは，使用者に割増賃金を支払わせることによって，時間外労働等を抑制し，もって労働時間に関する労基法の規定を遵守させるとともに，労働者への補償を行おうとする趣旨によるものです[5]。

　割増賃金は，通常の労働時間または労働日の賃金（通常の賃金）を基礎として，これに割増率をかけて算定されます。割増率は，時間外労働については25%，時間外労働が60時間を超える場合には超えた部分については50%とされています（37条1項・5項，労基則19条・21条，割増賃金令）。

　休日労働の割増率は35%（37条1項，割増賃金令），深夜（午後10時から午前5時まで）労働の割増率は25%です（37条4項）。

　時間外と深夜が重複する場合，割増率は50%（25%＋25%）または75%（時間外労働が60時間を超える場合。50%＋25%）となり，休日と深夜が重複する場合，割増率は60%（35%＋25%）となります。これに対して，休日に8時間を超えて労働させる場合には割増率は35%のままです[6]。休日労働と時間外労働は同一レベルのものとして捉えられているからでしょう。

（イ）　定額払い制

　割増賃金の支払に関して，一定額が特定の費目で支払われたり（「固定残業代○円」など），基本給の中に割増賃金が含まれるとして基本給のみが支払われたりすることがあります。

　このような場合，労基法37条に定める割増賃金が支払われたこ

---

5)　医療法人社団康心会事件・最二小判平成29年7月7日労判1168号49頁など。
6)　昭和22年11月21日基発366号，昭和33年2月13日基発90号，平成6年3月31日基発181号。

とになるでしょうか。

この点については，以下のように考えることになります。

- ・まず，上記のように，労基法は割増賃金の算定方式を定めていますが，それに従って割増賃金を算定する必要はなく，<u>37 条の算定方式で出された額以上を支払えば足ります</u>[7]。

- ・そのうえで，使用者は，労働者に対し，雇用契約に基づき，時間外労働等に対する対価として定額の手当を支払うことにより，37 条の割増賃金の全部または一部を支払っているといえるか（<u>対価性</u>が認められるか）が問題となります。

  上記を判断するにあたっては，雇用契約書等の記載内容のほか，具体的事情に応じ，使用者の労働者に対する当該手当や割増賃金に関する説明の内容，労働者の実際の労働時間等の勤務状況などの事情を考慮して判断することになります[8]。なお対価性が認められる場合であっても，極めて長時間の時間外労働分相当の定額手当は公序違反として扱われた裁判例[9]も存します。

- ・また，通常賃金部分と割増賃金部分とが判別できなければなりません（<u>判別可能性</u>）[10]。

- ・そして，定額手当の額が 37 条所定の計算方法で算出された額よりも低い場合には，差額を支払わなければなりません。

（ウ）　有給代替休暇付与

60 時間を超える部分の割増賃金引上分については，労使協定で定めることにより，有給休暇で代替することも可能です（労基法 37

---

7)　医療法人社団康心会事件・前掲注5)など。

8)　日本ケミカル事件・最一小判平成 30 年 7 月 19 日労判 1186 号 5 頁。

9)　イクヌーザ事件・東京高判平成 30 年 10 月 4 日労判 1190 号 5 頁など。

10)　高知県観光事件・最二小判平成 6 年 6 月 13 日労判 653 号 12 頁，テックジャパン事件・最一小判平成 24 年 3 月 8 日労判 1060 号 5 頁，国際自動車事件・百選 40・最一小判令和 2 年 3 月 30 日民集 74 巻 3 号 549 頁。

条3項。1日または半日単位です。労基則19条の2第1項2号）。この
とき，たとえば76時間の時間外労働があった場合，使用者は，労
働者が代替休暇取得の意思を有するときには，76時間から60時間
を差し引いた16時間×引上分25％＝4時間分の代替休暇を付与で
きます。

（3）　労働基準法上の労働時間
——どのようにカウントするか

（ア）　労働基準法の労働時間とは——労働時間性

　労基法32条は，1週40時間，1日8時間を超えて労働させては
ならないと定めていますが，どのような状態が「労働させ」たとい
えるのでしょうか。これは，「労働時間性」の問題（何が労基法上の
労働時間としてカウントされるか）として議論されています。

■労働時間性の判断枠組み

　まず，労働時間性を判断するうえでいかなる観点に立つか（労働
時間性の判断枠組み）が問題となります。

　これについては，①当事者の約定を基準とする考え方（約定基準
説）や，②明らかに労働がなされたと評価できる時間を中核的労働
時間，そうでない時間を周辺的労働時間と2分して，前者につい
ては客観的に判断し（したがって労働時間性が認められることになり
ます），後者については当事者の約定により労働時間性を決定する
考え方（二分説）もありました。

　しかし三菱重工業長崎造船所事件最高裁判決[11]は，「労働基準法
……32条の労働時間……とは，……客観的に定まるものであって，
労働契約，就業規則，労働協約等の定めのいかんにより決定される
べきものではない」と述べ，約定基準説，二分説を否定し，客観的

---

11)　百選35・最一小判平成12年3月9日民集54巻3号801頁。

な判断によるべきこと（客観説）を明確に判示しています。

■ 労働時間性の判断基準 ─────────────────

　次に問題になるのは，何を基準として客観的に判断するか，です。この点については，前述の三菱重工業長崎造船所事件最高裁判決は，「労働基準法……32条の労働時間（以下『労働基準法上の労働時間』という。）とは，労働者が使用者の指揮命令下に置かれている時間をいい，右の労働時間に該当するか否かは，労働者の行為が使用者の指揮命令下に置かれたものと評価することができるか否かにより客観的に定まる」としたうえで，「労働者が，就業を命じられた業務の準備行為等を事業所内において行うことを使用者から義務付けられ，又はこれを余儀なくされたときは，当該行為を所定労働時間外において行うものとされている場合であっても，当該行為は，特段の事情のない限り，使用者の指揮命令下に置かれたものと評価することができ，当該行為に要した時間は，それが社会通念上必要と認められるものである限り，労働基準法上の労働時間に該当すると解される」と判示しています。

　学説には，「使用者の指揮命令下に置かれている時間」を中心に考える説のほか，「使用者の指揮命令下に置かれている時間」は基準として不明確であるとして，「使用者の関与」と「業務性」の2つの要件をどの程度満たしているか（一方が強く認められる場合には他方の程度が高くなくても労働時間性は認められることがある）によって労働時間性を判断すべきとの説（相補的2要件説といわれます）もあります。

● 具体例①──手待ち時間

　事務所内で休憩時間中だけれど電話がかかってきたらそれにすぐ対応しなければならない時間──こうした時間は手待ち時間といわれますが，この手待ち時間は労基法上の労働時間にカウントされます（就業規則などで休憩時間とされていても，労基法上の労働時間にな

ることに注意してください）。

● 具体例②——仮眠時間

仮眠時間について，大星ビル管理事件最高裁判決[12]では，当該ケースにおいて，本件仮眠時間中，労働契約に基づく義務として，仮眠室における待機と警報や電話等に対して直ちに相当の対応をすることを義務づけられていて，実作業への従事の必要が生じることが皆無に等しいなど実質的に上記のような義務づけがされていないと認めることができるような事情も存しないから，本件仮眠時間は全体として労働からの解放が保障されているとはいえないとして，労基法上の労働時間性を肯定しています[13]。

┌─ **（イ）　労働時間の把握** ─────────────────────────┐

労基法は労働時間・休日労働・深夜業の規制を設けており，適切にそれを行うために，使用者は労働時間を適正に把握する責務を有しています。厚生労働省はガイドライン[14]で，使用者が講ずべき措置を具体的に明らかにしています。

そこでは，労働時間の適正な把握のために使用者が講ずべき措置として，使用者は，労働者の労働日ごとの始業・終業時刻を確認し，記録することを求めています。そしてその方法については，原則として

├①使用者が，自ら現認して確認し，適正に記録すること
├②タイムカード，ICカード，パソコンの使用時間の記録等の客

---

12)　百選36・最一小判平成14年2月28日民集56巻2号361頁。

13)　同判決はこのほかに，「労基法上の労働時間であるからといって，当然に労働契約所定の賃金請求権が発生するものではなく，当該労働契約において……いかなる賃金を支払うものと合意されているかによって定まるものである」と述べています。ただし，最低賃金法（→147頁）の規制に服します。

14)　厚生労働省「労働時間の適正な把握のために使用者が講ずべき措置に関するガイドライン」（平成29年1月20日） 🔗。

観的な記録を基礎として確認し，適正に記録すること
とされています。そして，やむを得ず自己申告制で労働時間を把握
する場合にも，適正な自己申告の実施などにつき十分な説明を行う
ことなどを求めています。

このガイドラインの対象となるのは，
・労基法41条・41条の2の該当者
・みなし労働時間制（→164頁）が適用される労働者
以外の労働者です（なお，本ガイドラインの対象とならない労働者に
ついても，健康確保を図る必要から，使用者に適正な労働時間管理を行
う責務があるとされています）。

スポット
ライト 「労働時間の状況の把握義務」

労働者の健康確保のために医師による面接指導を適切に実施する観
点から，労安衛法は，使用者の「労働時間の状況[15]の把握義務」を
定めています（66条の8第1項・66条の8の2第1項・66条の8の
3）。対象となる労働者は，高度プロフェッショナル制度対象労働者
を除く，すべての労働者です（高プロ対象労働者には別途規定が置か
れています〔→171頁〕。したがって，すべての労働者が何らかのかた
ちでカバーされているといえます）。

事業者は，タイムカードによる記録，パーソナルコンピュータ等の
電子計算機の使用時間（ログインからログアウトまでの時間）の記録
等の客観的な方法その他の適切な方法により，労働者の労働時間の状
況を把握しなければなりません（労安衛則52条の7の3）。客観的な
方法により把握しがたい場合には，労働者の自己申告による把握方法
も認められますが，その場合，事業者は，十分な説明を行う，労働者

---

15)「労働時間の状況」とは，いかなる時間帯にどのくらいの時間，労務を提供し
うる状態にあったかというものであり，労働時間とは異なる概念です。

による労働時間の状況の適正な申告を阻害する措置を講じないなどの措置を講ずる必要があります[16]。

（ウ）　労働時間の通算

☑️ 副業・兼業と関連する問題です。労働時間規制の役割，限界から，労働者の健康確保の方法，使用者を責任の名宛人とする労働法が直面する課題まで，幅広くかつ深い問題を感じてください。

　同じ会社内の異なる事業所で勤務した場合，それぞれの事業所で働いた時間は通算されます（労基法38条1項）。たとえば，ある会社のA営業所で4時間，B営業所で5時間勤務した場合は，労働時間は9時間となります。したがってこの場合，法定労働時間を超える分は時間外労働となり，36協定の締結などの手続をとり，割増賃金を支払う必要があります。

　それでは，異なる会社で働いた場合（たとえば，Pマートで4時間，Qスーパーで5時間働いた場合）はどうでしょうか。この点については，厚生労働省の見解は，異なる使用者であっても通算されるとします[17]。しかし，どちらの会社が36協定を締結するのか，労働者が他の会社で働いた時間を把握するのは難しいのではないかといった指摘もあり，異なる使用者間では通算しないという考えも学説で主張されています。

　この点は，労働者の健康確保をいかに図るかという問題とも絡んできます。副業・兼業が広がってきている現在において，しっかり議論しておくべき問題です。

---

16)　平成30年12月28日基発1228第16号 🔗。

17)　昭和23年5月14日基発769号，昭和23年10月14日基収2117号，昭和61年6月6日基発333号。

（4） 労働時間規制の柔軟化

（ア） 1週・1日の枠の取外し

これまでみてきた労基法の労働時間の基本規制は，1週・1日の枠を設定し，1週40時間，1日8時間を超えて労働させる場合には，36条などの例外規制のもとで対応するというものです。

労基法には，この「枠」を一定の場合に解除するしくみも設けられています。①変形労働時間制と，②フレックスタイム制です。

■ 変形労働時間制

変形労働時間制は，あらかじめ一定期間（単位期間といいます）において労働時間を設定し，その期間内におけるその平均が法定労働時間を超えない場合（たとえば，4週で160時間）には，その限りで，法定労働時間制を適用しないというものです。時期によって業務の繁閑がある場合に利用されることが意図されています。

労基法には，1週間（32条の5），1か月（以内）（32条の2），1年（以内）（32条の4）の変形労働時間制が定められています。変形労働時間制では，1週間の場合を除き，事前に労働時間を特定する必要があります[18]。また，1週間，1年の場合には，労使協定で定める必要がありますが，1か月については，就業規則の規定でもかまいません。

変形労働時間制に基づいて労働させるには，就業規則等の契約上の根拠が必要となります。

■ フレックスタイム制

フレックスタイム制については，みなさんも耳にしたことがあるのではないでしょうか。フレックスタイム制（労基法32条の3）も，

---

18) 関連裁判例として，JR西日本(広島支社)事件・百選37・広島高判平成14年6月25日労判835号43頁。

変形労働時間制と同様，一定期間（清算期間といいます）内で平均して法定労働時間を超えない場合には，特定の週・日で法定労働時間を超えることを許容する制度です。この点は変形労働時間制と同じですが，変形労働時間制と異なり，労働者が自ら始業・終業の時間を決めることができます。

導入にあたっては，労使協定の締結が必要です。

清算期間が1か月を超える場合には，労使協定の届出のほか（32条の3第4項），清算期間の1か月ごとに週平均50時間を超えて労働させてはならず（同条2項），それを超えて労働させるには36協定の締結が必要です。

また，フレックスタイム制に基づいて労働させるには，就業規則等の契約上の根拠が必要です。

（イ）　みなし労働時間制

労基法の労働時間規制は，実労働時間（使用者の指揮命令下に置かれ実際に働いているといえる時間）の算定を基本としています。しかし，実労働時間の算定が困難な場合や，実労働時間で算定することが必ずしも適当でないと考えられる場合があります。労基法は，そうした状況に対応する制度として，みなし労働時間制（実労働時間ではなく，みなされた時間が「労働時間」として扱われます）を置いています。労働時間がみなされるにとどまるので，深夜，休日労働，休憩などの規制は及びます。

■ 事業場外労働

外回りの営業など，実労働時間の算定が困難な場合があります。労基法は，労働者が労働時間の全部または一部について事業場外で業務に従事した場合において，労働時間を算定し難いときは，所定労働時間労働したものとみなすこととしています（38条の2第1項本文）。

この制度は，外回りの営業などの事業場外の労働に当然に適用さ

れるものではありません。「労働時間を算定し難い」という要件を満たす必要があります。「労働時間を算定し難い」場合に関しては，厚生労働省の通達によると（古めかしさを感じる事例ですが），

- ・何人かのグループで事業場外労働に従事する場合で，そのメンバーの中に労働時間の管理をする者がいる場合
- ・無線やポケットベル等によって随時使用者の指示を受けながら事業場外で労働している場合
- ・事業場において，訪問先，帰社時刻等当日の業務の具体的指示を受けた後，事業場外で指示どおりに業務に従事し，その後，事業場に戻る場合

には，労働時間が算定可能なので，みなし労働時間制は適用されないとされています[19]。

　なお，当該業務を遂行するために通常所定労働時間を超えて労働することが必要となる場合に，所定労働時間労働したものとみなすのでは，実態からの乖離の程度が大きくなります。そこでこの場合には，当該業務に関しては，当該業務の遂行に通常必要とされる時間労働したものとみなされます（38条の2第1項ただし書）[20]。

スポット
ライト　　　　　　　　　　　　　　　　　　　　　　テレワーク

　コロナ禍を契機として，テレワークが急速に普及しました。ここではテレワークという観点から，在宅勤務を中心に，労働に関するルー

---

19)　昭和63年1月1日基発1号 ⧉。「労働時間を算定し難い」に関する判例として，阪急トラベルサポート事件・百選41・最二小判平成26年1月24日労判1088号5頁。
20)　この「当該業務の遂行に通常必要とされる時間」については，労使協定で定めることもできますが，届出が必要です（38条の2第2項・3項，労基則24条の2第3項）。

ルを簡単にみておきましょう（厚生労働省「テレワークの適切な導入及び実施の推進のためのガイドライン」🔗参照）。

テレワークの労働時間管理については，労基法で定められている各制度を利用し対応することになります。事業場外労働のみなし労働時間制については，①情報通信機器が，使用者の指示により常時通信可能な状態に置くこととされていない，②随時使用者の具体的な指示に基づいて業務を行っていない，のいずれも満たす場合には適用できることとされています。

いわゆる中抜け時間については，それを使用者が把握しても，把握せずに始業および終業の時刻のみを把握しても，どちらでもかまわないとされています。

またテレワークだと，終業時間後にもメールなどのチェックが可能で，それへの対応が事実上求められていることがよくあります。今後，いわゆる「つながらない権利」について，政策上の対応を検討していくことも課題となるでしょう。

在宅勤務の作業環境については，作業等を行うのに十分な空間が確保されているか（参考：事務所衛生基準規則2条），作業に支障がない十分な明るさの確保（参考：同規則10条），冷房，暖房などを利用し作業に適した温度になるよう調整すること（参考：同規則5条）などをチェックし，不十分であれば改善を図ることが望まれます。

労働契約上，就業場所が在宅に限定されていなければ，使用者は労働者を在宅勤務からオフィス勤務に切り替えたり，在宅勤務の日数を削減することも可能でしょう。他方で，在宅勤務が浸透してきた中で，労働者の働き方への意識や意向も変わりつつあります。ワークライフバランス（労契法3条3項）の観点などをふまえて対応していくことが望まれます。

■ 裁量労働制 ────────────────────

☑ 時間外労働規制の適用除外としての側面があることと，本人同意のほか，健康確保についても定めがあることを確認しましょう。

労基法は，裁量労働の場面でも，みなし労働時間制を定めています。裁量の度合いの高い労働については，一定の要件のもとでは，労働時間規制の一部を適用しなくても労働者の保護が不十分だということにはならないという考えが基底にあります。そのため，事業場外労働みなし労働時間制は，実労働時間から大幅に外れないことが要請されていると考えられる（38条の2第1項ただし書参照）のに対して，裁量労働制については，実労働時間とは離れた時間を労働したものとみなすことが可能です。この制度には，対象労働者に応じて，2つの類型があります。

● 専門業務型裁量労働制

　第1は，専門業務型裁量労働制です（38条の3）。これは，弁護士，公認会計士，ディレクターなどの所定の職業（労基則24条の2の2第2項）が対象となります。みなし労働時間制を適用するには，本人の同意と労使協定の締結が必要です。

　労使協定には，①対象業務，②みなし時間，③当該業務遂行の手段・時間配分の決定等に具体的指示をしないこと，④健康・福祉確保措置，⑤本人の同意を得ることと同意撤回の手続，などを定め，行政官庁へ届け出ることが必要です（38条の3，労基則24条の2の2第3項）。

● 企画業務型裁量労働制

　第2は，企画業務型裁量労働制です（38条の4）。この制度の対象業務は，事業運営に関する事項についての企画，立案，調査および分析の業務であり，当該業務の性質上これを適切に遂行するにはその遂行の方法を大幅に労働者の裁量にゆだねる必要があるため，当該業務の遂行の手段および時間配分の決定等に関し使用者が具体的な指示をしないことが求められる業務です（同条1項1号）。

　手続に関しては，本人の同意のほか，使用者と当該事業場の労働者を代表する者（過半数代表に指名された者）で構成される労使委員

会（労働者代表が半数以上を占める必要があります）の委員の5分の4以上の多数による決議が必要となります（同条1項・2項）。

決議すべき内容は，①対象業務，②対象労働者，③みなし時間，④健康・福祉確保措置，⑤苦情処理措置，⑥対象者の同意を得ることと同意撤回の手続，⑦同意しなかった労働者に不利益な取扱いをしないこと，などです。

● 裁量労働制の位置づけ

裁量労働制が認められると，所定の時間，「労働したものとみな」されます。たとえば，8時間とみなされる場合には，実際には10時間働いていたとしても，時間外労働がなされたことにはなりません。他方，9時間とみなす場合には，36協定の締結など，時間外労働の手続が必要となります。深夜，休日労働，休憩などの規制は及びます。

裁量労働制において，8時間労働したものとみなされると時間外労働の規制はかからないため，労働時間規制の適用除外のしくみと理解することもできるかもしれません。ただ他方で，裁量労働制は，労使委員会決議などの手続だけではなく，健康・福祉確保措置などをルールとして定め，労働時間の上限規制・割増賃金規制とは違うかたちで，労働者の健康確保に向けた取組みをしているといえます（労働時間規制には労働者の健康確保という観点が含まれていることを思い出してください〔→153頁〕。このことは，次にみる，高度プロフェッショナル制度（→170頁）についても同様のことがいえます。

（5） 適用除外

(（ア） 41条

労基法は，一定のカテゴリーに属する者について，（場合により必要な手続を経たうえで，）主要な労働時間規制の適用除外とするしく

みを設けています。その1つが41条で定められている適用除外です。

同条の対象となる者については，労働時間，休憩，休日に関する規定は適用されません（他方で，深夜業，年次有給休暇の規制は及びます）。

適用除外とされる労働者は，以下の3つです。

第1に，農林畜産水産業等に従事する労働者です（同条1号）。これらの事業は天候等の影響を受けやすいことから，適用除外とされています。

第2に，管理監督者，機密保持取扱者です（同条2号）。ここで特に問題になるのが，管理監督者（「監督若しくは管理の地位にある者」）です。多くの企業の人事制度においては，「管理職」の区分がよくみられますが，「管理職」であれば，同号の「管理監督者」に当然に該当する，ということにはなりません。同号の「管理監督者」とは一般的には，「労働条件の決定その他労務管理において経営と一体的立場にある者」と考えられていますが，これに該当するかは，職務権限，勤務態様，待遇に着目して就労の実態から客観的に判断されます。そのため，会社において，課長や部長と位置づけられていても，「管理監督者」に該当しないことは十分にありえます[21]。

第3に，監視断続的労働者です（同条3号）。これらの働き方は，精神的・肉体的緊張が高くないような場合が該当します。適用除外とされるには，行政官庁の許可が必要となります。ビルの管理人などがこれに該当することがあります。

---

21) 管理監督者性を否定した裁判例として，神代学園ミューズ音楽院事件・百選42・東京高判平成17年3月30日労判905号72頁など。

（イ）41条の2——高度プロフェッショナル制度

☑ 労働時間規制の適用除外としての側面と，健康確保規制としての側面の両面を有することを確認しましょう。

労働時間規制の適用除外のもう1つの制度が，高度プロフェッショナル制度です（41条の2）。この制度は，2018年の働き方改革関連法の成立により，労基法に導入されました[22]。

以下の要件等を充足する場合，対象労働者には，労働時間，休憩，休日および深夜の割増賃金に関する規定は，適用されません（41条の適用除外と異なり，深夜の割増賃金に関する規定も適用されません）。

■ 対象業務

高度の専門的知識等を必要とし，その性質上従事した時間と従事して得た成果との関連性が通常高くないと認められるものとして厚生労働省令で定める業務のうち，労働者に就かせることとする業務が対象業務となります（41条の2第1項1号）。具体的には，

- ①金融商品の開発の業務
- ②ファンドマネージャー，トレーダー，ディーラー等の業務
- ③証券アナリストの業務
- ④コンサルタントの業務
- ⑤新たな技術，商品または役務の研究開発の業務

です（労基則34条の2第3項）。

■ 対象労働者

使用者との間の書面等による合意に基づき職務が明確に定められていて，賃金額が年1075万円以上の者が対象労働者となります（41条の2第1項2号，労基則34条の2第6項）。

---

22) 2023年3月末現在，対象労働者数は823人，決議事業場数は26事業場です（厚生労働省「高度プロフェッショナル制度に関する報告の状況（令和5年3月末時点）」🔗）。

本制度を導入するにあたっては，①労使委員会（→167頁）の決議と，②対象労働者の同意，が必要となります（41条の2第1項柱書本文）。

①労使委員会の決議については，

- （ⅰ）対象業務，（ⅱ）対象労働者の範囲，（ⅲ）対象労働者の健康管理時間（事業場内にいた時間＋事業場外で労働した時間）を把握すること，およびその把握方法，（ⅳ）対象労働者への年間104日以上かつ4週で4日以上の休日の付与，（ⅴ）対象労働者の選択的措置，（ⅵ）対象労働者の健康管理時間の状況に応じた健康・福祉確保措置，（ⅶ）対象労働者の同意撤回手続，（ⅷ）対象労働者の苦情処理措置，（ⅸ）同意しなかった労働者に不利益な取扱いをしないこと等に関して，
- 労使委員会の委員の5分の4以上の多数による決議をし，
- 行政官庁に届け出る必要があります[23]。

②また，対象労働者から，（ⅰ）同意した場合に，労働時間，休憩，休日および深夜の割増賃金に関する規定の適用がなくなること，（ⅱ）同意対象期間，（ⅲ）同意対象期間に支払われる賃金見込額，を明らかにした書面への署名を受けなければなりません（労基則34条の2第2項）。

■ 対象労働者の健康確保等に向けた措置

本制度を導入する使用者は，対象労働者の健康確保等に向けて，

- ①健康管理時間の把握（41条の2第1項3号）
- ②休日の確保（年間104日以上かつ4週で4日以上の休日の付与）（同項4号）

---

23) 決議を届け出た使用者は，（ⅳ），（ⅴ），（ⅵ）の措置の実施状況を，決議から6か月以内ごとに行政官庁に報告しなければなりません（41条の2第2項）。

├─③選択的措置（(ⅰ)勤務間インターバルの確保＋深夜業の回数制限，
│　(ⅱ)健康管理時間の上限措置，(ⅲ)原則 1 年 1 回以上連続 2 週間の
│　休日付与，(ⅳ)臨時の健康診断のいずれか）（同項 5 号）
├─④健康・福祉確保措置（(ⅰ)③で選択したもの以外のいずれか，
│　(ⅱ)医師による面接指導，(ⅲ)代償休日または特別な休暇の付与，
│　(ⅳ)心とからだの健康問題についての相談窓口設置，(ⅴ)適切な部
│　署への配置転換，(ⅵ)産業医等による助言・指導または保健指導の
│　うちから選択）（同項 6 号，労基則 34 条の 2 第 14 項）
を実施しなければなりません。

　上記①～③のいずれかが実施されない場合には，高度プロフェッショナル制度は利用できず，労基法の基本的規制に服することになります（41 条の 2 第 1 項柱書ただし書）。

　このように，高度プロフェッショナル制度は，労働時間規制の適用除外のしくみの 1 つですが，別途，労働者の健康確保等に向けた措置に関する規定を設けていることが特徴といえます。

　なお，高度プロフェッショナル制度対象労働者については医師の面接指導が義務づけられています（→スポットライト「医師による面接指導」）。

仕事をしない時間

6

睦樹　7月8日

　今日，事務の下津さんが年休申請をしてきた。

　下津さんは，勤続 10 年目のベテランさん。仕事のできはせいぜいそこそこというレベルで，ちょくちょくミスもする。ミスを指摘すると，「すいません。申し訳ありませんでした！」とオフィスにすごく通る声で返答してくるので，コンパクトに注意しないと職場のみんなにハラスメントと言われそうで結構気を遣っている。

　そんな下津さん，仕事はアバウトだけど，有給の消化はきっちりしている。この前，年度が変わってすぐの 4 月中旬に，7 月に 2 週間海外旅行に行くとかで 10 日間の年休の申請があった。下津さんがこの時期に年休を取るのは毎年恒例だ。

　うちの部署も例にもれず人手不足だ。有給を取りたくても取れない社員もいて，そんな社員から，「下津さんみたいにミスすることなく働いているのに，下津さんは有給を取れて私は取れないなんて，どう考えても不公平です！」との声も聞く。

　そんな話を帰宅して美奈に話したら，「何言ってるの。人手が足りない，っていうのもあなたのマネージメント不足でしょ。労働法の本でも買ってしっかり勉強しないと，ダメ上司認定確実よ」と言われた。

　たしかに，従業員が休むとき，っていうと，育児休業もあれば介護休業もあるしな……。育児休業は夫も取得することがいろんなところで推奨されてるし，うちの会社でも取得した従業員もいたよな……。

　美奈がつまみを取りに行っている間に，グラス 2 つにビールを注ぐ。

　でも俺らの世代的に気になるのは，やっぱ介護だよなあ。自分の親も美奈の親もなんとか元気に過ごしている——っていうか，俺よりもずっといきいきしている——けど，もし何かあったら介護もしなきゃいけないし，介護って育児と違って，始まりと終わりもみえないから，

気持ち的にも大変だよな。なのに，世間じゃ介護休業を取ったなんて話もあんまり聞かないし，話題にしたり取ったりしづらい雰囲気なんだろうか……。

「はい，おつまみ。今日も一日お疲れさんだったね。かんぱーい」

　美奈のこの明るさ，ほんとありがたいよ。

「おう，美奈もお疲れ様」

　本章で，「仕事をしない時間」について取り上げます。たとえば，家事，育児，介護の時間。これらの時間は，携わっている人からすると「休＝オフ」の時間ではありません。大変で大切な時間です（そのために育児・介護休業があるわけですが）。趣味の時間，「推し」との時間も貴重で，存在感を持ちます。休息や睡眠の時間とあわせて，色とりどりのいろんなプライベートな時間が「仕事をしない時間」に詰め込まれているのです。

　だからこそ，この時間をしっかり確保する必要があります。以下では労働法のしくみについてのみお話ししますが，「仕事をしない時間」が持つ重要性を感じながら読んでもらえるとうれしいです（産前産後休業については→117 頁。休職については→227 頁）。

（1） 休憩

　休憩について，労基法は，1日の労働時間が6時間を超える場合には45分以上，8時間を超える場合には1時間以上，労働時間の途中に与えなければならないとしています（34条1項）。1日の労働時間が8時間のときには45分の休憩でOKですが，8時間を超えて時間外労働をさせる場合には1時間の休憩が必要となります。そのため，多くの会社で休憩時間を1時間と設定しています。

　また，労基法上の休憩時間は，労働者が休憩で心身をリフレッシュできるよう，また，使用者が休憩を付与しているかの確認がしやすいように，一斉に与えることが求められています（同条2項。ただし，労使協定を締結して一斉付与しないことも可能です）。

　使用者は休憩時間を労働者に自由に利用させなければなりません（同条3項）。休憩時間の外出を許可制にする（使用者の許可がなければ外出できないこととする）ことについては，厚生労働省は，事業場内で休憩としての効果があげられるのであれば許可制は認められるとしますが，休憩自由利用の原則から問題があり届出制（届出をすれば外出できる）などで対応すべきだとする見解もあります。

（2） 休日

（ア）　週休制の原則

　使用者は労働者に対して，毎週少なくとも1回休日を与えなければなりません（労基法35条1項）。4週間に4日以上の休日を与えるかたちでもかまいません（同条2項）。

　労基法は週休2日制を定めていませんので，週休2日制の会社では，どちらか1日が法定休日，他方が法定外休日となり，法定休日に働かせる場合には，36協定の締結と割増賃金の支払が必要となります（→152頁・155頁）。これに対して，法定外休日に働か

せる場合には，36協定の締結や割増賃金の支払が直ちには必要となりません。こうしたことから，週休2日制の場合も，就業規則で法定休日がいつかを定めておくなどの対応が求められます。

（イ）　休日振替え

法定休日を事前に他の日に振り替える場合（事前の振替え），それを行う就業規則等契約上の根拠が必要となります。また，4週4休日の原則を満たすかたちで休日を振り替える必要があります。こうして他の日に法定休日が事前に振り替えられると，もともと法定休日であった日は通常の労働日となるので，その日に労働させるにあたって，36協定の締結や割増賃金の支払の必要はありません。

法定休日に休日労働をさせて，その後代休を与えることもあります（事後の振替え）。この場合は，休日労働をさせる労働契約上の根拠のほか，36協定の締結や割増賃金の支払が必要となります（代休の付与は労基法上必要とされていません）。

（3）　勤務間インターバル

休憩や休日，そして次にみる年次有給休暇のほかにも，休息時間に着目した規制が設けられています。使用者は労働者に対して，終業から始業までの間，一定時間連続した休息を与えるなどの措置を講ずるように努めなければなりません（労働時間等設定改善法2条1項・4条，労働時間等設定改善指針[1]）。この規制を一般に，勤務間インターバル規制といいます。勤務間インターバル規制は，EUの制度を参照して設けられました。EUでは連続11時間以上の休息を与えることが必要とされています（たとえば，19時から翌日の6時まで）。労働時間の長さや時間帯への従来の規制とは異なる，労働時間の間隔に着目したこのような規制は，興味深いものであり，今

---

1)　平成20年厚生労働省告示第108号 🔗。

後の展開が注目されます（副業・兼業との関係も気になりますね）。

（4） 年次有給休暇

☑ 働いているみなさんは，どれくらい年休を付与されているか，確認してください。
☑ 年休取得の3つのルートをおさえておきましょう。

　労働者は職業生活を送るにあたって，心身の健康を維持しリフレッシュすることが必要となります。労基法には，それをサポートするしくみとして，年次有給休暇（「年休」とか「有給（有休）」とかいわれたりします）制度が定められています（39条）。みなさんも年休を利用して，心身のリフレッシュを心がけてください。

（ア）　年休の取得要件・日数

　入社した日から6か月間継続勤務し全労働日の8割以上出勤した場合，または，1年6か月以上継続勤務した労働者については過去1年間に全労働日の8割以上出勤した場合に，年休が発生します（労基法39条1項・2項）。有期労働契約が更新される場合や休職期間中も「継続勤務」となります。

　「全労働日の8割以上出勤」の要件は，分母が「全労働日」，分子が「出勤日」となりますので，分母，分子にどのような日が含まれるかが問題となります。この点について労基法は，労災のため休業する期間，育児・介護休業の期間，産前産後休業の期間は，出勤したものとみなすとしていますので，分母にも分子にもカウントされます（39条10項）。また，年休を取得した日数についても分母・分子ともにカウントされる実務的取扱いがされています[2]。

　付与される年休の日数は，図表11のとおりです。1年経過するごとに，最初は1日ずつ，途中から2日ずつ増加し，20日が上限

---

2)　昭和22年9月13日発基17号 🔗。

となります。以上は労基法の定める最低条件であり，これを上回る日数を定めることは可能です。

　パートタイム労働者等についても，図表11のとおり，年休が比例付与されます（39条3項。なお週の所定労働時間が30時間以上の場合には，一般の労働者と同じ扱いとなります。労基則24条の3第1項）。学生アルバイトの場合も，年休を取得できる可能性はありますので確認してみてください。

▼ 図表11：年次有給休暇の付与日数

（1）通常の労働者の付与日数

勤続勤務年数（年）	0.5	1.5	2.5	3.5	4.5	5.5	6.5 以上
付与日数（日）	10	11	12	14	16	18	20

（2）週所定労働日数が4日以下かつ週所定労働時間が30時間未満の労働者の付与日数

	週所定労働日数	1年間の所定労働日数※	継続勤務年数（年）						
			0.5	1.5	2.5	3.5	4.5	5.5	6.5 以上
付与日数（日）	4日	169日～216日	7	8	9	10	12	13	15
	3日	121日～168日	5	6	6	8	9	10	11
	2日	73日～120日	3	4	4	5	6	6	7
	1日	48日～72日	1	2	2	2	3	3	3

※週以外の期間によって労働日数が定められている場合

「年次有給休暇の付与日数は法律で決まっています」 より。

　年休の単位は，暦日（1日）が原則です。ただし労使協定が締結された場合には，5日以内に限り時間単位の付与が可能です（39条4項。子の病院への送迎などで利用する人も多いと思います）。

（イ）　年休取得の3つのルート

　労働者が年休を取得するルートは従来，①労働者による時季指定のみでしたが，労基法の1987年改正で②計画年休制度，2018年改

正で③使用者の年休付与義務による時季指定が追加され，現在では
3つのルートがあります。

■ 労働者による時季指定 ───────────

● 年休権の法的構造

労基法39条5項本文は，「使用者は，……有給休暇を労働者の
請求する時季に与えなければならない」と定めています。

「請求する時季に与えなければならない」の解釈をめぐり，年休
権の法的構造について議論がされてきていますが，判例[3]は，

- ・年休権は，労基法39条1項・2項の要件が充足されることに
  よって法律上当然に労働者に生ずる権利である
- ・同法39条5項にいう「請求」は，休暇の時季の指定にほかな
  らず，年休の成立要件として，労働者による「休暇の請求」や，
  これに対する使用者の「承認」の観念を容れる余地はない

と判断しており，年休に係る権利を年休権と時季指定権に分けて理
解する「二分説」の立場をとっていると理解されています。

● 時季指定と時季変更

年休権が発生すれば，労働者は時季（具体的時期または季節）を
指定します（たとえば12月1日から3日間とか，1月下旬とか。時季
指定〔権〕）。これに対して，労働者が指定した時季が「事業の正常
な運営を妨げる」場合には，使用者は，その時季における年休の取
得を拒むことができます。これを時季変更（権）といいます（39条
5項ただし書。「変更」といわれますが，労働者により指定された時季の
年休取得を使用者が認めない，とするだけで足ります）。

「事業の正常な運営を妨げる」場合といえるか否かは，使用者の
代替要員確保の可能性，労働者による時季指定の時期などを総合考
慮して判断されます。ただし，当該事業場が常に人員不足で代替要

---

3) 白石営林署事件・百選43・最二小判昭和48年3月2日民集27巻2号191頁。

員も見つからないような場合は，「他の時季にこれを与えることができる」状況になく，使用者が時季変更をする前提を欠いているといえ，時季変更はできないと解すべきでしょう。

また，労働者が長期かつ連続の年休の時季指定を行ってきた場合については，時事通信社事件最高裁判決[4] は，「労働者が，……調整を経ることなく，……始期と終期を特定して長期かつ連続の年次有給休暇の時季指定をした場合には，これに対する使用者の時季変更権の行使については，右休暇が事業運営にどのような支障をもたらすか，右休暇の時期，期間につきどの程度の修正，変更を行うかに関し，使用者にある程度の裁量的判断の余地を認めざるを得ない」と判示しています。長期かつ連続の年休取得ができるようにするには，事前に使用者と調整をする，計画年休制度（下記）を利用する，などの方法で対応することがよいように思われます。

■ 計画年休制度 ────────────────────

これまでみてきた時季指定のシステムは，労働者が自らのイニシアティブで時季指定することで，年休取得の途が開けるものです。「労働者が自らのイニシアティブで」というのは労働者にメリットがあるように思えますが，実態をみるとそうとも限りません。

第1に，先にみたように，労働者が年休の取得を希望したとしても，使用者が時季変更する可能性があります。そして労働者が長期かつ連続した年休を申請する場合には，使用者による時季変更の可能性は高まります（時事通信社事件最高裁判決参照）。

第2に，労働者が手を挙げにくい状況にあれば，年休は取得されないままになります。

実際に，これまで日本の年休の取得率は他の先進諸国と比べてかなり低いという状況にもあります。

---

4) 百選45・最三小判平成4年6月23日民集46巻4号306頁。

計画年休制度（労基法 39 条 6 項）は，こうした状況をふまえて設けられました。これは，労使協定により，労働者の年休の 5 日を超える部分については，事前に年休カレンダーなどで年休取得日を定めることができるという制度です（5 日分については労働者が自らの希望する時季を指定できるようにされています）。

■ 使用者の年休付与義務による時季指定 ─────────────

計画年休制度においては事前に労使間で調整して年休取得日を設定できるので，年休の取得率アップにつながることが期待されていました。しかし，この計画年休制度の導入以降も年休の取得率に目立った改善はみられませんでした。そこで 2018 年の労基法改正において，使用者の年休付与義務が定められました（39 条 7 項）。これにより，使用者が与えなければならない年休の日数が 10 日以上である労働者に対しては，5 日分の年休（労働者が時季指定した分や計画年休分は 5 日から除きます。同条 8 項）を，使用者が時季指定しなければならないことになりました。使用者が時季指定するにあたっては，あらかじめ，その旨を当該労働者に明らかにしたうえで，その時季について当該労働者の意見を聴かなければならず，聴取した意見を尊重するよう努めなければなりません（労基則 24 条の 6）。

なお，調査[5] によると，2016 年まで 17 年連続で年休取得率が 50% を下回っていましたが，近年上昇傾向にあり 2022 年の取得率は 62.1% となっています。

（ウ）　年休取得の効果

労働者が年休を取得した場合，当該日の労働義務が消滅します。また，使用者は当該年休日に対して年休手当を支払わなければなりません（労基法 39 条 9 項）。

─────────────────────────────

5) 厚生労働省「令和 5 年就労条件総合調査の概況」🔗。

（エ） 年休自由利用の原則

判例[6]は，「年次休暇の利用目的は労基法の関知しないところであり，休暇をどのように利用するかは，使用者の干渉を許さない労働者の自由である，とするのが法の趣旨である」と判示して，年休自由利用の原則を明らかにしています。

したがって，使用者は労働者の年休申請にあたって，年休取得理由の記載を労働者に義務づけることは認められません。ただし，使用者が時季変更をせざるをえないようなケースで，申請理由によっては年休の取得を認めるような場合には，年休取得の理由を問い合わせることは差し支えないでしょう。

（オ） 取得されなかった年休の扱い

年休の消滅時効は2年です（労基法115条の「その他の請求権」にあたります）。したがって，たとえば，ある年の4月1日に発生した年休は翌々年の3月末に時効により消滅しますが，それまでは取得することが可能です。

年休の買上げ（年休について対価を支払いその分の年休を消滅させること）について，厚生労働省は，年休の買上げの予約をし，これに基づいて年休日数を減らすことや請求された日数を与えないことは，労基法39条違反としています[7]。これに対して，労働者が年休を取得せず，その後時効，退職等の理由でこれが消滅するような場合に，残日数に応じて調整的に金銭の給付をすることは，事前の買上げとは異なるのであって，必ずしも労基法39条に違反するものではない，としています[8]。

---

6) 白石営林署事件・前掲注3)。
7) 昭和30年11月30日基収4718号。
8) 厚生労働省労働基準局編『令和3年版 労働基準法 上』（労務行政，2022年）628頁。

　年休を取得した場合に皆勤手当を支給しないなどのケースはどのように評価されるでしょうか。

　労基法には，「有給休暇を取得した労働者に対して，賃金の減額その他不利益な取扱いをしないようにしなければならない」という規定があります（附則 136 条）。判例[9] は，「労働基準法 134 条〔現・附則 136 条〕……は，それ自体としては，使用者の努力義務を定めたものであって，労働者の年次有給休暇の取得を理由とする不利益取扱いの私法上の効果を否定するまでの効力を有するものとは解されない」と述べ，「趣旨，目的，労働者が失う経済的利益の程度，年次有給休暇の取得に対する事実上の抑止力の強弱等諸般の事情を総合して，年次有給休暇を取得する権利の行使を抑制し，ひいては同法〔労基法〕が労働者に右権利を保障した趣旨を実質的に失わせるものと認められるものでない限り，公序に反して無効となるとすることはできない」と判示しています。

（5）　家族を支える時間

　先に述べたように，プライベートの時間を確保し，ワークライフバランス（労契法 3 条 3 項参照）を実現していくことはとても大切です。

　以下では，育児・介護休業法の定める育児・介護等を中心にみていきましょう。

（ア）　育児／子の看護の時間

　図表 12 を眺めて，時間の経過と用意されている制度を確認してください。

---

9)　沼津交通事件・最二小判平成 5 年 6 月 25 日民集 47 巻 6 号 4585 頁。

▶ 図表 12：子どもができてからの両立支援制度

妊娠判明	産前6週間	出産(予定)日	産後8週間		1歳	1歳6か月	2歳	3歳	就学
	軽易業務への転換								
	妊婦の時間外・休日労働・深夜業の制限		産婦の時間外・休日労働・深夜業の制限						
	坑内業務・危険有害業務の就業制限		坑内業務・危険有害業務の就業制限						
	産前休業		産後休業						
				育児時間(1日2回各30分以上)					
		母性健康管理措置							

育児目的休暇

育児休業(一定の場合、最長2歳まで取得可)
出生時育児休業
(産後パパ育休)

始業時刻の変更等またはそれに準ずる措置

育児休業
または
それに準ずる措置

所定労働時間の短縮措置等

所定外労働時間の短縮
または
それに準ずる措置

所定外労働の制限(残業免除)

所定労働時間の短縮
または
それに準ずる措置

子の看護休暇

時間外労働(残業制限)・深夜業の制限

	労基法上の制度
	均等法上の制度
	育介法上の制度
	育介法上の努力義務

「仕事と育児の両立支援制度
の概要等」🔗 をもとに作成。

■ 育児休業

● 対象者

1歳に満たない子（原則）を養育する労働者（男女）が，対象者の基本的な要件です（育児・介護休業法5条1項本文）。配偶者が専業主婦（夫）でも育児休業中でも，対象から外れません。

ただし，

- ・日々雇用される者は除かれます（2条1号）。
- ・有期雇用労働者については，申出時点において，子が1歳6か月に達する日までに，労働契約（更新される場合には，更新後の契約）の期間が満了することが確実である場合には，育児休業の対象者となりません（5条1項ただし書）。
- ・労使協定により，

  (a)雇用された期間が1年未満の労働者

  (b)申出の日から1年（1歳以降の休業の場合は6か月）以内に雇用関係が終了することが明らかな労働者

  (c)週の所定労働日数が2日以下の労働者

  は，対象外とすることが可能です（6条1項ただし書，育児・介護休業法施行規則8条）。

事業主は，労働者からの育児休業申出があったとき，それが要件を満たしている場合には，拒むことができません（6条1項本文）。

● 回数

申出の回数は，1人の子につき，1歳までに2回（1歳6か月まで，2歳までに，プラス各1回）です（5条2項〜4項）。

● 期間

(a) 原則

育児休業できる期間は，最長で，原則として子が出生した日から子が1歳に達する日（誕生日の前日）までです。ただし，子が1歳に達する時点で，

├①育児休業の対象となる子が1歳に達する日において，労働者本人または配偶者が育児休業をしている

├②保育所に入所できない等，1歳を超えても休業が特に必要と認められる

├③1歳6か月まで育児休業をしたことがない

いずれにも該当する場合には，子が1歳6か月に達する日まで延長することが可能です（5条3項）。

さらに，子が1歳6か月に達する時点においてもなお同様の事情が認められる場合には，子が2歳に達する日まで延長することが可能です（同条4項）。

（b）特例——パパ・ママ育休プラス

両親がともに育児休業をする場合には，特例として，育児休業の期間が，原則，子が1歳2か月に達する日まで延長されます（9条の6）。パパ・ママにとってプラスの制度でもありますね。

● 取得状況の公表

常時雇用する労働者が1000人を超える事業主は，男性労働者の育児休業（次にみる産後パパ育休を含みます）の取得状況を年1回公表しなければなりません（22条の2，施行規則71条の4）。

■ 産後パパ育休

子の出生直後は，男性が休業するニーズの高い時期です。そこで通常の育児休業よりも利用しやすい休業制度として，産後パパ育休制度（出生時育児休業制度）が設けられています。

● 対象者

対象者は，出生後8週間以内の子を養育する産後休業をしていない男女労働者（日々雇用される者，所定の有期雇用労働者，所定の労使協定で対象外とされた者は除きます）です（9条の2・9条の3）。

● 回数／期間／期間中就業

1人の子につき2回に分割して取得することができます。

産後パパ育休をすることができるのは，原則，子の出生後8週間の期間内に4週間以内です（9条の2第1項）。

　また，労使協定により産後パパ育休期間中に就業させることができるとされた労働者に限り，産後パパ育休期間中の就業可能日等を，休業開始前日まで事業主に申し出ることができ，労働者の同意がある場合には就業させることができます（9条の5第2項～5項）。

■ 育児労働者の所定外労働の制限 ————————————————

　事業主は，3歳未満の子を養育する労働者が請求した場合，事業の正常な運営を妨げる場合を除いて，所定労働時間を超えて労働させてはなりません。ただし，労使協定により，

- ・雇用された期間が1年未満の労働者
- ・週の所定労働日数が2日以下の労働者

を対象外とすることは可能です（16条の8第1項，施行規則44条）。

■ 育児労働者の時間外労働の制限 ————————————————

　事業主は，小学校就学前の子を養育する労働者が請求した場合，事業の正常な運営を妨げる場合を除いて，1か月につき24時間，1年につき150時間を超えて時間外労働をさせてはなりません。ただし，

- ・雇用された期間が1年未満の労働者
- ・週の所定労働日数が2日以下の労働者

は対象外です（17条1項，施行規則52条）。

■ 育児労働者の深夜業の制限 ————————————————

　事業主は，小学校就学前の子を養育する労働者が請求した場合，事業の正常な運営を妨げる場合を除いて，深夜（→156頁）に労働させてはなりません。ただし，

- ・雇用された期間が1年未満の労働者
- ・深夜において，常態として当該子を保育することができる同居の家族がいる場合における当該労働者

├─・週の所定労働日数が2日以下の労働者

├─・所定労働時間の全部が深夜にある労働者

は対象外です（19条1項，施行規則61条）。

■ 育児労働者の所定労働時間短縮等の措置 ─────

　事業主は，その雇用する労働者のうち，3歳未満の子を養育する所定の対象者に関して，育児のための所定労働時間の短縮措置等を講じなければなりません（23条1項・2項）。

■ 子の看護休暇 ─────────────────

　小学校就学前の子を養育する労働者（日々雇用される者，所定の労使協定で対象外とされた者は除きます）は，事業主に申し出ることにより，1年度に5日（2人以上の場合は10日）を限度として，子の看護休暇を取得することができます（16条の2・16条の3）。

　看護休暇が取得できる傷病の種類・程度は定められていません。

■ 制度個別周知，取得意向確認面談 ──────────

　事業主は，労働者が，本人またはその配偶者が妊娠・出産等したことを申し出たときは，当該労働者に対して，育児休業制度等を個別に周知し，育児休業・産後パパ育休の取得意向を確認するための面談等の措置を講じなければなりません（21条1項）。

■ 育児休業給付金 ──────────────────

　所定の雇用保険被保険者が1歳（保育所に入れない等の場合には1歳6か月または2歳）未満の子を養育するために育児休業を取得した場合，雇用保険（→258頁）から，休業開始時賃金日額の67％（上限あり。出生時育児休業給付金〔次に述べます〕とあわせた支給日数が180日を超えた以降は50％）相当額の育児休業給付金が支給されます（雇用保険法61条の7）。産後パパ育休を取得した場合も，出生時育児休業給付金（休業開始時賃金月額の67％相当額）の対象となります（同法61条の8）。

（イ） 介護の時間

■ 介護休業

● 対象者

要介護状態にある対象家族（配偶者，父母，子，祖父母，兄弟姉妹，孫，配偶者の父母。育児・介護休業法2条4号，同法施行規則3条）を介護する労働者が，対象者の基本的な要件です。

ただし，

- ・日々雇用される者は除かれます（2条1号・2号）。
- ・有期雇用労働者については，申出時点において，介護休業開始予定日から起算して93日を経過する日から6月を経過する日までに，その労働契約が満了することが確実である場合には，介護休業の対象者となりません（11条1項ただし書）。
- ・労使協定により，
  - (a)雇用された期間が1年未満の労働者
  - (b)申出の日から93日以内に雇用関係が終了することが明らかな労働者
  - (c)週の所定労働日数が2日以下の労働者

  は，対象外とすることが可能です（12条2項・6条1項ただし書，施行規則24条）。

事業主は，労働者からの介護休業申出があったとき，それが要件を満たしている場合には，拒むことができません（12条1項）。

● 回数／期間

申出の回数は，対象家族1人につき，3回までで，通算して93日が限度となります（11条2項）。

■ 介護休暇制度

要介護状態にある対象家族の介護や世話を行う労働者は，事業主に申し出ることにより，1年度に5労働日（要介護状態にある対象家族が2人以上の場合は，10労働日）を限度として，介護休暇を取得

することができます（16条の5第1項）。

　介護休暇は，1日単位または時間単位で取得することができます（16条の5第2項）。

■家族介護労働者の所定外労働の制限 ────────────

　事業主は，要介護状態にある対象家族を介護する労働者が請求した場合，事業の正常な運営を妨げる場合を除いて，所定労働時間を超えて労働させてはなりません。ただし，労使協定により，

- ・雇用された期間が1年未満の労働者
- ・週の所定労働日数が2日以下の労働者

を対象外とすることは可能です（16条の9第1項・16条の8第1項，施行規則48条・44条）。

■家族介護労働者の時間外労働の制限 ────────────

　事業主は，要介護状態にある対象家族を介護する労働者が請求した場合，事業の正常な運営を妨げる場合を除いて，1か月につき24時間，1年につき150時間を超えて時間外労働をさせてはなりません。ただし，

- ・雇用された期間が1年未満の労働者
- ・週の所定労働日数が2日以下の労働者

は対象外です（18条1項・17条1項，施行規則56条・52条）。

■家族介護労働者の深夜業の制限 ────────────

　事業主は，要介護状態にある対象家族を介護する労働者が請求した場合，事業の正常な運営を妨げる場合を除いて，深夜（→156頁）に労働させてはなりません。ただし，

- ・雇用された期間が1年未満の労働者
- ・深夜において，常態として当該対象家族を介護することができる同居の家族がいる場合における当該労働者
- ・週の所定労働日数が2日以下の労働者
- ・所定労働時間の全部が深夜にある労働者

は対象外です（20条1項・19条1項，施行規則66条・61条）。

■ 家族介護労働者の所定労働時間短縮等の措置 ───────

　事業主は，要介護状態にある対象家族を介護する所定の労働者に関して，連続3年以上の所定労働時間の短縮措置等を講じなければなりません（23条3項）。

　当該措置は，2回以上の利用ができるようにしなければなりません（例外あり。施行規則74条3項）。

■ 介護休業給付金 ─────────────────────

　所定の雇用保険被保険者が対象家族を介護するための介護休業を取得した場合，雇用保険（→258頁）から休業開始時賃金月額の67％相当額（上限あり）の介護休業給付金が支給されます（雇用保険法61条の4）。

（ウ）　不利益取扱いの禁止

　事業主は，

①育児休業，産後パパ育休，子の看護休暇，介護休業，介護休暇，所定外労働・時間外労働の制限，所定労働時間の短縮措置，深夜業の制限の申出・取得など

②本人または配偶者の妊娠・出産等の申出

③産後パパ育休期間中の就業可能日を申し出ない・就業に同意しなかったことなど

を理由として，解雇その他不利益な取扱いをしてはなりません（10条・16条・16条の4・16条の7・16条の10・18条の2・20条の2・21条2項・23条の2）。

（エ）　育児・介護休業法に係る紛争解決のしくみ

　育児・介護休業法に係る紛争処理については，均等法と同様のしくみ（→99頁）がとられています（52条の2・52条の4・52条の5・52条の6・56条・56条の2・66条）。

大志 12月24日

　頼りない手のあげ方であったが，右手に停まっていた黒いタクシーがすっと動き出し，私の前まで来ると，ドアをスライドさせ開けてくれた。車内のシートに重いかばんと体を投げ出す。疲れ切った体には，車高が高くスライド式ドアのタクシーは本当にありがたい。

　今日も一日，長かった。ここのところ，終電に乗れていない。身も心も時間も，自分のすべてが吸いとられ自分が薄まっている感じがする。

　レストランなど外食事業の運営会社に就職して10年。会社はベーカリーカフェを展開する別会社を子会社化して，私はその子会社に出向した。その子会社がミラノの高級ベーカリーブランド会社と契約して日本国内での出店を進めていて，今，東京都内のエリアマネージャーと複数の店舗の店長を兼ねている。本部ではさらなる出店計画も検討していて，私はそっちも担当しているので，本部と各店舗とを行ったり来たりしている。

　──なんだか視界が揺らぐ。睡眠不足のせいだろうか。

　本部では，ブランドバリューのアップにつながる出店候補地のリサーチ，店舗では，パート・アルバイトさんのシフト管理や売上げの管理などが業務となっている。私はそれぞれの場所でそれぞれの顔をもつ。本部の人はベーカリーカフェで働く私の顔を知らないし，ベーカリーカフェの人は本部にいるときの私を想像しない。月の裏側を思い浮かべることがないように。それでも私の場合は，本部や店舗，あっちこっちで働いているとはいえ，1つの会社内なので，このあいだも，産業医の先生の面接指導も受けることができた。けれど，最近はやりの副業や兼業──いくつかの別々の会社で働いていたり，会社で働きながらフリーランスで別の仕事をしたり，そういえば，広尾店にフードデリバリーでやってくる俊さんがまさにそのケースだな──をして

いる人の場合は，そんなサポートは受けられているんだろうか。自己責任，ってことで片づけられるのかな。人間って，そんなに合理的でもないんじゃないの。少なくとも私はそう。

——やっぱり，普通じゃない。もとの視界を取り戻せない。産業医の先生にもっと体の調子のことを詳しく伝えるべきだったかな。思っていた以上に，話を聞いてくれそうだったし。

上司も，私が長時間勤務となっていることは知っていて気にかけてくれているけれど，会社から頼りにされていて，代わりの人がいなかったら，自分がやるしかないと思う。これまで体調を崩したこともなかったし，まだいけると思っていたんだけど……。

——これはだめだ。体が倒れていくのも止められないし，声も出ない。目の前の景色も，……白黒に……ドットに変わっている……。

「お客さん，つきましたよ。お客さん。あれ，お客さん，大丈夫ですか。お客さん！」

もしかすると「安全で健康に働ける職場」というのは，当たり前すぎて普段意識することもないかもしれません。しかし，この当たり前かもしれないけれど極めて大切な環境もやはり，労働法の枠組みでガードされて成り立っているといえます。本章では，安全で健康に働くための労働法のしくみを学びましょう。

（1）　安全衛生

　働く場面の安全衛生や働く人の健康に関しては，労働安全衛生法が中心的な役割を果たしています。労安衛法は，1972年に労働基準法から派生してできた法律です（労基法42条参照）。

　労安衛法は，

- ・①労働災害防止のための危害防止基準の確立
　　②責任体制の明確化
　　③自主的活動の促進
　　の措置を講ずる等その防止に関する総合的計画的な対策を推進することにより
　　職場における労働者の安全と健康を確保するとともに
- ・快適な職場環境の形成を促進すること

を目的としています（1条）。

　そして労安衛法の骨子として，（ⅰ）守る側を定める，（ⅱ）守る組織を定める，（ⅲ）就業環境を定める，（ⅳ）安全・健康を守る，ということがあげられます。

（ア）　守る側と守られるもの

■守る側

　労安衛法は，事業者に対して，

- ①労安衛法が定める労働災害の防止のための最低基準の遵守
- ②快適な職場環境の実現と労働条件の改善を通じての職場での労働者の安全と健康の確保
- ③国が実施する労働災害の防止に関する施策への協力

をするようにしなければならないと定めています（3条1項）。

　そして労安衛法は，事業者だけでなく，設備設計・製造・輸入者，原材料製造・輸入者，建設物建設・設計者や，建設工事注文者等仕事を他人に請け負わせる者，機械等のリース業者などに対して，一

定の要請をしています（同条2項・3項・33条等）。このように，事業者以外の職場環境等に危険をもたらす可能性のある者についても，規制の対象としていることが労安衛法の特徴の1つといえます。

　国に対しても，労働災害防止計画の策定等を義務づけています（6条～8条）。

　最後に，「労働者自身はどうなの？」ですが，労安衛法は，労働者に対し，所定の場合に，保護具（労安衛則105条等），作業服（労安衛則110条）の着用等を義務づけています。労働者を「守る側」にも位置づけ，これらも一体となって労働安全衛生を確保するしくみを構築しているといえます。

　このほか，労働者は，事業者が講ずる措置を利用して，その健康の保持増進に努めるものとするとされていますし（69条2項），健康診断受診義務がある（66条5項）ほか，健康診断の結果や保健指導を利用して，その健康の保持に努めるものとする，ともされています（66条の7第2項）。副業・兼業が浸透していくこれからのことも考えると，労働者が自らの健康に留意することはますます重要になってくるでしょう。

■守られるもの ————————————————————

　先にみたように，労安衛法は，労基法から派生し，「職場における労働者の安全と健康を確保する」ことを目的としているように，労基法上の労働者を保護対象とし，運用してきたといえます。

　しかし他方で，労安衛法は，「快適な職場環境の形成を促進すること」（その対象を労働者に限定した表現は用いられていません）も目的の1つとして掲げています。そして，近年の建設アスベスト事件最高裁判決[1]では，このことのほか，

　①労安衛法57条は，物の危険性に着目した規制であり，労働者

───────────────────

1)　最一小判令和3年5月17日民集75巻5号1359頁。

だけでなく，当該物を取り扱う者であって労働者に該当しない者も保護する趣旨のものと解するのが相当である

──②労安衛法22条に基づく規則の掲示義務規定は，<u>場所の危険性に着目した規制</u>であり，その場所で作業する者であって労働者に該当しない者も保護する趣旨のものと解するのが相当である

と判示されました。

　こうしたことからすると，労安衛法により「守られるもの」の範囲は，労基法上の労働者に限定せず，規制の趣旨・目的等を考慮しながらみていく必要があるでしょう[2]。

◯（イ）　守る組織

　労安衛法は，働く人の健康・安全を「守る組織」に関して，第3章「安全衛生管理体制」を定めています。その中で，総括安全衛生管理者，安全管理者，衛生管理者，安全衛生推進者，<u>産業医</u>（→スポットライト「産業医」），統括安全衛生責任者，元方安全衛生管理者，安全衛生責任者の選任や，<u>安全委員会，衛生委員会，安全衛生委員会</u>（→スポットライト「安全・衛生委員会」）の設置等を定めています。

スポットライト　　　　　　　　　　　　　　　　　　　　　産業医

　正直なところ，産業医（労安衛法13条）は昔はそれほど注目されていなかったかもしれません。しかし，メンタルヘルス（精神的な健康）や，治療と仕事の両立支援への取組みが社会的にも非常に重要な

---

2)　前記の建設アスベスト事件最高裁判決（前掲注1)）を受け，危険有害な作業を請け負う請負人，同じ作業場所にいる労働者以外の者を関連規制につき保護対象とする労安衛則等の改正が行われました。また，2023年10月に厚生労働省労働基準局安全衛生部「個人事業者等に対する安全衛生対策のあり方に関する検討会報告書」🔗 が出されています。

課題として認識されてきた今日において，産業医はとても重要なアクターとして注目されるべき存在です。

具体的には，ストレスチェックや面接指導など，労安衛法で明示的に定められている場面（労安衛則 14 条等）のほか，休職後の復職可否の判断（→228 頁）や，治療と仕事の両立支援など，さまざまな場面で重要な役割を担っています。

事業主のみなさんも働くみなさんも，産業医制度を「活用」していくことが大切です。

また行政も，産業医と事業主・労働者との連携・関係の強化から産業医の地位・スキルに至るまで，労働者の就労環境をより充実したものにする対策を多面的に検討することが望まれます。

スポットライト

安全・衛生委員会

労働災害の防止に向けては，労使が一体となって取り組む必要があります。労安衛法は，安全委員会，衛生委員会等について定めています（17 条・18 条等）。

安全委員会は，業種と労働者数に応じて設置の義務づけの有無が決まります。衛生委員会は全業種において，労働者数 50 人以上の事業場で設置が義務づけられます。

安全委員会は，労働者の危険を防止するための基本となるべき対策に関すること，労働災害の原因および再発防止対策で安全に係るものに関することなどについて，調査審議を行います。

衛生委員会は，労働者の健康障害を防止するための基本となるべき対策に関すること，労働者の健康の保持増進を図るため必要な措置の実施計画の作成に関すること，長時間労働による労働者の健康障害の防止を図るための対策の樹立に関すること，労働者の精神的健康の保持増進を図るための対策の樹立に関することなどについて，調査審議を行います。

（ウ）　就業環境を定める

　労安衛法は，第4章「労働者の危険又は健康障害を防止するための措置」，第5章「機械等並びに危険物及び有害物に関する規制」，第7章の2「快適な職場環境の形成のための措置」等を定め，安全に働くことのできるための物理的な就業環境について規制を行っています（受動喫煙防止のための措置についても定めています。68条の2）。

（エ）　安全・健康を守る

　労安衛法は，さらに，働く人の安全・健康を守るべく，働く人にコミットした規制を置いています。代表的なものとしては，

- ・安全衛生教育（59条〜60条の2）
- ・就業制限（61条）
- ・中高年齢者等についての配慮（62条）
- ・作業環境測定等（65条〜65条の4）
- ・健康診断（66条〜66条の6）
- ・保健指導（66条の7）
- ・面接指導（66条の8〜66条の10。→スポットライト「医師による面接指導」）
- ・ストレスチェック（66条の10。→スポットライト「ストレスチェックとその後のプロセス」）

があります。

スポット
ライト　　　　　　　　　　　　　　　　　医師による面接指導

　労安衛法は，以下の2つの場面での医師による面接指導を定めています。

　（i）長時間労働者を対象とする面接指導（66条の8〜66条の9）

　（ii）ストレスチェック後の面接指導（66条の10。→スポットライト「ストレスチェックとその後のプロセス」）

（ⅰ）の対象者は，

①月の時間外・休日労働が 80 時間超で，疲労の蓄積が認められる者（労安衛法 66 条の 8，労安衛則 52 条の 2 第 1 項。申出により行われます。労安衛則 52 条の 3 第 1 項）

②研究開発業務従事者で月の時間外・休日労働が 100 時間超の者（労安衛法 66 条の 8 の 2 第 1 項，労安衛則 52 条の 7 の 2 第 1 項。申出は不要）

③高度プロフェッショナル制度適用者で 1 週間の健康管理時間（→171 頁）が 40 時間を超えた時間が月に 100 時間を超えた者（労安衛法 66 条の 8 の 4 第 1 項，労安衛則 52 条の 7 の 4 第 1 項）

です。

①②に対する面接指導を実施するため，事業者は，労働時間の状況を把握しなければなりません（労安衛法 66 条の 8 の 3。→スポットライト「『労働時間の状況の把握義務』」）

事業者は，上記面接指導の結果に基づき，医師の意見を聴き，必要があると認めるときは，当該労働者の実情を考慮して，法所定の措置を講ずるほか，当該医師の意見の安全衛生委員会等への報告などの適切な措置を講じなければなりません（労安衛法 66 条の 8 第 4 項・5 項・66 条の 8 の 2 第 2 項・66 条の 8 の 4 第 2 項）。

スポットライト

ストレスチェックとその後のプロセス

事業者は，常時使用する労働者に対して，医師，保健師等による心理的負担の程度を把握するための検査（ストレスチェック）を行わなければなりません（労安衛法 66 条の 10 第 1 項。労安衛則 52 条の 9）。

検査結果は，検査を実施した医師，保健師等から直接本人に通知され，本人の同意なく事業者に提供してはなりません（労安衛法 66 条の 10 第 2 項）。検査の結果，一定の要件に該当する労働者から申出があった場合，医師による面接指導を行わなければなりません。このとき，事業者は，当該申出を理由として労働者に対し不利益な取扱いをしてはなりません（同条 3 項）。

事業者は，上記面接指導の結果に基づき，医師の意見を聴き，必要があると認めるときは，当該労働者の実情を考慮して，就業場所変更，作業転換，労働時間短縮，深夜業回数減少等の措置を講ずるほか，当該医師の意見を安全衛生委員会等に報告するなど適切な措置を講じなければなりません（同条5項・6項）。

（2）　労働災害に対する救済

　労働災害が発生しないように対策を講じることが必要なことはいうまでもありませんが，実際には，労働者が業務に従事中に事故に巻き込まれ，ケガや病気となる場合があります。こうした場合，以下でみるように，労働者は3つのルートで，救済を求めることができます。

　まず，使用者に損害賠償を求めるルートがあります（→211頁）。歴史的にみてこのルートは従来から存していましたが，損害賠償請求が認められるには，使用者の故意・過失が必要で（過失責任主義），それを労働者が立証するには困難を伴いました。

　こうした状況への対応として，使用者の労災補償（労基法上の災害補償）が設けられました。このしくみのもとでは，使用者に故意・過失が認められなくても使用者は災害補償責任を負います（無過失責任）。その意味において，労働者保護が進んだといえますが，使用者に資力がない場合には補償を受けられないこともありえます。

　こうした課題を克服する制度として設けられているのが，労災保険（労災保険法）です。

　このように複数の救済ルートがあり，その中から選択できる点（事実上，損害賠償か労災保険給付。両方を利用することも可能です。両者の調整については→213頁）は，日本の労働災害に対する救済の特徴といえます。

以下，（ア）労災保険，（イ）災害補償，（ウ）損害賠償，の順でみていきましょう。

（ア） 労災保険

■基本的枠組み

労災保険制度は，業務上の事由，2以上の事業の業務を要因とする事由，または通勤による傷病等に関し必要な保険給付等を行う国の制度です。これらの災害を被った労働者またはその遺族に対し，政府から給付がなされます。労災保険制度は労働者を使用するすべての事業に適用されます。

費用は，<u>事業主の負担する保険料</u>によって賄われます。保険料率は，事業の種類を基礎としたうえで，個々の事業ごとの収支率に応じて，最大40%の範囲内で増減します（メリット制）。保険給付額等が増えると保険料率が高くなり，他方で保険給付額が少ないと保険料率が下がります。このしくみは，労働災害の場合の損害賠償責任・補償責任を事業主が負うというしくみの延長上にあるといえますし，また，各事業主の労働災害防止へのインセンティブに働きかけるものともいえます（実際に労働災害の発生が防止されているかは随時検証する必要があるでしょう）。

労災保険給付は，被災労働者またはその遺族が所轄の労働基準監督署長に請求し（労災保険法12条の8第2項等，労災則12条等），当該労基署長が労災保険給付の支給・不支給決定を行います（労災則1条3項）。その決定に不服のある者は，労災保険審査官に対して審査請求をし，その決定に不服のある者は，労働保険審査会に対して再審査請求をすることができます（労災保険法38条1項）。労働者は，労災保険審査官の決定を経た後，処分に関する取消訴訟を提起することができます（同法40条）。使用者については，処分に関する取消訴訟を提起することはできない一方，支給決定がなされるとメリット制により保険料が増額されることになり負担増となります。

そうしたことから，メリット制の適用を受ける事業主が保険料認定決定に不服を持つ場合，当該決定に対する不服申立て等に関して，

- ・労災保険給付支給処分の支給要件非該当性を主張することは可能である
- ・労災保険給付支給処分の支給要件非該当性が認められた場合には，その当該支給処分が保険料に影響しないよう，保険料を算定し直す
- ・労災保険給付支給処分の支給要件非該当性が認められたとしても，そのことを理由に当該支給処分は取り消されない

とされています[3]。

スポット
ライト　　　　　　　　　　　　　　　　　　　　　　　　特別加入制度

　労災保険法上の労働者は，労基法上の労働者（→32 頁）と同じであると考えられ，労災保険制度は労基法上の労働者を使用するすべての事業に適用されますが，このほかに，労災保険制度には，特別加入制度が設けられていて，労基法上の労働者ではないけれど労働者に準じて保護すべきものなど一部の者について，任意で，特別に加入を認めています（労災保険法 33 条以下）。

　特別加入の対象者は，

①中小事業主およびその事業に従事する労働者以外の者（役員等）
②労働者を使用しないで所定の事業を行う一人親方その他の自営業者（大工等の建設業の一人親方，個人タクシー業者，貨物運送事業を行う者〔フードデリバリーサービスのライダーなど〕，創業支援等措置に基づく事業者〔→256 頁〕）およびその者が行う事業に従事する労働者以外の者（家族従事者等）

---

3) 「メリット制の対象となる特定事業主の労働保険料に関する訴訟における今後の対応について」（令和 5 年 1 月 31 日基発 0131 第 2 号〔労働法律旬報 2030 号 52 頁参照〕）。

③特定作業従事者（芸能従事者，アニメーション制作作業従事者，IT
フリーランス）

④海外派遣者

です（フリーランス法の施行以降は，特定受託事業者も対象となります）。

①②③の場合，労基法上の労働者の場合と異なり，保険料は通常，①②③の者の負担となります[4]。

特別加入のようなしくみは，労基法上の労働者とはいえない者に対するサポートの方法として，他の分野でも応用がきくかもしれません。

■ 労災保険給付 ──────────────────────────

● 保険給付の内容

☑ 使用者の災害補償責任の範囲を超えて支給対象とされる場面を確認しましょう。

労災保険制度における保険給付は，①業務災害に関する保険給付，②複数業務要因災害に関する保険給付，③通勤災害に関する保険給付，④二次健康診断等給付，があります。

(a) 業務災害に関する保険給付

労働者が業務上の事由による負傷，疾病，障害，死亡等の業務災害にあった場合，保険給付が支給されます（労災保険法7条1項1号）。

この保険給付の種別は，①療養補償給付（治療費，入院費などをカバー），②休業補償給付（給付基礎日額〔保険給付の算定基礎となる日額〕の60％[5]），③障害補償給付，④遺族補償給付，⑤葬祭料，

───────────────────────────────

4) ②③について，政府との関係では，②③の者の団体が事業主とみなされ（労災保険法35条1号），保険料納付義務を負います。保険料の実質的負担については，②③の団体と②③の者との間で決められます。

5) このほか，20％が特別支給金として支給されます（計80％）。

⑥傷病補償年金，⑦介護補償給付です（同法 12 条の 8 第 1 項）。

(b) 複数事業労働者に関する保険給付

（ⅰ）複数業務要因災害に関する保険給付　　事業主が同一人でない 2 以上の事業に使用される労働者のことを複数事業労働者といいます（労災保険法 1 条）。

複数事業労働者が単独の事業主のもとで労働災害を被った場合には，(a)の業務災害に関する保険給付を受給することができます。

これに対して，従来は，単独の事業主のもとでの業務上の負荷（労働時間，ストレス等）を評価して判断した結果，「業務上」（→207頁）と認められなければ，複数の事業主のもとでの業務上の負荷を足し合わせるとその負荷が強いといえるような場合であっても，労災不認定とされてきました（これは，使用者の災害補償責任をベースとした労災保険法の性格を示すものといえます。同法 12 条の 8 のほか，労災保険法の名称〔労働者災害補償保険法〕も参照してください）。しかしこのような取扱いについては，働き方が多様化し，複数の会社で働く人が増えてきている中で，課題として認識されていきました。そこで，2020 年に労災保険法が改正され，複数の事業の業務を要因とする傷病等についても労災保険給付の対象となりました。こうして，労災保険制度においては，雇用保険制度等他の制度に先んじて，副業・兼業に対する法的な手当がなされました。

なお，対象となる傷病等は，脳・心臓疾患や精神障害などです。

また，複数業務要因災害に係る保険給付は，単独の事業主のもとでの業務災害と異なり，メリット制の対象となりません。

（ⅱ）給付基礎日額　　複数事業労働者の給付基礎日額は，各就業先の事業場で支払われている賃金額を合算した額を基礎として算定されます。したがって，たとえば，会社 A と会社 B で勤務する労働者が会社 A で労働災害にあった場合には，会社 A と会社 B の賃金額を合算した額を基礎として保険給付が算定されます。

この取扱いは，業務災害だけでなく通勤災害においてもなされます。

(c) 通勤災害に関する保険給付

労働者が通勤中に災害にあっても，労災補償（労基法上の災害補償）は認められません。しかし，通勤も労働者が労務遂行を行う前提として必要な行為です。そうしたことから，労災保険制度では，通勤により傷病等を被った場合も保険給付が支給されます（労災保険法7条1項3号・21条。療養給付，休業給付，障害給付，遺族給付，葬祭給付，傷病年金，介護給付。業務災害に関する保険給付と異なり，「補償」という語が使われません[6]。給付内容は，業務災害に関する給付とほぼ同じです）。

「通勤」とは，労働者が，就業に関し，

- ①住居と就業の場所との間の往復
- ②厚生労働省令（労災則）で定める就業の場所から他の就業の場所への移動（副業・兼業している場合が想定されます）
- ③①の往復に先行し，または後続する住居間の移動（所定の要件を満たすもの。例として，単身赴任者のその住居と家族の住む住居との往復）

を，合理的な経路および方法により行うことをいいます（業務の性質を有するものは除かれます）（同法7条2項）。

労働者が，これらの移動の経路を逸脱し，または移動を中断した場合，当該逸脱・中断の間とその後の移動は，「通勤」とはされません。したがって，逸脱・中断後にケガをした場合であっても，通勤災害とはならず，保険給付は支給されません（ただし，当該逸脱・中断が，日常生活上必要な行為〔診察や介護等。労災則8条〕をやむを得ない事由により行うための最小限度のものである場合は，当該逸

---

6) 複数業務要因災害の給付（20条の2）にも「補償」の語は入っていません。

脱・中断の間を除き，「通勤」とされます）（同法7条3項）。

▼ 図表13：通勤の範囲

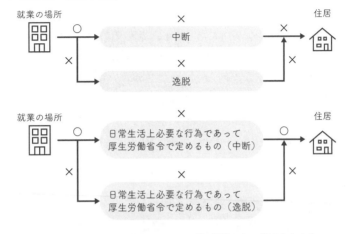

就業の場所　　　　　　　　　×　　　　　　　　　　　住居

○　　　　　中断　　　　　　　×

×　　　　　逸脱　　　　　　　×

就業の場所　　　　　　　　　×　　　　　　　　　　　住居

○　　日常生活上必要な行為であって
　　　厚生労働省令で定めるもの（中断）　○

×　　日常生活上必要な行為であって
　　　厚生労働省令で定めるもの（逸脱）　×

※ 就業の場所から他の就業の場所への
　移動，赴任先住居と帰省先住居との間
　の移動の場合も同様。

○　通勤として認められるもの
×　通勤として認められないもの

「労災保険給付の概要」🔗 をもとに作成。

なお，保険料について，通勤災害に係る保険給付はメリット制の対象となりません。

（d）二次健康診断等給付

脳血管疾患，心臓疾患に係る検査で異常の所見が生じた場合，脳血管や心臓の状態を把握するために必要な検査や，医師等による特定保健指導を受けることができます（労災保険法7条1項4号・26条）。これらの給付が二次健康診断等給付です。

（e）特別支給金，社会復帰促進等事業

このほか労災保険制度において，特別支給金や社会復帰促進等事業もなされます。賃金支払確保法上の未払賃金の立替払いもこの事業により実施されます（→149頁）。

● 業務上外認定

　業務災害に関する保険給付が支給されるには，「業務上の」負傷，疾病，障害または死亡でなければなりません（労災保険法7条）。「業務上」であるか否かが決定的な意味を持っているのです（これに対して，使用者の過失等の存否は，損害賠償と異なり問題となりません）。「業務上」であるか否かは，裁判例では相当因果関係の有無で決定するものが多くみられます。行政実務では，<u>業務起因性</u>が認められる場合に，「業務上」であると判断します[7]。

　労働者が傷病等を被ったとき，上記のように「業務上」であったか否かが判断されることになるわけですが，個別のケースにつきその判断が容易でない一方，類型的にみると「業務上」といえる場合があります。一般的に職業病といわれる場合はそれにあたります。

　業務災害に関する保険給付の対象となる「業務上の疾病」（労災保険法12条の8第2項，労基法75条2項）は，労働基準法施行規則に定められています（35条・別表第1の2）。これらについては業務と疾病との間の因果関係が医学的に一般的に認められており，特段の反証がない限りは保険給付が認められます。

● 脳・心臓疾患の労災認定

　脳出血・心筋梗塞などの脳・心臓疾患についても，対象となる「業務上の疾病」（労基則35条・別表第1の2第8号）といえる場合（その結果死亡した場合には，一般に，過労死といわれることがあります）には，労災保険給付が支給されます。

　脳・心臓疾患の労災認定については，認定基準が出されています[8]。この認定基準は，厚生労働省が策定したもので，裁判所を拘

---

7) 行政実務では，「労働者が労働関係のもとにあること」を業務遂行性と位置づけ，業務遂行性がなければ業務起因性も成立しないとしています。

8) 令和3年9月14日基発0914第1号 🔗。

束するものではありませんが，実務はこの基準に基づいて処理されており，裁判所もこれを参照したうえで業務上か否かの判断をするケースが多くみられます。したがって，この認定基準は非常に大きな意義を有しています。

以下，この認定基準をみていきます。

①長期間の過重業務，②短期間の過重業務，③異常な出来事，のいずれかの「業務による明らかな過重負荷」を受けたことにより発症した脳・心臓疾患は，業務上疾病と取り扱われます。これに対して，業務以外による過重負荷や発症の基礎となる血管病変等の自然経過により発症した場合には，労災にはなりません。

上記①「長期間の過重業務」の評価期間は，発症前おおむね6か月とされ，業務の過重性の具体的な評価は，（ア）労働時間，（イ）勤務時間の不規則性（勤務間インターバルが短い業務など），（ウ）事業場外における移動を伴う業務，（エ）心理的負荷を伴う業務，（オ）身体的負荷を伴う業務，（カ）作業環境，を検討してなされます。

労働時間については，発症前1か月間におおむね100時間または発症前2か月間ないし6か月間にわたって，1か月当たりおおむね80時間を超える時間外労働が認められる場合は，業務と発症との関連性が強いと評価できる，とされています（時間外労働の絶対的上限規制の基準〔→152頁〕を思い出してください）。

また，労働時間以外の負荷要因（前記（イ）から（カ））において一定の負荷が認められる場合には，労働時間の状況をも総合的に考慮し，業務と発症との関連性が強いといえるかどうかを適切に判断すること，ともされています。

上記②「短期間の過重業務」の評価期間は，発症前おおむね1週間とされ，（ⅰ）発症直前から前日までの間に特に過度の長時間労働が認められる場合，（ⅱ）発症前おおむね1週間継続して深夜時間帯に及ぶ時間外労働を行うなど過度の長時間労働が認められる場

合等には，業務と発症との関連性が強いと評価されるほか，労働時間の長さのみで過重負荷の有無を判断できない場合には，労働時間と労働時間以外の負荷要因を総合的に考慮して判断されます。

上記③「異常な出来事」の評価期間は，発症直前から前日とされ，(a)極度の緊張，興奮，恐怖，驚がく等の強度の精神的負荷を引き起こす事態，(b)急激で著しい身体的負荷を強いられる事態，(c)急激で著しい作業環境の変化があったかにより判断されます。

● 精神障害の労災認定

精神障害を負った場合も，対象となる「業務上の疾病」（労基則別表第1の2第9号）といえる場合（その結果自殺した場合〔→スポットライト「自殺と労災認定」〕には，過労自殺といわれることがあります）には労災保険給付が支給されますが，この労災認定についても，厚生労働省は認定基準（精神障害認定基準）を策定しています[9]。

この認定基準は，①対象疾病を発病し，②発病前おおむね6か月間に，業務による強い心理的負荷が認められ，③業務以外の心理的負荷および個体側要因により対象疾病を発病したとは認められない場合には，業務上の疾病として取り扱うこととしています。

②業務による強い心理的負荷が認められるかについては，(i)「特別な出来事」に該当する出来事がある場合には，心理的負荷の総合評価は「強」とされ，(ii)「特別な出来事」に該当する出来事がない場合には，個々のケースに応じて心理的負荷の強度が「強」「中」「弱」と評価されます[10]。

長時間労働についてみると，発病直前の1か月間におおむね160

---

9) 令和5年9月1日基発0901第2号 🔗。

10) 認定基準に評価のための表があり，その中の記載に，2023年，「顧客や取引先，施設利用者等から著しい迷惑行為を受けた」（いわゆるカスタマー・ハラスメント）や「感染症等の病気や事故の危険性が高い業務に従事した」も追加されました。

時間を超える時間外労働を行った場合等には，「特別な出来事」があったとして，心理的負荷の総合評価は「強」とされます。また，発病直前の連続した2か月間に1か月当たりおおむね120時間以上の時間外労働，または発病直前の連続した3か月間に1か月当たりおおむね100時間以上の時間外労働を行った場合には，長時間労働の「出来事」として，心理的負荷の強度が「強」とされます。

　なお，業務以外の原因により発病して治療が必要な状態にあった精神障害がその後悪化した場合，悪化の前に強い心理的負荷となる業務による出来事が認められても直ちにそれが当該悪化の原因であるとまで判断することはできないとされています[11]。ただし，

・「特別な出来事」に該当する出来事があり，その後おおむね6か月以内に対象疾病が自然経過を超えて著しく悪化したと医学的に認められる場合には，悪化した部分について業務起因性を認める

・「特別な出来事」がなくとも，悪化の前に業務による強い心理的負荷が認められる場合には，当該業務による強い心理的負荷，本人の個体側要因（悪化前の精神障害の状況）と業務以外の心理的負荷，悪化の態様やこれに至る経緯（悪化後の症状やその程度，出来事と悪化との近接性，発病から悪化までの期間など）等を十分に検討し，業務による強い心理的負荷によって精神障害が自然経過を超えて著しく悪化したものと精神医学的に判断されるときには，悪化した部分について業務起因性を認める

こととされています。

---

11)　「精神障害を発病して治療が必要な状態にある者は，一般に，病的状態に起因した思考から自責的・自罰的になり，ささいな心理的負荷に過大に反応するため，悪化の原因は必ずしも大きな心理的負荷によるものとは限らないこと，また，自然経過によって悪化する過程においてたまたま業務による心理的負荷が重なっていたにすぎない場合もある」ことから，このような取扱いとされています。

労働者が，故意に負傷，疾病，障害もしくは死亡またはその直接の
原因となった事故を生じさせたときは，労災保険給付は行われません
（労災保険法 12 条の 2 の 2 第 1 項）。ただし，業務により精神障害を
発病した人が自殺を図った場合には，精神障害によって正常の認識，
行為選択能力が著しく阻害され，あるいは自殺行為を思いとどまる精
神的抑制力が著しく阻害されている状態に陥ったものと推定され，業
務起因性が認められます（精神障害認定基準）。

（イ） 災害補償

労基法は，第 8 章「災害補償」において，療養補償（75 条），休
業補償（76 条），障害補償（77 条），遺族補償（79 条），葬祭料（80
条）を定めており，労働者が業務上傷病にかかったなどの場合には，
使用者は所定の補償を行わなければなりません。ただし，療養補償
を受ける労働者が，療養開始後 3 年を経過しても傷病がなおらな
い場合には，使用者は，平均賃金の 1200 日分の打切補償を行い，
その後は労基法による補償を行う必要はありません（81 条）。

（ウ） 損害賠償

労働災害を被った労働者（またはその遺族）は，使用者に対して
損害賠償請求を行うこともできます。法的構成としては，不法行為
構成（民法 709 条・710 条・715 条等），または，債務不履行構成（安
全配慮義務違反等。民法 415 条，労契法 5 条）があります。いずれの
法的構成を採用する場合にも，損害賠償請求が認められるためには，
過失等，上でみた労災保険給付の業務上外認定においては問題とさ
れない要件を満たす必要があります。

被災労働者またはその遺族による損害賠償請求に対して，使用者
から，労働者の性格（生真面目であることなど）が損害の発生に寄与

したとして過失相殺（民法418条・722条2項）を主張することがあります。この点については，電通事件最高裁判決[12]は，「労働者の性格が同種の業務に従事する労働者の個性の多様さとして通常想定される範囲を外れるものでない限り，その性格及びこれに基づく業務遂行の態様等が業務の過重負担に起因して当該労働者に生じた損害の発生又は拡大に寄与したとしても，そのような事態は使用者として予想すべき」であり，「労働者の性格が前記の範囲を外れるものでない場合には，……その性格及びこれに基づく業務遂行の態様等を，心因的要因としてしんしゃくすることはできない」としています。

◯ （エ）災害補償，労災保険給付，損害賠償の関係

先に述べたように，被災労働者またはその遺族はいずれの救済ルートを選択することも可能です。そのため，それぞれの救済ルートの間での調整も必要となります。

■ 災害補償と労災保険給付の関係

労災保険給付が行われるべきものである場合には，使用者の災害補償責任は免除されます（労基法84条1項）。労災保険制度の休業補償給付は，休業4日目から支給されるので（労災保険法14条1項），休業1〜3日目までは労基法上の休業補償がなされます。

■ 災害補償と損害賠償の関係

使用者が，労基法上の災害補償を行った場合には，同一の事由については，その価額の限度において，使用者の損害賠償責任は免除されます（労基法84条2項）。逆に，使用者が損害賠償を先に行った場合には，その限度で使用者の労基法上の災害補償責任は免責されることになるでしょう[13]。

---

12) 百選49・最二小判平成12年3月24日民集54巻3号1155頁。

■ 労災保険給付と損害賠償の関係 ─────────────

　労災保険給付と損害賠償との調整について明文上の規定はありません。この点については，判例[14]は，「労働者災害補償保険法に基づく保険給付の実質は，使用者の労働基準法上の災害補償義務を政府が保険給付の形式で行うものであつて，……受給権者に対する損害の塡補の性質をも有するから，事故が使用者の行為によつて生じた場合において，受給権者に対し，政府が労働者災害補償保険法に基づく保険給付をしたときは労働基準法84条2項の規定を類推適用し，……使用者は，同一の事由については，その価額の限度において民法による損害賠償の責を免れると解するのが，相当である」と判示しており，先に労災保険給付が支給された場合には，その分，使用者は損害賠償の責を免れます。このとき，過失相殺は労災保険給付との調整前に行われる（控除前相殺説）のか，労災保険給付との調整の後になされる（控除後相殺説）のか，議論がありますが，判例[15]は，控除前相殺説の立場に立っています。

　また，

- ・前払一時金の限度で使用者は損害賠償責任の履行が猶予され，被災労働者またはその遺族に前払一時金の給付がなされた場合にはその限度で損害賠償責任を免れる
- ・被災労働者またはその遺族が使用者から損害賠償（労災保険給付によって塡補される損害を塡補する部分に限る）を受けたときは，政府は，一定の基準により，その価額の限度で，保険給付

───────────────────────

13)　昭和32年2月19日法制局一発7号（厚生労働省労働基準局編『令和3年版労働基準法　下』〔労務行政，2022年〕958頁参照）。

14)　三共自動車事件・百選51・最三小判昭和52年10月25日民集31巻6号836頁。

15)　大石塗装・鹿島建設事件・百選50・最一小判昭和55年12月18日民集34巻7号888頁。

｜｜ をしないことができる

こととされています（労災保険法附則 64 条）。

　事故が第三者の行為によって生じ（<u>第三者行為災害</u>），労災保険給付がなされた場合，政府は，その給付の価額の限度で，保険給付を受けた者が当該第三者に対して有する損害賠償請求権を取得します（労災保険法 12 条の 4 第 1 項）。そして，事故が第三者の行為によって生じた場合で，被災労働者が当該第三者から損害賠償を受けたときには，政府は，その価額の限度で保険給付をしないことができます（同条 2 項）[16]。示談や和解で被災労働者が損害賠償請求を放棄した場合も，政府はその限度で保険給付を免れることになります[17]。

---

16)　第三者行為災害の場合の使用者の労基法上の災害補償責任については明文の
　　規定はありませんが，労災保険法上の取扱いと同様に取り扱われることになるで
　　しょう（厚生労働省労働基準局編・前掲注 13)958 頁以下）。
17)　小野運送事件・最三小判昭和 38 年 6 月 4 日民集 17 巻 5 号 716 頁。

変更される／処分を受ける

睦樹　1月13日

久しぶりに中学校時代の同級生と集まった。卒業して40年以上がたつ。あのころは，何をするのも一緒で，部室で馬鹿話をしたり，買い食いやジュースの回し飲みをしたりして，下着も貸し借りする仲だった。そんな仲間とも，卒業して違う学校に進んだり，大学進学や就職を機に故郷を離れたり，家族を持つようになって，少しずつ，お互いの時間や些細なことを共有する余裕が減ってきていた。しかし50代に入り，仕事に対する気力も若かったときのようにみなぎらなくなったここ数年は，顔を合わせる回数も増えてきた。今回，関西と九州で働いている内藤と高坂が出張で東京に来るので飲もう，ということになった。

乾杯の後，近況報告。金融業界で働いている内藤は，現在，子会社に出向しており，もう2年ほど大阪で単身赴任をしている。最近副社長になったようだ。

「従業員なのか経営者なのかわからん状態で，ふわふわしているよ。この後，本社に戻れるかどうかもわからないし，今の会社に転籍をすすめられるかもしれないし」

情報通信の会社に勤めている高坂は，昨年10月から福岡に単身赴任をしている。共働きの妻と娘もいて，転勤は避けたかったらしい。

「こんなにテレワークが浸透してきたのに，転勤命令だぜ。しかも，ずっと技術畑で生きてきた俺に，営業にまわられて。今一人暮らしで時間があるから，転職サイトに登録してマジで転職考えてる」

東京で働いているメンバーにも，いろいろあるようだ。役職定年になって給料がぐっと減った，介護休業を取得していたけれど休業期間が満了して困っている，病気療養中で休職している，転職した，肩たたきにあった……。

仕事，家族，そして自分自身。。自分が20代のころには，父親く

らいの世代がいろいろ悩みを抱えているなんて，想像もしていなかった。しかし今，自分がその立場にいる。

　自分も，仕事の面では，ぼちぼち，もしくはまあまあ，というレベル感で30年近く，転職もせず働いてきたが，昨年，うちの会社が外資系大手に買収されてから一変した。たまたまそのとき人事にいたのが運のつきで，最近まで就業規則の改定作業で目の回る日々を送っていた。それもようやく一息ついた，と思ったら，次は，「組織のスリム化」──いわゆるリストラ──を来月から進めるように上から言われ，頭と胸の両方を痛めている。

　「ミッドライフクライシスもしばらく続きそうだ」，「第二の人生，スタートさせないと」，「スタートの仕方がわかってたらもうスタートしてるって」……。みんなも同じようなことを考えている。人間のオリジナリティ，といっても，多くの人間の思考パターンは一定の範囲内に収まっているから，AIに勝てそうな気はしないが，こうして，共感してくれる関係があるだけでもありがたい。
「おい，睦樹，グラス空いてるぞ。次もビールか」
「そりゃそうよ」
　来月からの仕事が遠のいた感じがした。酒のせいか。友のおかげか。

　労働者は，労働契約関係において，企業組織のどこかに位置づけられ，具体的業務を行う（場合によっては行わない〔休職など〕）ことになり，そこでは，命令や処分，企業変動の影響などを受けたりします。本章では，労働者になされるこうした取扱いなどを，労働法の視点からみていきたいと思います。

（1） 人事

☑ なぜ会社からの命令に従うのか，あるいは場合によっては従う必要が
ないのか。その理屈を考えてみましょう。
☑ 「ホップ」「ステップ」を意識しましょう。

　労働契約関係において，労働者は，使用者に「使用されて労働」
し，これに対して，使用者は賃金を支払います（労契法6条参照）。

　この労働契約関係から労働者の労務提供義務が引き出されますが，
たとえば，スーパーのレジで働く労働者が，使用者から，南極で魚
釣りをしてこい，と言われても，通常，それに従う義務は当該労働
契約関係からは導き出されないでしょう。他方で，レジ担当者が対
象のミーティングに参加する義務は認められそうです。

　ここでは，使用者から労働者に与えられた指示や命令が法的に認
められるか否か，それはいったいどういう理屈でそのように言える
のかを検討していきます。

（ア） 業務命令

　使用者は，事業運営を行うにあたり，労働者に対して業務命令を
発することがあります。使用者による業務命令が適法なものである
場合，労働者はその業務命令に応ずる必要があります。

　それでは，どのような場合に，使用者の業務命令は適法または違
法となるのでしょうか。

　この点を判断するにあたってはまず，当該命令を出す権限が労働
契約上認められるか否かが問題となります。労働契約関係において
は，使用者は労働契約の範囲内で労働者に対して業務命令を発する
権限を有し，労働者は労働契約の範囲内で使用者の命令に服する義
務を負います。

　ここで「労働契約の範囲内」と書きましたが，この点，補足しま
す。

一方当事者（ここではＡとします）が他方当事者（Ｂ）に使用されること（これは労働契約の本質的要素を構成します〔労契法6条〕）には，ＡがＢの指示を受けることを含むわけですが，Ｂによる指示を事前にすべて明らかにすることは困難です。そこで両当事者間でＢがＡに対して指揮命令する権限（指揮命令権。業務命令権といわれたりもします）を有することを（多くは黙示的に）合意していると認められることがあり，それにより労働契約としての骨組みが形成されます。

　そしてこの労働契約の中身は，労働協約，就業規則，個別契約（明示，黙示の同意を含む）等によって具体的に定まってきます。その中で，指揮命令権の範囲や内容も固まってきます。

　この点が使用者の業務命令の適法性を判断するにあたっての第1チェックポイント（「ホップ」）となります。したがってたとえば，労働契約上，労働者はパソコンでのプログラム作成業務にのみ従事することとされている場合，ビルの警備業務につくよう命じる場合には，この第1チェックポイントにひっかかることになります。

　第2チェックポイント（「ステップ」）では，指揮命令権の範囲内であったとしてもそれが濫用と評価されないことが要請されます（労契法3条5項）。たとえば，必要性や合理性が認められない非常に危険な業務に従事させる命令は（このような命令は指揮命令権の範囲外と評価されえますが，仮に指揮命令権の範囲内であったとしても），指揮命令権の濫用と評価される場合がありえます[1]。

　使用者からの命令や処分はさまざまな場面で出されます。みなさんもこれから，上記の2つのチェックポイント，「ホップ」「ステ

---

1)　なお，国鉄鹿児島自動車営業所事件・百選24・最二小判平成5年6月11日労判632号10頁は，本来の業務から外し屋外での降灰除去作業に従事させる命令は違法ではないとしています。

ップ」を意識してみてください。

使用者は，事業経営の必要性の観点などから，労働者の資格や地位を上下させることがあります。ここでは，垂直方向で労働者を動かす使用者の措置についてみていきます。

■人事管理制度

先ほど「資格や地位を上下させる」と書きましたが，資格や地位を上下させるにあたっては，労働者が位置づけられるマトリックス表のようなものと，その中で労働者が動くルールのようなものが必要となります。一般に人事管理制度と呼ばれるものは，これに相当するといえます。

各企業はそれぞれ人事管理制度を有しています。どのような人事管理制度を採用するかは各企業の頭の悩ませどころですが，「職能資格制度」か「職務等級制度」，もしくはそれらの派生型・混合型を導入しているところが多いようです。ここでは，これまで多くの日本の企業において採用されてきた職能資格制度を中心にみてみましょう。

職能資格制度では，各労働者に「職能資格」が割り振られます。「職能資格」は，個人の（具体的ではなく）抽象的な職務遂行能力など，各人のストックされた経験をベースに割り当てられるものです。そのため，一般にはそれが低下することが予定されていません。各職能資格には，「主事」や「参事」といった名称が付けられることがあります。そして職能資格には基本給額が紐づけられています。

職能資格とは別に，「職位（役職）」

▼ 図表14

	職能資格	職位
9	参事1	部長
8	参事2	次長
7	参事3	課長
6	主事1	課長補佐
5	主事2	係長
4	主事3	主任
3	社員1	
2	社員2	
1	社員3	

が設けられるのが一般的です。「職位」は企業の指揮命令系統における位置づけであり，「部長」や「課長」などの名称が付されることがよくあります。ある職位は一定以上の職能資格の者の中から選ばれるなど，職位と職能資格がゆるやかに連係していることが多くみられますが，それぞれは別物です（図表14参照）。たとえば，「役職定年制度（一定の年齢に到達すれば役職から外れる制度）」を設けている場合，役職者が役職定年に達しても職能資格は下がりませんので基本給は下がりません。他方で，役職を外れると役職手当は支給されなくなるため，給料の総額は低下することがよくみられます。

職務等級制度は，職務ごとに等級が割り振られ，それにより賃金が決定する制度です。従業員の職務が変われば，賃金も変わり，低下することもあります。

■ 昇格／降格 ─────────────────────

一般に，職能資格の上昇／低下を昇格／降格といいます。

昇格は，使用者による人事考課をもとに使用者が決定するものであり，労働者には請求権は認められません（ただし，就業規則などで昇格基準が定められ，それを満たしたような場合には，昇格請求権が認められます）。

職能資格の低下の意味での降格は，前述のように，制度上当然に予定されているものではないので，就業規則等で降格についての明示の規定がある場合にのみ，使用者に降格の権限が認められます（「ホップ」）[2]。使用者に降格の権限が認められる場合であっても，それが権限の濫用と評価される場合には，当該降格処分は無効となります（「ステップ」）。

■ 昇進／降格 ─────────────────────

一般に，職位の上昇／低下を昇進／降格（降職）といいます。

---

2) アーク証券事件・東京地判平成12年1月31日労判785号45頁。

労働者の職位を上昇／低下させることは，使用者の経営戦略の根幹を担うものと考えられていて，就業規則等に規定がなくても，使用者は昇進を行う権限だけでなく降格を行う権限も有します（「ホップ」は満たされることになります）。しかしもちろん，「ステップ」の段階で，当該降格処分が濫用と評価されるものであってはなりません。

（ウ）配転

配転とは，これまでと異なる職務内容や勤務地で，相当の期間就労させることをいいます。勤務地の変更は転勤ともいいますね。

使用者による配転の命令も，①使用者は配転を命ずる権限を有するか（「ホップ」），②当該配転を命ずることが濫用と評価されないか（「ステップ」），が問題となります。

■ 配転命令権

①配転命令権の有無・範囲については，当該労働契約の内容がどのようなものと解釈できるか，が問題となります。たとえば，就業規則で「使用者は，必要がある場合には，労働者に配転（転勤）を命ずることができる」との規定があったとしても，使用者は，当然に当該労働者を遠隔地に転勤させることができるというわけではありません。労使が個別に，勤務地を限定する合意をしている場合には，その合意が優先するからです（労契法 7 条ただし書参照）。

勤務地の限定があったといえるか否かは，労働協約・就業規則や明示の個別合意のほか，黙示の合意も考慮されます。そこではさまざまな事情が考慮されます。たとえば，全国採用の総合職であれば勤務地の限定はないと考えられるのに対して，パートで働く人たちには勤務地の変更はない場合が多く，全国転勤の対象というケースは少ないでしょう。他方で，「勤務地限定正社員」といわれる人のように，正社員でありつつ勤務地が限定されている場合もあります[3]。

職務内容についても同様に，限定する合意がある場合には，異なる職務内容の就労を命じることはできません。職務内容の限定があったか否かについても，上記と同様の考慮がされます。医師，看護師などの専門技能職については職務内容の限定が認められやすいでしょう。しかし一般的には，日本の裁判例においてはこれまで職務内容の限定は簡単には認められてきませんでした。このことは，日本では雇用保障に重点が置かれてきて（解雇権濫用規制〔労契法 16 条〕参照），そのバーターとして，使用者による職務内容の変更が広く認められてきたためと説明することができそうです。しかし，労働者のキャリア形成も重要であり，それを希望する労働者もいることを考えると，黙示の合意の解釈として，職務内容の限定を認めないことがデフォルト，というのは妥当でないでしょう。個別のケースを仔細にみて，職務内容の限定があったと評価できるかを判断すべきように思われます。また，最近では，「ジョブ型正社員」と呼ばれる正社員の形態も出てきています。その内容にもよりますが，こうした人については，職務内容の限定が肯定されることが多いと思われます。

なお，使用者は，労基法上，労働契約締結に際して，就業場所・従事業務（変更の範囲を含む）を明示する義務を負っています（→82 頁）。

■ 配転命令権の濫用 ────────────────────────

②配転命令権の濫用と評価されるか否かについては，東亜ペイン

---

3) 海外転勤の場合はどうでしょうか。ケースバイケースで判断されることではありますが，世界展開している総合商社に総合職で入社した労働者に対しては，使用者は当該労働者に対する転勤命令権を有するといえる場合が多そうです。他方で，就業規則に一般的な転勤規定があったとしても，海外転勤までを予定したものではないと解釈される場合もあるでしょう。その場合は，海外転勤を命ずるには，労働者から個別に同意を得ることで対応することが考えられます。

ト事件最高裁判決[4] が重要な判断基準，すなわち，

- ①業務上の必要性がない場合

  または

- ②業務上の必要性がある場合であっても

  (a)不当な動機・目的でそれがなされたとき

  (b)通常甘受すべき程度を著しく超える不利益があるとき

等には，権利濫用になることを判示しています。

　「業務上の必要性」については，同判決は，「当該転勤先への異動が余人をもっては容易に替え難いといった高度の必要性に限定することは相当でなく，……企業の合理的運営に寄与する点が認められる限りは，業務上の必要性の存在を肯定すべきである」と述べています。会社で定期的に行われるローテーション人事についても業務上の必要性は肯定されることになります。

　「不当な動機・目的」は，たとえば，報復人事などがこれにあたります。

　「通常甘受すべき程度を著しく超える不利益」が認められるかについては，単身赴任[5] や通勤時間が増加する[6] ケースで否定した裁判例もあり，これまでは，「通常甘受すべき程度を著しく超える不利益」を，労働者本人や家族に疾患がある場合など，限定的にしか認めてこなかったといえます[7]。この傾向も，日本では雇用保障が重要な価値であるため，それを実現する代わりに，配転命令の有効性を広く認めてきたと説明することができそうです。ただしこの点も，労働者のキャリアのほか，ワークライフバランス（労契法3

---

4)　百選 62・最二小判昭和 61 年 7 月 14 日労判 477 号 6 頁。

5)　帝国臓器製薬事件・最二小判平成 11 年 9 月 17 日労判 768 号 16 頁。

6)　ケンウッド事件・最三小判平成 12 年 1 月 28 日労判 774 号 7 頁。

7)　北海道コカ・コーラボトリング事件・札幌地決平成 9 年 7 月 23 日労判 723 号 62 頁など。

条3項）が重視されるこれからにおいては変化がみられるかもしれません（なお，育児・介護休業法には，労働者の配置に関する配慮の規定が置かれています〔26条〕）。

（エ）　出向

　出向（在籍出向ともいい，後で述べる移籍出向と区別されます）とは，使用者（出向元）との間の雇用関係を維持しながら，他の事業者（出向先）の雇用管理に服することをいいます。配転は，雇用関係が使用者との関係だけで完結するのに対して，出向は，出向先の雇用管理に服する（出向先と労働者との関係は出向労働関係といわれ，労働関係〔雇用関係〕としての性質を有すると考えられています〔→23頁〕）点が配転と異なります。

スポット
ライト　　　　　　　　　　　　　　　　　　　　　　出向と労働者供給

　労働者供給とは，供給契約に基づいて労働者を他人の指揮命令を受けて労働に従事させることをいい，労働者派遣（派遣法2条1号）を含まないものをいいます（職安法4条8項）。したがって，労働者供給の概念の中には，出向が含まれることになります。
　労働者供給事業に対しては，戦前から認められてきた中間搾取などの弊害から，職安法は厳格な態度をとっており，労働組合による無料の労働者供給事業以外，労働者供給事業を行うことを禁止しています（44条・45条）。
　したがって，労働者供給の一形態である出向が，「事業」として行われることは職安法により禁止されています。「事業」として行われているといえるかについて，厚生労働省[8]は，「通常，①労働者を離職させるのではなく，関係会社において雇用機会を確保する，②経営

---

8)　厚生労働省職業安定局「労働者派遣事業関係業務取扱要領」（令和5年4月）
🔗。

指導，技術指導の実施，③職業能力開発の一環として行う，④企業グループ内の人事交流の一環として行う等の目的を有しており，出向が行為として形式的に繰り返し行われたとしても，社会通念上業として行われていると判断し得るものは少ないと考えられる」としています。

出向命令の有効性を判断する際，まず検討すべきなのは，使用者が出向命令権を有するかです（「ホップ」）。また出向は先ほどみたように，雇用関係の一部を出向先に譲渡することになるところ，民法625条1項は，「使用者は，労働者の承諾を得なければ，その権利を第三者に譲り渡すことができない」と規定しており，いかなる場合に労働者の承諾があるといえるかもあわせて問題となります。

この点については，個々のケースに即して判断されるでしょう。判例に，協力会社への業務委託に伴う出向であり，入社時と発令時の就業規則に社外勤務規定があり，労働協約にも同旨の規定があり，そこでは，出向期間，出向中の社員の地位，賃金，退職金等の処遇について出向労働者の利益に配慮した詳細な規定が設けられているという事情のもとで，個別的同意なしに出向命令を発令することができる，と判示するもの[9]があります。就業規則や労働協約上の規定が存在するほか，労働者の利益に配慮した規定が置かれている場合には，出向命令権が肯定されることが多いと思われます。

使用者に出向命令権が認められたとしても，その行使が濫用と評価されるものであってはなりません（「ステップ」）。労契法14条は，「使用者が労働者に出向を命ずることができる場合において，当該出向の命令が，その必要性，対象労働者の選定に係る事情その他の事情に照らして，その権利を濫用したものと認められる場合には，

9）　新日本製鐵（日鐵運輸第2）事件・百選63・最二小判平成15年4月18日労判847号14頁。

当該命令は，無効とする」と規定しています。労働者のキャリアなどへの配慮が要請される場合もあるでしょう[10]。

　なお，出向からの復帰に関しては，出向元が，出向先の同意を得たうえ，出向関係を解消して労働者に対し復帰を命ずるにあたっては，特段の事由のない限り，当該労働者の同意を得る必要はないと解されています[11]。

---

^{スポット}
ライト　　　　　　　　　　　　　　　　　　　　　役員としての出向

　関連会社に役員として出向するケースも多々みられます。この場合，出向先と当該労働者との間には委任関係が成立し，当該労働者が出向先の取締役などに就任する場合には会社法上の規制に服し，責任を負うことになります。このように，役員として出向する場合は，従業員として出向する場合と異なる側面も有するので，使用者は出向させるにあたっては事前に説明し，同意を得るなど，より丁寧な対応が求められます。

（オ）　転籍

　転籍（移籍出向）とは，元の会社との雇用関係を終了させ，別の事業主との間の雇用関係を成立させることをいいます。転籍の場合，元の会社との雇用関係が終了するため，労働者への影響も通常，出向よりも大きいことからすると，多くの場合，労働者の個別の同意

---

10)　裁判例には，出向先では立ち仕事や単純作業が中心で，これまでデスクワークに従事してきた当該労働者のキャリアや年齢に配慮した異動とは言いがたいとして，当該出向命令を無効としたもの（リコー事件・東京地判平成25年11月12日労判1085号19頁）があります。

11)　古河電気工業・原子燃料工業事件・最二小判昭和60年4月5日民集39巻3号675頁。

が必要となるでしょう。ただし，転籍においてもケースバイケースで判断することになり，以前から同一グループ内での転籍が頻繁に行われているような状況の場合には，転籍時の個別同意がなくても転籍が可能なケースもありうると思われます。

（カ）休職

　会社によっては，休職制度を設けていることがあります。休職とは，一定の事由が発生し，労働者が労働することができない，または適当でないとき，労働義務を免除することをいいます。

　休職制度は法律でその設置が義務づけられているものでなく，制度として置く場合には就業規則等で休職事由（傷病休職〔私傷病による休職〕など）等を定めます（労基法 89 条 10 号）[12]。

　休職は，使用者の発令により開始されるのが一般的です [13]。

　休職期間は，休職期間満了後自動退職になる制度の場合，解雇予告期間が労基法で 30 日とされていること（20 条 1 項）とのバランスから 30 日以上に設定しなければなりません。

　休職期間中の賃金については，労働者側の事由による休職（たとえば傷病休職）の場合には，無給とすることが可能ですが，有給とすることも可能です。なお，私傷病による休職期間中は，健康保険から傷病手当金が支給されます [14]。

　傷病休職などの場合，休職期間満了後も休職事由が存続している場合には，使用者による解雇または自動退職となります。

---

12) 労働者が起訴された場合に開始する起訴休職制度を設ける企業もあります（全日本空輸事件・百選 64・東京地判平成 11 年 2 月 15 日労判 760 号 46 頁参照）。
13) 判例には，精神的不調のために欠勤を続けている労働者に対しては，使用者は，必要な場合は治療をすすめたうえで休職等の処分を検討すべきであるとしたもの（日本ヒューレット・パッカード事件・最二小判平成 24 年 4 月 27 日労判 1055 号 5 頁）があります。
14) 支給額は 1 日あたり標準報酬月額の 3 分の 2，支給期間は支給を開始した日から通算して 1 年 6 か月です（健康保険法 99 条）。

そこではしばしば，休職期間満了時に復職が認められるかどうか（認められない場合には，解雇または自動退職となります）が問題になります。労働者の職種に限定がなく，他の軽易な職務であれば従事することができ，当該軽易な職務へ配置転換することが現実的に可能であったり，当初は軽易な職務に就かせれば，ほどなく従前の職務を通常に行うことができると予測できるといった場合には，復職を認めるのが相当と判断されることになるでしょう[15]。

（2） 企業変動と労働関係

配転は，企業内での労働者の地位の移動，出向そして転籍は，企業外への労働関係の（一部）移動でした。それでは，合併など，企業組織に変動があったとき，労働関係はどのようになるでしょうか。

☑ 労働者の意に反して「連れていかれる」「置いていかれる」ことはあるのか，という観点からみてみましょう。
☑ 事業再編の論理と労働者保護の論理から考えてみましょう。

（ア） 合併

▼ 図表 15：合併

合併とは 2 つ以上の会社が統合されることをいいます（吸収合併と新設合併があります。会社法 2 条 27 号・28 号）。このとき，元の会社の権利義務関係が統合された会社に包括的に承継されます。労働関係も例外ではなく，元の会社と従業員との労働関係は，合併後の会社に移行し，民法 625 条 1 項は適用されません。合併される企業が消滅しますので，「連れていかれる」「置いていかれる」は問題とならないといえ

---

15) 独立行政法人 N 事件・東京地判平成 16 年 3 月 26 日労判 876 号 56 頁など。
　こうした裁判例の判断枠組みは，賃金請求権に関する片山組事件最高裁判決（前掲Ⅲ 4 注 3)）を参照したものといえます。

ます。

　労働条件も従来のものがそのまま移行します。合併によって当然
に労働条件が統一されるのではありません。合併の前後に就業規則
の変更（労契法 10 条）の手続をとることにより，労働条件の統一が
図られることがあります。

（イ）　事業譲渡

　事業譲渡とは，事業の一部ま　　　▼ 図表 16：事業譲渡
たは全部を別の会社に譲渡する
ことをいいます。譲渡企業と譲
受企業は，労働関係を含め何を

譲渡の対象とするかを決定します。したがって，たとえばある部門
の大部分が事業譲渡される場合であっても，その部門で就労してい
た従業員が当然に譲渡の対象とされるわけではありません（ので
「置いていかれる」問題はありえます）16)。

　また，譲渡企業と譲受企業との間である従業員の労働関係が譲渡
対象とされたら当然に当該労働関係が譲受企業に移転するわけでも
ありません。当該労働関係を移転させるには，当該労働者の承諾が
必要となります（民法 625 条 1 項）。

（ウ）　会社分割

　会社分割とは，会社組織を複数に分割する会社法上の行為をいい
ます（吸収分割と新設分割があります。会社法 2 条 29 号・30 号）。

　会社分割においては，会社の権利義務は分割契約等に記載される
ことにより分割の対象となります。このルールが労働関係にも適用
されるとなると，労働者がどの部門に従事していたかや労働者の承

---

16)　裁判例として，東京日新学園事件・百選 65・東京高判平成 17 年 7 月 13 日労
　　判 899 号 19 頁（事業譲渡において，当該労働者の雇用契約関係を承継しない旨
　　の合意があったとしました）。同判決は，労働組合を壊滅させる目的等でなされた
　　合意は，公序に反し，無効であるとも述べています。

▼ 図表 17：会社分割

① 吸収分割

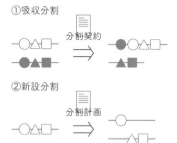

分割契約

② 新設分割

分割計画

諾の有無などにかかわらず，分割契約に記載された労働関係が分割対象になることとなります。しかしそれでは，会社は，労働者が従事していた部門に関係なく恣意的に，各々の労働契約関係につき，分割対象とするか元の会社にとどまらせるかを決定することができ，労働者の地位を不安定にすることがありえます（「連れていかれる」「置いていかれる」の両方がありえます）。そうしたことから，労働契約承継法により，労働者の一定の保護が図られています。

▼ 図表 18：労働契約の承継

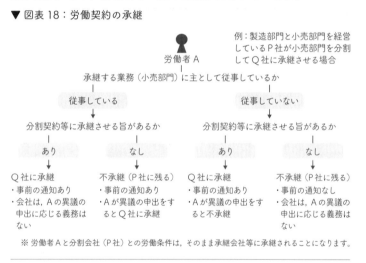

例：製造部門と小売部門を経営しているＰ社が小売部門を分割してＱ社に承継させる場合

労働者Ａ

承継する業務（小売部門）に主として従事しているか

従事している

分割契約等に承継させる旨があるか

あり

Ｑ社に承継
・事前の通知あり
・会社は，Ａの異議の申出に応じる義務はない

なし

不承継（Ｐ社に残る）
・事前の通知あり
・Ａが異議の申出をするとＱ社に承継

従事していない

分割契約等に承継させる旨があるか

あり

Ｑ社に承継
・事前の通知あり
・Ａが異議の申出をすると不承継

なし

不承継（Ｐ社に残る）
・事前の通知なし
・会社は，Ａの異議の申出に応じる義務はない

※ 労働者Ａと分割会社（Ｐ社）との労働条件は，そのまま承継会社等に承継されることになります。

「労働契約承継法 Q&A」🔗 をもとに作成。

そこでは，承継事業に主として従事する労働者（主従事労働者）かどうかが基準となります。承継事業の主従事労働者が分割契約に記載されなかったときには，異議を申し立てることができ，承継の対象となります（「置いていかれる」問題への対応）。これに対して，承

継対象として主従事労働者が分割契約に記載されている場合には，当然に承継されます）。反対に，分割対象ではない部門の主従事労働者が分割契約等に記載された場合も，異議を申し立てることができ，承継の対象から外れることが可能となっています（「連れていかれる」問題への対応）。

労働契約が承継の対象となる場合，労働条件もそのまま引き継がれます。

このほか，会社分割による労働契約の承継に関しては，労働者との協議に重要な意義が与えられています。

分割会社は，すべての事業場において過半数代表（→58頁）と協議をして労働者の理解と協力を得るように努めるものとされています（労働契約承継法7条，同法施行規則4条。「7条措置」）。また，分割会社は，承継事業に従事する労働者，および非従事労働者で承継対象となるものと，労働契約の承継に関して協議をするものとされています（商法等改正法附則5条1項。「5条協議」）[17]。

なお，会社分割に係る労働関係承継等に関しては，指針[18]が出されています。

（3）懲戒

- ☑ 懲戒処分の持つ性質から引き出される留意点を確認しましょう。
- ☑ 懲戒の場面でも「ホップ」「ステップ」を意識しましょう。

---

[17] 判例（日本アイ・ビー・エム（会社分割）事件・百選67・最二小判平成22年7月12日民集64巻5号1333頁）は，分割会社が5条協議を全く行わなかった場合，当該労働者は労働契約承継の効力を争うことができるとするのに対し，7条措置の規定違反自体は労働契約承継の効力を左右する事由にはならないとしています。

[18] 平成12年労働省告示第127号 🔗。

（ア）　懲戒処分の性質

　労働者が非行を行った場合，使用者は当該労働者に懲戒処分を行うことがあります。懲戒とは，労働者が<u>企業秩序</u>を乱したときに使用者が労働者に対して<u>制裁として行う不利益措置</u>のことをいいます。このように，懲戒は制裁としての意味合いを持つので，使用者が懲戒処分を行うにあたっては，厳格な手続が要求されます。

　使用者が懲戒を行うにあたってはまず，懲戒権が労働契約上認められることが必要です（「ホップ」）[19]。懲戒処分の制裁としての性格にかんがみて，就業規則等に明示的に定められる必要があります。後でみる懲戒事由も就業規則等に明記されている必要があります。

　また，懲戒処分が濫用的になされることは許されません（労契法15条参照。「ステップ」）。

　さらに，使用者により一方的に科される制裁である懲戒処分には刑事処分と似たような側面があるため，刑事手続と同様，一事不再理の原則（処分が確定すれば，再度手続の対象とならない），不遡及の原則（事件当時処分事由とされていなかった事柄につき，事後的に処分規定を定めて処分することは許されない）などが適用されます[20]。ま

---

[19]　懲戒権がいったい何に法的に基礎づけられるかについては学説上議論があります（固有権説，契約説など）。関連判例として，関西電力事件・百選52・最一小判昭和58年9月8日労判415号29頁，国鉄札幌運転区事件・百選88・最三小判昭和54年10月30日民集33巻6号647頁，フジ興産事件・百選21・最二小判平成15年10月10日労判861号5頁，ネスレ日本事件・百選54・最二小判平成18年10月6日労判925号11頁。

[20]　このほか判例には，懲戒当時に使用者が認識していなかった非違行為は，特段の事情のない限り，当該懲戒の有効性を根拠づけることはできないとしたもの（山口観光事件・百選53・最一小判平成8年9月26日労判708号31頁），事件から7年以上経過した後になされた諭旨退職処分について，処分時点では企業秩序維持の観点からそのような重い懲戒処分を必要とする客観的に合理的な理由を欠き，社会通念上相当とはいえないとして処分を無効と判断したもの（ネスレ日本事件・前掲注19））があります。

た，労働者に反論の機会を付与することも重要な手続です[21]。

（イ）　懲戒処分の種類

懲戒処分の種類としては，一般的に，懲戒解雇，諭旨解雇，降格，出勤停止，減給，けん責・戒告などがあります。

■ 懲戒解雇

懲戒解雇は，懲戒処分としてなされる解雇であり，懲戒処分の中で最も重い処分です。退職金を不支給とする会社も多くみられます（ただし，懲戒解雇の場合に退職金不支給とする就業規則の規定があっても，当然に退職金不支給となるとは限りません[22]）。また，懲戒解雇は普通解雇と異なり，企業秩序を乱したことによる解雇ですので，その事実は，再就職先として応募した企業にとっても重い事実となるでしょう。このように，懲戒解雇は労働者に対し非常に大きな不利益を与える措置であるため，それが認められるか否かは，特に厳格に判断する必要があります。

■ 諭旨解雇

諭旨解雇は，懲戒解雇相当の事由があるときに，依願退職を促し，労働者が依願退職をしない場合には懲戒解雇をするというものです。懲戒解雇の1つ手前，といったイメージです。退職金の取扱い（全額支給か，部分支給か，全額不支給か）は各企業により異なります。

■ 降格

降格処分が，人事上の措置（→220頁）ではなく，懲戒処分として行われることもあります。降格に相応して賃金が低下した場合は，懲戒処分としての減給（労基法91条。下記参照）にはなりません。

---

21)　ただし裁判例には，反論の機会を与えていなくても懲戒処分を有効とするものもあります。
22)　小田急電鉄(退職金請求)事件・前掲Ⅲ4注2)参照。

■ 出勤停止

　懲戒処分として，出勤停止処分がなされることがあります。この場合，出勤停止期間の賃金は無給である場合が一般的です。

　懲戒処分としての出勤停止とは異なるものとして，「自宅待機」があります。このとき，自宅での待機が業務として位置づけられるのであれば，賃金請求権は認められることになります。これに対して，法的に労務の受領拒否として位置づけられる場合には，賃金請求権の危険負担の問題として扱われます（民法536条2項。→135頁）。

■ 減給

　懲戒処分として減給処分がなされることがあります。この場合，1回（1つの事案）の額が平均賃金の1日分の半額を超え，総額（複数事案の場合にはそのすべて）が1賃金支払期における賃金の総額の10分の1を超えてはなりません（労基法91条）。

■ けん責・戒告

　けん責や戒告といった労働者を戒める処分もあります[23]。これらとあわせて始末書の提出が求められることもあります。

　これらの処分は，賃金の減額などを直接に伴うものではありませんが，人事考課の資料とされ，将来の昇格，昇進などに影響を与えることはありえます。

（ウ）　懲戒事由

　就業規則で定められる懲戒事由もさまざまなものが考えられます。ここではそのうちのいくつかについて，みてみましょう（企業批判行為については，公益通報者保護も参照→127頁）。いずれにおいても，上で述べた懲戒処分の性質から，懲戒事由該当性は限定的に解すべきだと考えられます。

23）　厳重注意処分が懲戒処分として位置づけられている場合もあります。

■ 経歴詐称 ─────────────────────────

　経歴詐称は，それが<u>重要な経歴</u>に関するものである場合は，労使間の信頼関係や使用者による当該労働者の労働力評価を損なうことになるので，懲戒事由に該当すると考えられます[24]。

■ 職務懈怠 ─────────────────────────

　無断欠勤，遅刻や早退などは，それ自体は，労働義務の不履行ですが，企業秩序を乱したといえる程度に達する場合には，懲戒事由該当性が認められます。

■ 職場規律違反 ─────────────────────

　職場規律違反としては，たとえば，暴行・業務妨害，横領や出張費・通勤手当の不正受給[25]，職場でのインターネットの私的利用[26]などがあげられます。

　これらについても，企業秩序違反が明白な場合には懲戒事由該当性が認められます。

■ 私生活上の非行 ───────────────────

　企業内での勤務時間中の労働者の行動以外についても，懲戒の対

───────────────────────────

24）　経歴の不申告も「経歴詐称」として懲戒事由に該当するかなども問題となりえます。裁判例として，パチンコ業 A 社事件・岐阜地判平成 25 年 2 月 14 日裁判所 Web（平成 23 年（ワ）第 777 号）（採用時に風俗店での勤務経験を申告しなかったパチンコ店従業員を懲戒解雇したケースにつき，懲戒事由該当性は認めつつ，当該懲戒解雇は解雇権濫用にあたるとして無効としました）。

25）　裁判例として，帝京大学事件・東京地判令和 3 年 3 月 18 日労判 1270 号 78 頁（通勤手当の不正受給，研究費の不正請求などを理由とした懲戒解雇を有効としました）など。

26）　裁判例として，K 工業技術専門学校事件・福岡高判平成 17 年 9 月 14 日労判 903 号 68 頁（業務用パソコンを使用した出会い系サイトを介するものを含む多数の私的メールのやりとりを理由とした懲戒解雇を有効としました），ノーリツ事件・神戸地判令和元年 11 月 27 日労働判例ジャーナル 96 号 80 頁（証券会社サイトの私的閲覧〔計 86 日，1 日 15〜17 分程度〕を理由とする降格処分につき，いささか重きに失するとして無効としました）など。

象になるのでしょうか（最近では，SNS の投稿なども問題となります）[27]。この点については，労働者の私生活上の行動であっても，企業の信用を低下させ，企業秩序を侵害したといえる場合には，懲戒事由該当性は認められるでしょう。

判例には，労働者の行為（他人の居宅への侵入）は，私生活の範囲内で行われたものであった，当該労働者の受けた刑罰が少額の罰金刑にとどまった，当該労働者は社内で指導的地位になかったなどの諸事情を勘案して，当該労働者の行為が会社の体面を著しく汚したとまではいえないとして懲戒解雇を無効としたもの[28]があります。

■ 副業・兼業 ────────────────

従来，副業・兼業を就業規則で禁止し，懲戒事由として定めていた企業は少なくありませんでした。しかし裁判所はその当時から，勤務時間以外の時間については私生活上の行為であることなどを考慮して，副業・兼業禁止規定を限定解釈するなどしたうえで結論を導いています[29]。厚生労働省の「モデル就業規則」🔗 は，2018 年に改訂され，副業・兼業原則禁止の規定が削除され，新たな規定が設けられました。

───────────────────────────

27) 最近の裁判例として，札幌国際大学事件・札幌地判令和 5 年 2 月 16 日労判 1293 号 34 頁（SNS への投稿が，一般の読者の普通の注意と読み方を基準とすれば，当該学校法人や大学に関する事実を摘示するものとは認められず，社会的評価を低下させたとはいえない，内部情報の漏洩についても当該学校法人において禁じられていたものであるとは認められないとして，懲戒事由該当性を否定しました）。

28) 横浜ゴム事件・百選 59・最三小判昭和 45 年 7 月 28 日民集 24 巻 7 号 1220 頁。

29) 小川建設事件・東京地決昭和 57 年 11 月 19 日労判 397 号 30 頁，A 大学事件・東京地判平成 20 年 12 月 5 日判タ 1303 号 158 頁など。

会社をやめる

Ⅲ

9

那都　2月1日

「店長の大志さんが，年末からずっと休職してるんだって」

　デリバリーから帰ってきた俊が，黒い大きな角ばったかばんをおろしながら言った。

「えっ。なんで」

「わかんない。タクシーの中で倒れたって。大志さん，別の店の店長もかけもちしてて忙しかったみたいだからね。労災かもしれない」

「ふーん」

　俊の話，気になるといえば気になるが，正直なところ，今，この話に向き合う余裕はない。

　去年，うちの会社の株式の過半数を外資系の同業企業が取得した後，吸収合併された。この間，国内事業の見直しも積極的に行われ，私の所属するセンサーの開発部門が縮小されることになった。日本国内での開発スピードが国内外のライバル会社と比べて遅いことが理由だと説明された。

　そして今日，部長面談があり，退職パッケージの説明を受けた。3月末までにそれを受諾する場合には，通常の退職金プラス1年分の割増しと，転職支援会社のスキルアップ講座などを無料で利用できるというのがその内容だ。退職パッケージを受け入れなかったら，もっと踏み込んだ退職勧奨だろうか。それとも解雇される？　部長は先のことは明確には言わなかったけれど。部長のこういう退職勧奨の進め方，マニュアルか何かに沿ったものなんだろうな。

　突然こんなふうに話をされたら，退職を受け入れるしかなさそう，とも思うが，一方で，でもどうして，とも思う。今の外資系会社は日本国内で相当の営業利益をあげているだろうし，私も開発部門に限定して採用された記憶もない。外資系企業だから仕方ない，って言われるのかもしれないけれど，でもずっと日本で働いてきたんだし，日本

の会社は，雇用が保障されているんじゃないの。今は自分の置かれた状況を，飲み込めないし受け入れられない。

　あと気になったのは，部長が雑談っぽく，会社に関するSNS上の書き込みを外部委託して調査しているってことを話してたこと。私のこと，ばれているんだろうか。ダブルワークもばれてるかもしれない。

「俊，ちょっと話があるんだけど」

「え，何？　今からまたデリバリーに行くとこなんだけど。急ぎの用？」

「ううん，いい。相談事があるんだけど，急ぎじゃないから，また今度話すよ」

「わかった。じゃあ，いってくる」

「いってらっしゃい」

　いろいろ俊に相談したいんだけど，彼もダブルワークでとても忙しそう。声をかけるのも気を遣うことがあるくらい。最近はお互い忙しいことを理由に，話す時間を減らしてきたような気もする……。こんなふうに人生が展開するって，予想してなかったな。

　会社に入った以上，いつかはこの日がやってきます。そうです。会社をやめる（＝退職する）日です。会社をやめる（雇用関係が終了する）主なパターンとして，辞職，合意解約，解雇，定年，雇用期間の満了があります（雇用期間の満了については→15頁）。

（1） 自分からやめる──辞職

辞職とは，労働者による労働契約の一方的解約のことをいいます。

<u>期間の定めのない雇用</u>の場合には，労働者はいつでも辞職の意思表示をすることができ，2週間経過すれば労働契約は終了します（民法627条1項）。

<u>期間の定めのある雇用</u>の場合については別途規制が設けられています（→16頁）。

辞職の意思表示は相手方に到達するまでは撤回することができますが，到達後は撤回することができません。労働者が辞職の意思表示を行う際には，しっかり検討することが望まれます。

（2） 合意してやめる──合意解約

契約当事者双方が合意した場合も労働契約が終了します。労働者側から「依願退職願」が出された場合には，合意解約の申込みがなされたと評価できるでしょう。労働者側からの合意解約の申込みは，使用者側がそれに対して承諾するまでは撤回可能です[1]。

また，使用者から退職をすすめられること（退職勧奨。「肩たたき」といわれたりもします）もあります。退職勧奨を受けた者はそれに応じなくても問題ありません。退職勧奨は，退職の同意を得るために適切な種々の観点からの説得方法を用いることはできますが，勧奨される者の任意の意思形成を妨げたり，名誉感情を害したりするような言動は許されません[2]。

---

1) 判例には，部長に退職願に対する承認の決定権があるならば当該部長が退職届を受理したことをもって会社の即時承諾の意思表示がされたものと解するのが当然だとしたもの（大隈鐵工所事件・百選68・最三小判昭和62年9月18日労判504号6頁）があります。

2) 下関商業高校事件・百選69・最一小判昭和55年7月10日労判345号20頁。

「やめよう」「やめます」，そのときに

　解雇や退職勧奨など「やめさせられる」場合のほかに，近年，労働者のほうから，「やめよう」と思ったり，「やめます」と会社に伝えたりすることも増えているようにも思われます。その理由はさまざまで，残念ながら「ブラックだから」という理由もあるでしょう。他方で，スキルアップのため，起業のため，といった理由も増えているような気がします。

　そんな労働者が，「やめます」と会社に言うと嫌がらせ（「ヤメハラ」といわれたりしています）にあうのじゃないか，と不安に思うこともあるようです。

　ここで特に問題となりそうな点について，簡単にまとめます。

・辞職の扱いは上でみたとおりです。使用者の合意がなければやめることはできない，というわけではありません。また裁判例には，民法627条1項は強行規定と解されるから，それに反する就業規則や誓約書の効力には疑義があるとしたもの[3]があります。

・辞職予定の労働者に仕事を押しつける，仕事をふらない，などはパワー・ハラスメントとなり，使用者は損害賠償責任を負う場合もありえます。そんなことのない職場づくりが必要です。

・辞職の予告から退職日までの間，労働者が年次有給休暇の時季指定（→179頁）をすることがあります。厚生労働省は，解雇予告の場合についてですが，解雇予定日をこえての時季変更はできない（退職日までの年休は取得される）との解釈を示しています[4]。スムーズに業務の引継ぎができるよう，会社には，日ごろから積極的に年休の取得をすすめるとか，労働者に「退職前，会社に顔を出したくない」と思われないような環境をつくることが求められます。

---

3)　広告代理店A社元従業員事件・福岡高判平成28年10月14日労判1155号37頁。

4)　昭和49年1月11日基収5554号。

・離職証明書，離職票の交付の対応も必要です（→249頁）。

　会社にとって退職管理はとても重要です。解雇だけでなく，今後も増加していくことが見込まれる辞職等の場合も，真正面から取り扱い，対応していくことが重要となるでしょう。

（3）　やめさせられる──解雇

　解雇とは，使用者による労働契約の一方的解約のことをいいます。解雇により労働者は，賃金がもらえなくなるなど，とても大きい影響を受けます。そうしたことから，労基法などでは，解雇に関する規制が置かれています。

（ア）　解雇予告

　使用者は労働者を解雇しようとするときには，30日前までに予告する（解雇予告）か，その期間に相当する平均賃金を支払わなければなりません（解雇予告手当）（労基法20条1項）。解雇予告と解雇予告手当の組み合わせも可能です（同条2項）。天災事変その他やむを得ない事由により事業継続が不可能となった場合や，労働者の責に帰すべき事由に基づいて解雇する場合には，解雇予告等は不要です（行政官庁の認定は受けなければなりません。同条3項・19条2項）[5]。

　使用者が，労働者の責に帰すべき事由がないにもかかわらず解雇予告をせずまたは解雇予告手当を支払わずに解雇を行った場合の解雇の効力はどうなるでしょうか。判例[6]は，予告期間をおかずまたは予告手当の支払をしないで労働者に解雇の告知をした場合，そ

---

5)　なお，試用期間中の者（14日を超えて引き続き使用される場合を除く）などについては，労基法20条は適用されません（同法21条）。

6)　細谷服装事件・百選70・最二小判昭和35年3月11日民集14巻3号403頁。

の通知は即時解雇としては効力を生じないが，使用者が即時解雇に固執する趣旨でない限り，通知後30日の期間を超過するか，予告手当の支払をしたときは，そのいずれかのときから解雇の効力が生ずる，としています。この判例の立場に立った場合，たとえば，店長から「もう来なくていい」と言われてその後就労しない場合（このような対応になることが多いでしょう），その日から30日経過するまでまたは解雇予告手当が支給されるまでの期間，通常，賃金請求権が認められるでしょう（民法536条2項）。

（イ）　一定期間内の解雇禁止

労基法19条は，

- ①業務災害の療養休業期間中＋その後30日
- ②産前産後休業期間中＋その後30日

について解雇を原則禁止しています（その間，解雇予告はできます）。

ただし，上記期間中の解雇禁止規制は，

- (a)療養補償（労基法75条）または療養補償給付（労災保険法13条）[7]を受ける労働者が療養開始後3年を経過してもなおらず，使用者が打切補償（平均賃金1200日分）を行った（労基法81条）[8]場合
- (b)天災事変その他やむを得ない事由のために事業の継続が不可能となった場合

---

[7]　専修大学事件・百選71・最二小判平成27年6月8日民集69巻4号1047頁。

[8]　業務上傷病にかかった労働者が，当該傷病に係る療養の開始後
(a)3年を経過した日に傷病補償年金を受けている，または，
(b)同日後において傷病補償年金を受けることとなった
場合には，当該使用者は，
(a)当該3年を経過した日，または，
(b)傷病補償年金を受けることとなった日
において，労基法81条の規定により打切補償を支払ったものとみなされます（労災保険法19条）。

には，及びません（労基法 19 条 1 項ただし書）。

（ウ）　法定理由による解雇禁止

　労基法やその他の法律には，所定の理由による解雇や不利益取扱いを禁止する規定が置かれています。すべて列挙できていませんが，以下のものがあります。

- ①属性等（性別，婚姻，妊娠，出産，産前産後休業，労働組合の組合員，労働者協同組合の組合員）
- ②使用者への求め，申出，権利行使等（パート・有期雇用労働者への説明，派遣労働者への説明，育児・介護休業関連，雇用保険確認請求等，ハラスメント相談）
- ③公的機関への申告，申請，通報等（紛争解決援助の求め，公益通報，労基法違反，労安衛法違反，じん肺法違反，最賃法違反，賃金支払確保法違反，技能実習法違反）
- ④公的職務の活動等（裁判員，検察審査員，消防団員）

（エ）　解雇権濫用規制

　以上のように特定場面での解雇規制があるほか，労契法 16 条は「解雇は，客観的に合理的な理由を欠き，社会通念上相当であると認められない場合は，その権利を濫用したものとして，無効とする」と規定し，一般的な解雇規制が置かれています。これは判例法理 [9] を条文化したもので，解雇権濫用規制といわれます。

　解雇がなされた場合，この解雇権濫用規制に従って解雇が有効か否かを判断します。就業規則に列挙された解雇事由も重要な考慮事情となります。解雇の有効性については，ケースバイケースで判断されますが，これまでの裁判例から一定の方向性が引き出せます [10]。

---

9)　日本食塩製造事件・最二小判昭和 50 年 4 月 25 日民集 29 巻 4 号 456 頁など。

10)　社会的相当性の判断を厳格に行った判例として，高知放送事件・百選 72・最二小判昭和 52 年 1 月 31 日労判 268 号 17 頁。

能力不足を理由とする解雇をみてみると，新卒採用で総合職に採用された者について，ある部署での仕事で一定の成果を出せなかったからといって即解雇することは解雇権濫用規制に抵触する可能性があります。解雇する前に，指導したり他の業務に就かせることが可能かなどを検討したりして，それでもなお改善が見込めないといった状況にあることが必要とされる場合が多いでしょう[11]。

　これに対して，中途採用で職務が限定され，一定のパフォーマンスを当初から要求されていたにもかかわらず，それを達成できなかった場合には，配置転換などをしなくても解雇有効と判断されることもあると思われます[12]。

　就業規則には，能力不足のほか，職場規律違反，整理解雇などが解雇事由として定められることが多くみられます。

┌（オ）　整理解雇

　使用者は，労働者の事情ではなく，経営上の事情を主たる理由として解雇を行うこともあります。使用者による経営上の理由による解雇を一般に，整理解雇といいます。

　整理解雇についても，解雇権濫用規制（労契法16条）が適用されます。整理解雇については，それを前提として，これまでの裁判例の蓄積[13]から，以下の4つの事情を考慮して解雇の有効性が判断されています。

　第1は，人員削減の必要性です。これについては，倒産必至という状況までは必要でないと考えられています。

　第2に，解雇回避のために努力を尽くしたか，という点です（解

11）　セガ・エンタープライゼス事件・東京地決平成11年10月15日労判770号34頁参照。

12）　フォード自動車事件・東京高判昭和59年3月30日労判437号41頁参照。

13）　代表的裁判例として，東洋酸素事件・百選74・東京高判昭和54年10月29日労判330号71頁。

雇回避努力）。具体的には，人員削減の必要性が認められるとして
も，労働者にとって影響の大きい解雇という手段を回避するために，
他の手段（配転，出向，時間外労働の削減，新規採用の抑制，有期雇用
労働者の雇止め，希望退職の募集など[14]）をとったかが考慮されます
（これらの手段をすべて講じることが必要不可欠というわけではなく，ど
のような解雇回避努力をしたかを総合考慮します）。職務内容や勤務地
を限定した労働者の場合，使用者の配転命令権が制約されているた
め，これらが限定されていない労働者と比べて，配転による調整の
可能性は低くなるでしょう。その結果，解雇回避の選択の幅が相対
的に狭まることも考えられます。このほか，解雇の打撃を軽減する
ためにどのような措置がとられたかも問題となるでしょう。

　第3に，人員削減の必要性があり，解雇回避努力を尽くしても
なお解雇せざるを得ない状況において，解雇される者の選定が合理
的になされたかが問題となります（被解雇者選定の合理性）。使用者
の恣意的な判断で被解雇者を選定することは適切ではありません。
「勤勉さ」などの基準は使用者の恣意的な判断が入り込む余地が小
さくありません。他方，欠勤日数，遅刻回数などは客観的で使用者
の恣意的判断が入り込む余地が小さい基準といえます。

　第4に，手続の妥当性が考慮されます。労働組合との協議は，そ
れが労働協約で定められている場合はもちろん，定められていなく
ても，信義則上，実施することが要請されているといえます。

（カ）　解雇権濫用の効果

　客観的に合理的でない，または，社会通念上相当でない解雇は，
解雇権の濫用として，「無効」となります。解雇「無効」というの
は，解雇がなされなかったのと同じ状態にあるということになりま

---

14)　場合によっては，変更解約告知（使用者による労働契約内容の変更の申出と
　　それが受け入れられない場合に解雇すること）もありうるでしょう。

す（裁判では，地位確認請求が認容されることになります）[15]。

（キ）　解雇期間中の賃金

使用者による解雇が無効のとき，労働者は解雇されてから使用者の帰責事由により労務の提供が不能であったといえ，その間の賃金請求権が原則認められます（民法 536 条 2 項）。

それではたとえば，X さんが A 社による解雇の後 B 社でのアルバイトで収入（中間収入）を得ていた場合，A 社は，支払うべき賃金から B 社での中間収入を控除することができるでしょうか。

民法 536 条 2 項後段は，「債務者〔労働者〕は，自己の債務を免れたことによって利益を得たときは，これを債権者〔使用者〕に償還しなければならない」と定めているところ，①中間収入は償還の対象になるか，②償還対象はどの範囲か，③償還方法として，賃金からの控除は可能か（労基法 24 条の全額払いの原則〔→141 頁〕との関係），が問題となります。

これについては，

- ①副業的なものであって解雇がなくても当然に取得しうる等特段の事情がない限り，償還の対象となる
- ②労基法 26 条（休業手当）との関係から，平均賃金の 6 割を超える部分がその範囲となる
- ③決済手続を簡便にするため，賃金から控除することは可能

とされています[16]。

---

15)　解雇された労働者の救済方法に関しては，金銭解決制度の導入に関する議論もなされています。

16)　米軍山田部隊事件・最二小判昭和 37 年 7 月 20 日民集 16 巻 8 号 1656 頁，あけぼのタクシー事件・百選 77・最一小判昭和 62 年 4 月 2 日労判 506 号 20 頁。

（4） 定年と高齢者雇用

（ア） 定年制の位置づけ

✅ 定年制を禁止している国があります。定年制の何が問題とされているのか，考えてみましょう。

　一定の年齢に達した場合に雇用関係が終了する制度が設けられることがあります。これを一般に定年制といいます。日本の多くの企業で定年制が導入されています。

　定年制には，一定年齢に達した場合に，自動的に雇用関係が終了する定年退職制と，使用者が労働者を解雇する定年解雇制とがあります。なお，定年制は一般に，一定年齢までの期間の定めのある契約とは考えられていません。

　定年制の導入は，使用者に義務づけられていません。ただし，導入する場合には定年は60歳以上に設定する必要があります（高年法8条）。

　ところで定年制は，一定の年齢に達すれば，そのことのみを理由として，強制的に当該労働者を企業から退出させる制度です。このことから，定年制は，年齢を理由とする差別であり，法的に許されないとはいえないでしょうか。

　アメリカでは年齢差別禁止法が存在していて，定年制は原則禁止とされています。これまでの日本の議論では，定年制は定年までの雇用を保障する機能を果たしてきたこと，また，高年齢労働者が企業を退出する代わりに若年者が参入することができるということなどから，定年制は一般的には有効であると考えられています。しかし日本においても，雇用保障を支える考え方や実務上の取扱いなどが変容していくと，定年制の「立ち位置」も変わっていくかもしれません。定年制の将来や年齢差別禁止の考え方は，労働法を学ぶみなさんに考えてもらいたいテーマの1つです。

（イ）　60 歳からのしくみ

■ 高年齢者雇用確保措置

　60 歳以降の労働者のライフコースはどのようになるでしょうか。

　高年齢者雇用安定法は，65 歳未満の定年を定めている事業主に対して，65 歳までの雇用に関して，

- ①定年の引上げ
- ②継続雇用制度 [17] の導入（定年後有期雇用により雇用を継続する制度）の導入
- ③定年制の廃止

の高年齢者雇用確保措置のいずれかの措置をとることを義務づけています（9 条 1 項）。

■ 継続雇用制度

　それでは高年齢者雇用確保措置を実施していない企業は，法的にどのように扱われるでしょうか。

　高年齢者雇用安定法は，同法 9 条 1 項違反の事業主に対し，指導・助言（10 条 1 項），勧告（同条 2 項），公表（同条 3 項）のしくみを用意していますが，私法上の効力については定めていません。

　こうしたことから，①②③のいずれの措置も実施していない企業にそのうちのいずれかを実施したこととするような効力を高年齢者雇用安定法 9 条 1 項に認めることは難しいと思われます。

　このほか，継続雇用時における待遇についてもさしあたり 3 点，確認しておきましょう。

　①継続雇用時には有期雇用となるため，パート有期法 8 条・9 条との関係をおさえておく必要があります（→20 頁・21 頁）。

　②継続雇用時の仕事内容や待遇が定年前のそれと比較して大きく

---

17)　当該企業以外に，グループ企業が引き続いて雇用する場合も含まれます（高年法 9 条 2 項）。

異なる（待遇については大きく引き下げられる）とき，ケースによっては損害賠償請求が認められることがあります[18]。

③②とも関係しますが，60歳以後の賃金が60歳時点の75%未満となり，その他所定の要件を満たす場合には，雇用保険制度から高年齢雇用継続基本給付金（高年齢雇用継続給付〔→258頁〕の1つ）が最大15%（2025年4月から最大10%）支給されます。

（5） 退職時の手続

（ア） 退職時の証明

労働者が退職する場合，労働者が，期間，業務の種類，地位，賃金，退職事由（解雇理由も含む）について証明書を請求した場合においては，使用者は遅滞なく証明書を交付しなければなりません（労基法22条1項）。労働者が解雇予告された場合，退職日までの間に労働者が解雇理由について証明書を請求した場合には，使用者は遅滞なく証明書を交付しなければなりません（同条2項）。

（イ） 労働保険・社会保険の手続

雇用保険の基本手当（→258頁）を受けようとする場合は，管轄公共職業安定所（住所・居所を管轄する公共職業安定所〔ハローワーク〕）に出頭し，離職票を提出しなければなりません（雇用保険法施行規則19条1項）。この離職票は，原則，

├①被保険者資格の喪失について確認がなされ，
├②離職証明書の提出があった

場合に，事業所の所在地を管轄する公共職業安定所長が交付します（雇用保険法施行規則17条1項。事業主を通じて交付することもできま

---

18) 労働者による損害賠償請求を認容した裁判例として，トヨタ自動車事件・名古屋高判平成28年9月28日労判1146号22頁，九州惣菜事件・百選79・福岡高判平成29年9月7日労判1167号49頁。

す。同条 2 項)。

　こうした手続が進められることもあり，事業主は労働者が離職により被保険者でなくなった場合，その日の翌日から起算して 10 日以内に，被保険者資格喪失届に離職証明書を添えて提出しなければなりません（雇用保険法 7 条，同法施行規則 7 条 1 項）[19]。

　事業主がこれらの手続を行わない場合，罰則の適用もありえます（雇用保険法 83 条）。なお，事業主がこれらの手続を行わない場合でも，離職者の請求により，離職票の交付を受けることが可能です（雇用保険法施行規則 17 条 1 項 3 号・3 項）。

　健康保険・厚生年金保険についても，事業主は健康保険組合・年金事務所に被保険者資格喪失届を提出しなければなりません[20]。

---

19)　年金事務所を経由して提出することも可能です（同法施行規則 7 条 2 項）。

20)　健康保険法 48 条・204 条 1 項，同法施行規則 29 条 1 項，厚生年金保険法 27 条・100 条の 4，同法施行規則 22 条 1 項・97 条。公共職業安定所経由での提出も可能です（健康保険法施行規則 29 条 2 項，厚生年金保険法施行規則 22 条 2 項）。

再び仕事につく

　配達から戻ってシャワーを浴びた後，冷蔵庫から缶ビールを出し，テレビをつける。プロ野球のニュースを見ようと思ったが，もう終わったようで，明日の，いや今日の天気予報をしている。今日も夜のニュースは見られなかったな。缶のタブを片手で引き，もう片方の手でテレビの音量を下げる。最近テレワークではなくなって出社するようになった那都が隣の部屋で寝ている。彼女もここのところ元気がない。

　今日，これまで働いていた塾をやめてきた。大学2年のときから働き始め，大学3年のときに正社員になってほしいと言われ，そのまま専任講師になり，20代で校舎長まで任された。

　校舎長になると，管理的な仕事が増えてきた。自分にとって特にきつかったのは，生徒の親対応。子どもの受験に親が必死なのはよくわかるが，クレーム対応に時間がとられる。受験生の背中を押すのが仕事なのに，怒れる親御さんの背中を押してしまい，受験サイトの掲示板に校舎名と自分のイニシャルが載っていたと職員から聞いたとき，俺がこの場にいないほうがうまくいくんだ，と思ってしまった。

　本部の上司に退職の意向を伝えると，慰留もされたが，まあ仕方ないよね，という雰囲気だった。そしてその際，「就業規則の内容をまとめたものだけど」と言われて，1枚の紙を示された。そこには，同業他社には2年間就職または開業をしないこと，そして，それが判明した場合には退職金を返還すること，が書かれていた。もやっとしたけれど，もう退職すると言った手前，引くに引けず，その場でサインした。

　気がつくとビール缶は空になっていた。ぐっと握り，へこんだ缶を見て，自分みたいだと思った。

同業他社に転職することができないってことになると，自分のスキルも活かせないし，転職先を一から考え直さないといけない。それだけ，定職を持たない期間が長くなってしまう。これって，ジョブとかリスキリングとか言われて，個人のスキルが重要な世の中で，時代遅れなんじゃないの，と思うが，人生 100 年時代，ちょっと新しい世界を見てみるいいきっかけだな，と自分に言い聞かせる。

　2 本目のビールに口をつける。テレビには，求人サイトの CM が流れている。この時間帯，自分のように仕事を探している人が多いんだろうか。

　「……あれ，そういえば俺の場合は，デリバリーで働いているから『失業』していない，ってことになって，失業手当もらえない？　それは経済的に痛いなあ」

　今日はビールを飲んでももやもやが離れてくれない。また転職支援会社の CM だ。いい加減にしてくれよ，仕事探しの背中を押すなよ。そう毒づきながらも，リモコンをスマホに持ち替え，「ビズコーチ」と入力してタップした。

　人生 100 年時代です。会社を退職した後，再び仕事につこうという経験を，人生で何度かすることと思います。これまでの日本型雇用システムが変わっていき，特定のスキルや能力が重視されるようになると，自ら望んでの転職やそうでないかたちでの再就職も増えてくるでしょう。この章では，再就職の場面や 65 歳以降の就業に関係するしくみや法的問題をみていきましょう。

（1） 前の会社との関係

☑ 企業秘密の漏洩を防止，労働者の転職の自由，社会一般の利益のすべてを満たす着地点が見つかるといいのですが……。

（ア） 秘密保持

■ 契約上の義務

　転職しようか，というとき，今の会社に勤めながら転職活動する人も多いことと思います。そうした場合，今の会社で培ったスキルやノウハウ，場合によっては，営業情報などを活用して転職したいと思うこともあるかもしれません。しかし果たして，そういったものを転職先で利用することは可能なのでしょうか。

　この点を考えるにあたっては，労働契約の基本を確認しておくことが必要となります。労働契約上，労働者は労働義務，使用者は賃金支払義務を基本的な義務として負っていますが，雇用契約関係が人的・継続的関係であることから，労働者・使用者それぞれが<u>付随義務や配慮義務</u>を負っています。

　そのため労働者は，在職中については，信義則上（したがって，就業規則などに明文上の規定がなくても）秘密保持義務を負うと考えられています。

　これに対して退職後については，議論のあるところです。労使間で労働者の秘密保持義務につき定めておくことが，その後の紛争防止につながるでしょう。

　以上のように，契約をベースにして，労働者に秘密保持義務違反があった場合に，使用者は損害賠償請求を行うことができます。

　秘密保持の内容は，就業規則の内容や個別契約の内容などを総合考慮して，判断していくことになります。

■ 不正競争防止法

　こうしたアプローチのほか，不正競争防止法という法律をベース

とした，より強力な対応もあります。

不正競争防止法は，「営業秘密」を「秘密として管理されている〔秘密管理性〕生産方法，販売方法その他の事業活動に有用な〔有用性〕技術上又は営業上の情報であって，公然と知られていない〔非公知性〕もの」としています（2条6項）。そして，営業秘密を保有する事業者からその営業秘密を示された場合において，不正の利益を得る目的等で，その営業秘密を使用・開示する行為（同条1項7号）などを「不正競争」として，これに対する差止請求権（3条），損害賠償（4条）などを定めています。このほか，罰則（21条。行為者が所属する法人も処罰の対象となります〔両罰規定〕。22条1項）の適用もありえます[1]。

┌─ **（イ）　競業避止** ─────────────────────────┐

以上のように，使用者は，企業秘密の漏洩を防ぐため，契約に基づき秘密保持義務を課すことや，事後的に不正競争防止法上の措置による対応を行うことなども考えられますが，秘密が漏洩してからでは遅いこと，不正競争防止法上の「営業秘密」概念には一定の制限が付されていることなどから，「秘密」ではなく「人」を捉えて，労働者の同業他社への就職を制限することによる対応が可能かが問題となります。

従業員等が同業他社で仕事に従事しない義務のことを「競業避止義務」といいます。競業避止義務は，労働関係の存続中は（このとき兼業状態となります），信義則上認められると考えられています（ただ，ケースバイケースで判断される余地はあるように思われます。午前にはスーパーA社でレジ担当，午後にはスーパーB社でレジ担当とい

---

1) 営業秘密侵害罪の場合，10年以下の懲役（2025年6月1日以後は拘禁刑）または2000万円以下の罰金（併科可。海外重罰が適用される場合は，3000万円以下の罰金），法人処罰について海外重罰が適用される場合は10億円以下の罰金となっています。

う場合など，競業避止義務違反とはいえないと評価できる場合もあるかもしれません）。

　これに対して労働関係が終了した後については，労働者の転職の自由（憲法 22 条参照）が尊重されるべきことから，信義則上当然に競業避止義務が認められるのではなく，契約上の根拠が必要と解されます。さらに，競業避止の主たる目的は企業秘密の漏洩の防止にあるところ，労働者に競業避止義務を課すことは，秘密保持義務よりも広範囲に労働者の行動を制限することになるので，合理的範囲内に限定される必要があります。その際には，制限の期間・場所的範囲，制限対象となる職種の範囲，代償措置の有無・内容等につき，会社の利益（企業秘密の保護），労働者の不利益（転職，再就職の不自由），社会的利害（独占集中のおそれ，それに伴う一般消費者の利害）の 3 つの視点に立って慎重に検討することが必要となります[2]。

（ウ）　転職・引抜き

　最近では，「1 つの企業で一生涯働く」という人生設計を立てている人は少なくなってきて，転職を視野に入れて働く人も多くなってきています。そして，転職に際しては，転職の勧誘や引抜きが行われることもあります。これらについては，個人の転職の自由の保障の観点から，引抜き行為のうち単なる転職の勧誘にとどまるものは違法とはいえませんが，引抜きが単なる転職の勧誘の域を超え，社会的相当性を逸脱し極めて背信的な方法で行われた場合には，引抜きを行った者は，不法行為責任等を負うことがあるでしょう[3]。

---

[2]　フォセコ・ジャパン・リミティッド事件・百選 27・奈良地判昭和 45 年 10 月 23 日判時 624 号 78 頁。

[3]　ラクソン事件・百選 78・東京地判平成 3 年 2 月 25 日労判 588 号 74 頁。

（2） 65歳以降の就業

　高年法は，65歳までは「雇用」の確保を求めています。これに対して，65歳を超える層については，70歳までの就業機会の確保について，多様な選択肢が整えられ，事業主に以下のいずれかの措置を制度化する努力義務が課されています（10条の2）。

- ①70歳までの定年の引上げ
- ②70歳までの継続雇用制度の導入（特殊関係事業主に加えて，他の事業主によるものを含む）
- ③定年制の廃止
- ④希望する高年齢者について，70歳まで継続的に業務委託契約を締結する制度の導入
- ⑤希望する高年齢者について，
  - (a)事業主が自ら実施する社会貢献事業
  - (b)事業主が委託，出資（資金提供）等する団体が行う社会貢献事業

  に70歳まで継続的に従事できる制度の導入

　上記①～③は雇用による就業確保，④⑤（創業支援等措置[4]）は雇用以外による就業確保です。そのため，高年齢者就業確保措置といわれています。このように，雇用以外を予定した創業支援等措置が設けられているのは，65歳以降は，年金が支給されるとともに，65歳以前と比べて就労に対する考え方などの個人差が大きくなることに配慮して，高齢者のニーズ，特性等に応じて必要なメニューを選択できるしくみが有効であるため，と説明されています[5]。

4）　導入にあたっては，過半数代表（→58頁）の同意が必要です。

5）　第201回国会参議院厚生労働委員会（2020年3月31日）小林洋司政府参考人答弁🔗。

高齢になっても，働きたい人が働ける環境を作っていくことは必要です。あわせて，実態として労働ではないかたちで就業する場合についても，高齢者の健康や安全を守るしくみの構築を考えていくことが必要です。労災保険法においては，創業支援等措置に基づき事業を行う者を特別加入の対象としています（→スポットライト「特別加入制度」）。

人生に定年はない

　65歳そして70歳までの就労・就業を可能とする措置は，高齢者の経済生活の維持と年金政策と密接に関連して構築されています。

　しかし，高齢期の就業を考えるにあたっては，法システムにおいて年齢基準を設けることのもたらす副次的影響も考慮に入れる必要があるでしょう。一定年齢（たとえば65歳）で職業生活からの引退という「ゴールライン」が引かれると，ゴールライン手前から引退モードに入り，自らの職業能力の向上を図るインセンティブを持てない（持たない）人もいるでしょう。でも，ゴールライン手前で，ゴールラインがさらに先に移動してしまったら？　そこからモチベーションを引き上げることが求められますが，いったん「ゴールライン＝引退年齢」を意識するとそれは必ずしも容易ではありません。

　高齢期にある人は，雇用や就業などの方法で社会に関わることを希望しつつも，同時に，自らの就業能力の可能性に不安を抱いているケースも少なくないでしょう。こうした中で法システムに年齢基準を設けることには，「引退」を誘導し，就業というかたちで社会と関わり続けることを難しくする側面もあるのではないでしょうか。高齢者が社会参画へのモチベーションを損なわず維持・向上させていく――ゴールを意識せずに，景色を眺めながらでも走り続けられる――ことが，高齢者の就業政策を考えるにあたって重要であるように思います。人生に定年はないのです。

（3） 求職期間と給付——雇用保険制度／求職者支援制度

（ア） 雇用保険制度

　会社をやめて失業しているとき，一定の要件を満たすと，雇用保険制度から給付を受け取ることができます。働く人たちにとってとても重要なセーフティネットです。そこで以下，雇用保険制度についてみてみましょう。

☑️　ここでは詳細に説明できませんが，雇用保険制度は，広範囲の（育児，リスキリングにも関係します）雇用政策の実現手段としての役割を担っています。

■ 基本的枠組み

　雇用保険制度は，失業等給付（求職者給付〔基本手当等〕，就職促進給付，教育訓練給付，雇用継続給付〔介護休業給付，高年齢雇用継続給付〕），育児休業給付，2事業（雇用安定事業〔雇用調整助成金等〕，能力開発事業）を行う国の制度で，労働者が雇用される事業を強制適用事業としています。

　財源については，失業等給付および育児休業給付は労働者と事業主の保険料と国庫負担で賄われ，雇用保険2事業については事業主の保険料で賄われています。

　被保険者は，一般被保険者（週の所定労働時間が20時間以上で31日以上の雇用が見込まれる者），高年齢被保険者（65歳以上の被保険者）等に分けられます。

■ 基本手当

　一般被保険者が失業（被保険者が離職し，労働の意思および能力を有するにもかかわらず，職業に就くことができない状態にあること。雇用保険法4条3項）した際に基本手当が支給されます。

　基本手当の日額は，賃金日額（離職前賃金が基礎。上下限あり）と給付率（上下限あり）によって算定されます（同法16条）。失業期間

中に自己の労働によって収入を得ている場合には，基本手当が減額されるか，または，支給されません（同法19条）。

基本手当の所定給付日数が，①倒産・解雇などによる離職者と，②それ以外の一般の離職者で異なり，全体的には，前者のほうが長く設定されています（同法22条）。自ら望んで転職したような場合には2か月の支給制限期間がかかります（支給開始が遅くなります。同法33条1項）が，倒産・解雇などにより離職を余儀なくされた人については支給制限期間はかかりません。

■ 高年齢求職者給付金 ────────────────

高年齢被保険者が失業し，離職前に被保険者期間が一定以上ある場合には，基本手当の一定日数分の一時金が支給されます。この給付金は，自己の労働による収入があっても減額されません（雇用保険法37条の3・37条の4）。

なお，複数の会社と雇用関係にある65歳以上の労働者は，申し出ることで，「マルチ高年齢被保険者」になることが可能となっています（雇用保険マルチジョブホルダー制度。現在試行中で，2027年を目途に検証されます）。この場合，2つの会社のうち1つの会社を離職した場合でも高年齢求職者給付金を受給することができます。このように，仕事のかけもちの場合（→49頁）を視野に入れた試みが雇用保険制度においても実施されています（労災保険については→204頁・205頁）。

■ 就業促進給付 ────────────────────

再就職を促進する給付も雇用保険制度に設けられています。就職促進給付には，就業手当，再就職手当，就業促進定着手当，常用就職支度手当，移転費，求職活動支援費があります（雇用保険法第3章第5節）。

（イ）求職者支援制度 ──────────────────

雇用保険の適用がない離職者や雇用保険の受給が終了した者，フ

リーランスであった者などは，雇用保険による基本手当等を受給することができません。このような人たちの雇用と生活を支えるセーフティネットとして，求職者支援制度があります。

　求職者支援事業の財源は，雇用保険料と国庫負担で賄われます。

　求職者支援制度のもとでは，雇用保険被保険者でないことや労働の意思と能力があることなど一定の要件を満たせば無料で訓練を受講できます。さらに，本人収入が月 8 万円以下，世帯収入が月 30 万円以下などの要件を満たした場合には，職業訓練受講給付金（職業訓練受講手当〔月 10 万円〕を含む）が支給されます（求職者支援法 2 条・5 条・7 条，同法施行規則 11 条 2 項）。

IV

ひとりで悩まない

翔真 4月1日

　卒業式の1週間後の今日，入社式を迎えた。事前研修で同期の新入社員には全員会っているので，緊張はしない。社長のあいさつとか，辞令の交付。たんたんと式は進んでいった。

　入社式の後，同期の知り合いと話をしていたら，先輩社員がかけよってきた。

「新入社員のみなさん，こっちこっち」

　そう言われて，会議室に連れていかれる。会議室には，自分のお金では注文しない高級そうなお弁当が並んでいた。

　席について早速，お弁当の中身が気になり，蓋を開けようとしたら，先輩社員が「事務的なお話ですが……」と切り出して，説明を始める。

「今日は，労働組合の集まりに来ていただきました。うちの会社は，ユニオン・ショップなので，社員全員に労働組合に入ってもらうことになります。組合費は，毎月支払われる基本給の1%です。組合費は，チェック・オフしたいと思っていますので，机の上の資料に必要事項を記入してください。記入してくれた人からお弁当を食べてもらってかまいません。お弁当，おいしいですよ」

　入社式からの組合の集まり，という流れに乗っかったことにようやく気づいた。でもまあ，会社の会議室を使っているんだし，全員が労働組合に入ることになっていると言っているから，怪しい団体ではないんだろう。でも組合費が月給の1%って結構な額だし，払いたくない人もいるんじゃないかな。そんな人はいったいどうなるんだろう。

「質問があります」

　後ろの席から声があがった。

「ユニオン・ショップとか，チェック・オフとか，聞いたことないので教えていただきたいのですが……」

　それは自分も気になった。

先輩社員は丁寧に説明をしてくれたが，まだよくわからない。別の先輩社員が，お弁当食べていいよ，と言ってくれたので，お弁当を食べて書類は持ち帰ることにした。お弁当は，わかりやすくおいしかった。

　帰宅すると，ダイニングテーブルに好物の料理が並んでいる。普段は家で見かけないスパークリングワインもバケツに冷やされている。
「今日は，入社式だから，お父さんも頑張って作ったぞ」
　父はそう言って自慢するが，メニューは手巻き寿司。そんなにアピールすることかとも思ったけれど，うれしさが目頭を熱くした。
　食卓を囲んで，入社式，そして組合の話をした。そうしたら母が，海苔に酢飯をのせながら，「実は，私もね」と話を切り出してきた。
「労働組合に入っているのよ。労働条件，きついし。お給料も高くないし。翔真のところみたいに会社内の組合じゃなくて，『ケアワーカーユニオン』っていう同じ業界で働く人たちが集まった組合にね。他の会社の人とも話せるし，気晴らしにもなってるのよ。だから何でも聞いてよ」
　そこから母はさらに饒舌になった。ワインのせいだけではないと思った。

　労働組合（組合）とは，労働条件の維持や向上のために労働者が組織する団体ですが，これまで接点を持ってこなかった人もいることでしょう。ここでは，労働組合とはどういうものか，日本における組合の姿や，組合に入る場面で遭遇しそうなことをみていきましょう。

（1） 日本における労働組合

☑ 日本における労働組合の現状と集団的労使関係の課題を意識してみましょう。

日本での労働組合の組織率は，現在，16.3% と過去最低となっています。企業別にみると，1000 人以上の企業では推定組織率が39.8% であるのに対し，99 人以下の企業では 0.8% です[1]。

組織形態は，企業別労働組合が大多数となっています。このほか，地域で労働者を組織する労働組合（「コミュニティ・ユニオン」と呼ばれるものなど）もあります[2]。今後，社会の発展に伴い，新たな形態の労働組合が出てくることも考えられます（なお，労組法上の組合の定義については→265 頁）。

（2） 労働組合の法的位置づけ

（ア） 憲法上の位置づけ

憲法 28 条は，「勤労者の団結する権利及び団体交渉その他の団体行動をする権利は，これを保障する」と定めており，団結権，団体交渉権，団体行動権を規定しています。このように憲法で定められている勤労者の権利の実現において，労働組合が予定されているといえます。

以下でみるように，労組法は，労働組合の定義を定めていますが，それに該当しない場合であったとしても，憲法上の労働組合として組合員は憲法上の保護を受けられることがあります（刑事免責など。本書では主として，労組法上の労働組合を取り扱います）。

---

1) 厚生労働省「令和 5 年労働組合基礎調査の概況」 [C]。
2) このほか，連合団体（企業別組合の上部団体など）もあります。なお全国中央組織として複数のナショナルセンターが組織されています。

（イ） 労働組合法上の位置づけ

労組法上の労働組合とは，

> 労働者が主体となって自主的に労働条件の維持改善その他経済的地位の向上を図ることを主たる目的として組織する団体またはその連合団体（ただし，使用者の利益代表者の参加を許すもの，使用者の経理上の援助を受けるもの〔ただし，一部の例外を除きます〕，福利事業のみを目的とするもの，主として政治活動または社会運動を目的とするものを除きます）

のことをいいます（2条）。

「労働者が主体となって」（主体性）とは，大部分が労働者であって（量的面），しかも，労働者が主要な地位を占めている（質的面）こと，すなわち，労働者が質量ともにその団体の主体とならなければならないという趣旨と考えられています[3]。

また「自主的に」（自主性）とされており，政府や使用者など外部者の支配介入を許さず，また，組合幹部の独裁によらず，組合員の総意によって民主的に組織運営されることが要請されます[4]。

さらに，団体性も要求されています。組合員が1人だけでは団体性は認められません。もっとも，使用者の介入により組合員が脱退し1人となったような場合，今後組合員が増える可能性があれば，団体性は維持されることになると思われます。

このほか，労組法上の救済（不当労働行為制度→287頁）を受けるには，労働組合は，所定の事項を規定した規約を定めなければなりません（同法5条）[5]。

---

3) 厚生労働省労政担当参事官室編『六訂新版 労働組合法 労働関係調整法』（労務行政，2015年）259頁。
4) 厚生労働省労政担当参事官室編・前掲注3)260頁。

（3）　組合に入る／組合から出る

（ア）　加入資格

　労働組合は規約により，加入資格を定める（そこで，たとえば，当該会社の正社員のみを対象としたり，パート・有期雇用労働者のみを対象としたりする）ことも可能です。

　ただし，人種，宗教，性別，門地や身分を理由として加入を認めないことは許されないでしょう（労組法5条2項4号参照）。

（イ）　脱退の自由

　労働組合からの脱退は認められるでしょうか。労働組合と当該労働組合の組合員との間で脱退を制約する合意がある場合などで問題となります。

　この点，学説も判例も脱退の自由を認めています。ある判例[6]は，「一般に，労働組合の組合員は，脱退の自由，すなわち，その意思により組合員としての地位を離れる自由を有するものと解される」としたうえで，脱退する権利をおよそ行使しないことを義務づけて，脱退の効力そのものを生じさせないとする合意は，労働者の脱退の自由という重要な権利を奪い，組合の統制への永続的な服従を強いるものであるから，公序良俗に反し，無効である，と判示しています。

（ウ）　ユニオン・ショップ協定

　それでは，ユニオン・ショップ協定（当該企業に雇用された労働者

---

5)　労組法は，上記のように自主性について定めるほか，組合員の組合運営への参与と均等取扱い（5条2項3号），差別的取扱いの禁止（同項4号），労働組合の民主的運営（同項5号〜9号）の規約への記載を求めていますが，実質的にも労働組合の民主的な運営を要請しているといえます（組合民主主義）。

6)　東芝労働組合小向支部・東芝事件・百選84・最二小判平成19年2月2日民集61巻1号86頁。

は当該組合に加入しなければならず，加入しないまたは脱退した組合員に対して当該企業は解雇義務を負うとの，労働組合と使用者との間の協定。組合の拡大強化のために締結されます）7) は有効といえるでしょうか。

この点につき，三井倉庫港運事件最高裁判決8) は，「労働者には，自らの団結権を行使するため労働組合を選択する自由があり，また，ユニオン・ショップ協定を締結している労働組合……の団結権と同様，同協定を締結していない他の労働組合の団結権も等しく尊重されるべきであるから，ユニオン・ショップ協定によって，労働者に対し，解雇の威嚇の下に特定の労働組合への加入を強制することは，それが労働者の組合選択の自由及び他の労働組合の団結権を侵害する場合には許されない」として，「ユニオン・ショップ協定のうち，締結組合以外の他の労働組合に加入している者及び締結組合から脱退し又は除名されたが，他の労働組合に加入し又は新たな労働組合を結成した者について使用者の解雇義務を定める部分は，右の観点からして，民法 90 条の規定により，これを無効と解すべきである（憲法 28 条参照）」と判示しました。この最高裁の判断は，他の組合に加入または他の組合を結成した者についての解雇義務を定める部分については無効としたわけです。

それでは，どこの労働組合にも所属しない労働者の解雇義務を定めた場合，当該合意は有効でしょうか。

これについては，憲法 28 条は積極的団結権（労働組合選択の自由を含む）を保障しているが消極的団結権（労働者がどこの労働組合にも入らない権利）までは保障していないなどと考え，当該合意は有

---

7) 厚生労働省「令和 3 年 労働組合活動等に関する実態調査」[Z] によると，ユニオン・ショップ協定を締結している労働組合の割合は 69.8% にのぼります。

8) 百選 83・最一小判平成元年 12 月 14 日民集 43 巻 12 号 2051 頁。

効とする立場のほか，同条は消極的団結権を保障するなどとして，当該合意は無効とする立場などに分かれています。有効説が多数説のようですが，無効説も強力に主張されています。みなさんにもぜひ考えてもらいたい問題です。

（4） 組合とお金

（ア） 組合費——チェック・オフ

労働組合に加入したとき，組合員は組合費を支払う義務を負います。組合員による組合費の納入にあたっては，チェック・オフ（労働組合と使用者との協定に基づき，使用者が組合員である労働者の賃金から組合費相当額を控除して，その額を組合に支払うこと）という方法が採用されている場合が多くみられます。

チェック・オフをめぐっては，①賃金全額払いの原則（労基法24条）との関係，②組合員によるチェック・オフ中止の申入れの取扱い，が問題となります。

①については，判例[9]は，チェック・オフも労働者の賃金の一部を控除するものにほかならないから，労基法24条1項ただし書の要件を具備しない限り，これをすることができないことは当然である，と判示しています。この判示については，日新製鋼事件最高裁判決（前掲Ⅲ4注11）)で，本人の自由な意思に基づく同意があれば同項本文に違反するものではないとされている（→142頁）こととの関係が問題になりそうです。

②については，判例[10]は，

・組合員がチェック・オフの受忍義務を負うものではない
　したがって

---

9)　済生会中央病院事件・最二小判平成元年12月11日民集43巻12号1786頁。
10)　エッソ石油事件・百選86・最一小判平成5年3月25日労判650号6頁。

- ・使用者が有効なチェック・オフを行うためには，チェック・オフ協定のほかに，個々の組合員から，賃金から控除した組合費相当分を労働組合に支払うことにつき委任を受けることが必要であって，この委任がないときには，チェック・オフはできないものと解するのが相当である

  そうすると

- ・組合員は使用者に対し，いつでもチェック・オフの中止を申し入れることができ，そのときはチェック・オフを中止すべきである

と判示しています。

（イ）　組合財産

　労組法に適合する旨の労働委員会の証明を受けた労働組合は，その主たる事務所の所在地において登記することにより法人となります（同法 11 条 1 項）。法人となった労働組合の財産は当該組合の単独所有となります。

　これに対し，労働組合が法人格を有しない場合，当該組合の財産は組合員の総有になると解されます[11]。この場合も，単独所有の場合と同様，組合員は財産の持分権を有しません。

---

11)　品川白煉瓦事件・最一小判昭和 32 年 11 月 14 日民集 11 巻 12 号 1943 頁，国労大分地本事件・最一小判昭和 49 年 9 月 30 日民集 28 巻 6 号 1382 頁。

IV

2

団体で交渉する

清明 4月5日

　月曜日に介護センターに行くと、レターパックが届いていた。差出人欄には「ケアワーカーユニオン」と印字されている。

　開封すると、クリアファイルの中にA4の紙が1枚入っていた。「団体交渉要求書」。なんだこれ。

　読み進めていくと、時給アップなどの要求事項が書かれている。

　ケアワーカーユニオンというのは、労働組合なんだろう。労働組合については社労士の先生から聞いていたような気がする。要求書によると、うちの従業員の何名かがこの組合に入っているようだ。

　しかし、どうして組合を通じて話をしなければならないのか。俺は、社会をよくするためにこの事業を始めた。社会をよくするには従業員も大切にする必要があるのは当たり前のことだ。労働条件に不満があるのなら、直接言ってくればいいじゃないか。

　こちらから返事をしなかったら、もう連絡はこないんじゃないか。そう思い要求書を引き出しに入れようとしたとき、電話が鳴った。ケアワーカーユニオン委員長を名乗る者からだった。

　「あんた、うちの従業員じゃないだろ。どうしてうちの従業員でもないのに口出ししてくるんだ」

　つい言葉がきつくなってしまった。しかし相手は、こうした対応はよくあることなのか、話を続けている。いらだちを抑えて、勧誘電話がかかってきたときのような対応をしていると、電話口からこれまでとは雰囲気の違う声が聞こえた。

　「社長さんのような対応、労働組合に対応したことのない会社ではよくあるんですよ。でも団体交渉を拒否していると、不当労働行為になりますよ。法律違反です。出るところに出る、っていう話になります」

　法律違反？　出るところに出る？　それは困る。

「一度事務折衝をしましょう。こちらもしっかり説明しますんで，社長さんもしっかり勉強してきてください。長い付き合いになると思います」

　そう言われて，電話は終了した。10分程度の会話だったが，ここでどうするかは今後の会社運営にとって重要なポイントだと直感した。

　これはしっかり対応しなきゃいけない。ごまかすことはできない。経営状況は決してよくないが，従業員の気持ちにしっかり向き合う必要がある。それが組合を通じてであったとしても。

　まずは社労士の先生に電話をしよう。労働法の本も読まなきゃならないな。

　憲法は団体交渉権を保障し（28条），労組法は，その目的規定（1条）において，「労働者が使用者との交渉において対等の立場に立つことを促進することにより労働者の地位を向上させること，……並びに使用者と労働者との関係を規制する労働協約を締結するための団体交渉をすること及びその手続を助成することを目的とする」と規定しています。これらのことから，集団的労使関係において，団体交渉が非常に重要な役割を担っていることがわかります。

　本章では，このような意義を有する団体交渉についてみていきます。

（1） 団体交渉義務

　労組法は，「使用者が雇用する労働者の代表者と団体交渉をすることを正当な理由がなくて拒むこと」を不当労働行為（→287頁）の1つとして禁止しています（7条2号）。そして，団体交渉のテーブルにつかない場合だけでなく，使用者が労働者の団体交渉権を尊重して誠意をもって団体交渉にあたったとは認められないような場合も，団体交渉の拒否として不当労働行為となると解されています[1]。このように使用者は，団体交渉義務を負い，その1つとして，誠実交渉義務を負います。

　誠実交渉義務の内容に関して，山形県・県労委(国立大学法人山形大学)事件最高裁判決[2]は，「使用者は，必要に応じてその主張の論拠を説明し，その裏付けとなる資料を提示するなどして，誠実に団体交渉に応ずべき義務（以下「誠実交渉義務」という。）を負」う，と判示しています。

　しかし他方，使用者には，労働組合の要求ないし主張を容れたり，それに対し譲歩をしたりしなければならない義務はありません。労使双方が議題についてそれぞれ自己の主張・提案・説明を出し尽くし，これ以上交渉を重ねても進展する見込みがない段階に至った場合には，使用者としては誠実交渉義務を尽くしたといえ，使用者は団体交渉を打ち切っても誠実交渉義務違反とはなりません[3]。

（2） 団体交渉事項

　それでは，いかなる事項が，使用者が団体交渉義務を負う事項

---

1)　カール・ツアイス事件・百選104・東京地判平成元年9月22日労判548号64頁。
2)　最二小判令和4年3月18日民集76巻3号283頁。
3)　シムラ事件・東京地判平成9年3月27日労判720号85頁参照。

（義務的団交事項）になるのでしょうか。

　組合員の労働条件などの待遇に関する事項は義務的団交事項にあたります。非組合員の労働条件はそれ自体としては義務的団交事項にあたりませんが，非組合員（労働組合にいまだ加入していない新入社員の場合など）の労働条件が組合員の労働条件等に影響を及ぼす可能性が大きく，関わりが強い事項については，義務的団交事項にあたるといえるでしょう[4]。

　生産や経営に関する事項は，労働条件などの待遇に影響がある場合には，その限りで義務的団交事項となります。

　このほか，団交ルールや労使協議手続なども義務的団交事項にあたります。

　なお，義務的団交事項でない事項について，使用者が任意に団体交渉に応じることは差支えありません。

（3）　労働協約

　団体交渉の主たる目的として，労働協約の締結があります。

　Ⅲ1（2）でみたように，労働協約は，使用者（団体）と労働組合とが労働条件や労使関係について定める合意をいい，組合員の労働条件のほか，労使関係のルール（組合員の範囲，団体交渉，組合活動・争議行為に関するルール[5]）が定められます。労働協約は，労使間の合意で一種の契約ですので，（労働条件につき規範的効力〔→60頁〕が認められるだけでなく）全体につき，契約としての効力（債務的効力といいます）が認められます。

---

4)　根岸病院事件・東京高判平成19年7月31日労判946号58頁参照。

5)　その1つとして，労働協約有効期間中には，そこで定められた事項につき争議行為を行わない義務（平和義務）が定められることがあります。

美奈　5月10日

　社長に団体交渉を申し入れたけれど，会社の対応は芳しくない。ある程度予想はしていたが，このままだとますます離職者が増えて，残った人の負担が大きくなる。

　ケアワーカーユニオンに入ったのは，もちろん，自分の労働条件を改善したいという気持ちからだけれど，もっとこの業界を魅力的なものにしたいという気持ちからでもある。介護が大切なのはみんな納得するのに，どうしてそのためにしっかり対策しよう，お金をかけようとしないのだろうか。

　洗濯をし，掃除機をかけていると，ワイドショーで，保育士さんの労働組合がストライキをしているニュースを取り上げている。掃除機をオフにして音量を上げる。普段は保育園で責任を背負いながら子どもをだっこしている保育士さん。そんな保育士さんのいろんな表情と声が届いてきた。私の気持ちは彼らにシンクロし始めた。

　番組では，続いて，「街の声」を聞いている。「子どもを預けられないと困ります」という声が続いて，コメンテーターもワイプの中で頷いている。そりゃそうだろうな……。次の人の声だけ聞いて掃除しよう……。

「保育園の仕事，大変だし，子育て共働き家族にとって不可欠です。はい，うちもそうです。でも，不可欠で休むとみんな困るからってストライキができないっていうのはちょっと違うような気がします」

　なんかうれしい。このコメント……。あれ，自分の中で何かが動き出している。気づいたら着替えて髪をまとめている。ユニオンの事務所へ行こう。いつもの電動自転車で。

　その夜，萌衣が蓮を連れて久しぶりに晩ご飯を食べにきた。翔真は知り合いと外で食べてくると連絡があった。会社の人ではなさそうだ。

「保育園で今日あっちゃんが熱を出したらしいんだけど，あっちゃんのパパにもママにも連絡がとれなくて，結局ずっと保育園の別室で預かってたみたいよ。大変だわ。保育園の先生」

「ほんと，そうよね。あ，そうそう，今日，保育士さんのストライキのニュース，ワイドショーでやってたけど知ってる？」

「そんなの，勤務時間中なんだから見られないよ」

「そうよね。それで，今日そのニュース見て，私たちもストライキをすることにしたのよ」

「え？」

夫と萌衣の驚きの声が重なった。私は自分が思ってきたこと，これからやろうとしていることを話した。ちょっと興奮していたようだ。顔が上気しているのが自分でもわかる。

2人の様子を見た。夫は口をあんぐりしている。萌衣はなぜか下を向いていた。

2023年夏に，ある百貨店で大きなストライキがあり話題となりました。ストライキなどを行う団体行動権は，憲法で保障されている（28条），非常に大切な権利です。

ここでは，団体行動の保護のしくみについてみていきましょう。

（1） 団体行動の保護

　団体行動は，①争議行為と，②組合活動の 2 つに区別されます。

　これらに関して労組法は，刑事免責（1 条 2 号），民事免責（8 条）の規定を置いて労働組合の<u>正当な</u>活動を保護するほか[1]，労働組合の<u>正当な</u>活動を不当労働行為制度（→287 頁）による救済の対象としています（7 条 1 号）。このように，団体行動として保護されるには，争議行為や組合活動に<u>正当性</u>が認められることが必要となります。反対に，正当性が認められない場合には，使用者による損害賠償請求の対象となったり，不当労働行為制度の救済の対象とならなかったりします。

（2） 争議行為

（ア） 争議行為の正当性

　争議行為とは，労働組合の要求を達成するために行われる労務不提供とその経済的圧力を維持・強化するための付随的行為をいいます。具体的な態様としては，ストライキ，ピケッティング（使用者側人員の入構や製品の出荷・営業車両の運行を阻止することなど），順法闘争，ボイコット（争議手段として，相手方の製品の不買を訴えかける行動）などがあります。

　この正当性に関しては，主体，目的，態様の観点からみていくことができます。

　主体に関して，たとえば組合員の一部が勝手に行ういわゆる「山猫スト（wildcat strike）」は，正当性が否定されます。

---

1)　労組法 8 条は，「同盟罷業その他の争議行為であつて正当なものによつて損害を受けたことの故をもつて，労働組合又はその組合員に対し賠償を請求することができない」としていますが，通説は，同条は，争議行為だけでなく組合活動についても民事免責を認めていると解しています。

目的に関しては，もっぱら政治目的の達成のためになされるストライキ（純粋政治スト）は正当性が認められません[2]。純粋な政治目的の達成は，労使間での交渉によって達成されるものではないからです。

　態様に関しては，暴力的行為がなされるものは正当性が認められません（労組法1条2項ただし書参照）。また，使用者の所有権や管理権を侵害する行為も争議行為としての正当性が認められません。

　ピケッティングに関しては，判例には，「不法に使用者側の自由意思を抑圧しあるいはその財産に対する支配を阻止するような行為をすることは許されず，これをもって正当な争議行為と解することはできない」，「また，使用者は，ストライキの期間中であっても，業務の遂行を停止しなければならないものではなく，操業を継続するために必要とする対抗措置を採ることができる」ことを指摘したうえで，「労働者側が，ストライキの期間中，非組合員等による営業用自動車の運行を阻止するために，説得活動の範囲を超えて，当該自動車等を労働者側の排他的占有下に置いてしまうなどの行為をすることは許されず，右のような自動車運行阻止の行為を正当な争議行為とすることはできない」と判示したもの[3]があります。

　ボイコットも，ストライキを維持・強化するための補助手段として実施される限りでは正当性を有しますが，虚偽事実の流布などを伴う場合には正当性が否定されることもありえます。

（イ）　争議行為と賃金

■争議行為参加者の賃金

　争議行為に参加して就労しなかった労働者については，ノーワー

---

2)　全農林警職法事件・百選5・最大判昭和48年4月25日刑集27巻4号547頁，三菱重工業長崎造船所事件・百選94・最二小判平成4年9月25日労判618号14頁。

3)　御國ハイヤー事件・百選95・最二小判平成4年10月2日労判619号8頁。

ク・ノーペイの原則により，その間の賃金請求権は認められないの
が原則となります。

■ 争議行為不参加者の賃金・休業手当 ─────────────────

● 当該不参加者の所属組合がストライキを行った場合（部分スト）

この場合，まず，賃金請求権については，ノース・ウエスト航空
事件最高裁判決[4]は，使用者は労働者が行うストライキに介入し
て制御することはできず，また，団体交渉でいかなる回答をし，ど
の程度譲歩するかは使用者の自由であるから，団体交渉の決裂の結
果ストライキに突入しても使用者に帰責できないとして，民法536
条2項の使用者の帰責事由は認められず，賃金請求権は認められ
ないとしています。

休業手当請求権についても，同判決は，本件ストライキは組合が
自らの主体的判断と責任に基づいて行ったものであり，使用者側に
起因する経営，管理上の障害によるものということはできず，労基
法26条の使用者の帰責事由は認められない，として否定していま
す。

● 当該不参加者の所属組合以外の組合がストライキを行った場合
（一部スト）

賃金請求権については，一部ストの場合も，部分ストに関する上
記ノース・ウエスト航空事件最高裁判決の判示が基本的に妥当する
ことから，認められないことになるでしょう。

これに対して，休業手当請求権については，いかなる場合に「労
働者の生活保障のために使用者に〔休業手当による〕負担を要求す
るのが社会的に正当とされるかという考量を必要とする」とされま
す（同判決）。そうすると，一部ストについては自組合以外の組合
により行われたものであることからすると，部分ストの場合と異な

───────────────────────────

4)　百選99・最二小判昭和62年7月17日民集41巻5号1283頁・1350頁。

り，休業手当請求権は認められるといえそうです。

使用者による争議対抗行為（ロックアウト）

労働者の争議行為に対する使用者の対抗手段として，ロックアウト（作業所閉鎖）がとられることがあります。

使用者によるロックアウトにつき，判例[5]は，「力関係において優位に立つ使用者に対して，一般的に労働者に対すると同様な意味において争議権を認めるべき理由はなく，また，その必要もないけれども，そうであるからといつて，使用者に対し一切争議権を否定し，使用者は労働争議に際し一般市民法による制約の下においてすることのできる対抗措置をとりうるにすぎないとすることは相当でなく，個々の具体的な労働争議の場において，労働者側の争議行為によりかえつて労使間の勢力の均衡が破れ，使用者側が著しく不利な圧力を受けることになるような場合には，衡平の原則に照らし，使用者側においてこのような圧力を阻止し，労使間の勢力の均衡を回復するための対抗防衛手段として相当性を認められるかぎりにおいては，使用者の争議行為も正当なものとして是認されると解すべき」と判示しています。そして，ロックアウトが使用者による正当な争議行為と評価される場合には，当該使用者はロックアウト期間中の対象労働者に対する賃金支払義務をまぬかれるとしています。

（3）　組合活動

一般に，争議行為以外の労働組合の活動を組合活動といいます。組合活動もさまざまな態様で行われ，その正当性の判断は個別具体的な事情をみて判断していきます。

---

5)　丸島水門事件・百選100・最三小判昭和50年4月25日民集29巻4号481頁。

（ア）　組合活動の時間・場所

■組合活動の時間

　就業時間中は労働義務を負うことから，原則として，就業時間中に組合活動を行うことは認められないと考えられています。ただし，使用者の明示または黙示の承諾がある場合や，労使の慣行で認められている場合などには，認められるでしょう。

　判例には，具体的事実関係のもとで，ホテル業を営む会社の従業員で組織する労働組合によるリボン闘争は就業時間中に行われた組合活動であって，組合の正当な行為ではないとしたもの[6]があります。

■組合活動の場所

　組合活動の場所については，事業場内での活動が認められるかが問題となります。

　この点判例[7]は，「使用者の所有し管理する物的施設であつて定立された企業秩序のもとに事業の運営の用に供されているものを使用者の許諾を得ることなく組合活動のために利用することは許されないものというべきであるから，労働組合又はその組合員が使用者の許諾を得ないで……企業の物的施設を利用して組合活動を行うことは，これらの者に対しその利用を許さないことが当該物的施設につき使用者が有する権利の濫用であると認められるような特段の事情がある場合を除いては，職場環境を適正良好に保持し規律のある業務の運営態勢を確保しうるように当該物的施設を管理利用する使用者の権限を侵し，企業秩序を乱すものであつて，正当な組合活動として許容され……ない」として，利用を認めないことが施設管理権の濫用と認められる特段の事情があるか否かを正当性の判断基準

---

6)　大成観光事件・百選 87・最三小判昭和 57 年 4 月 13 日民集 36 巻 4 号 659 頁。
7)　国鉄札幌運転区事件・前掲Ⅲ 8 注 19)。

としています（許諾説）。

（イ）　具体的行為

組合活動の具体的な行為としては，ビラ貼り，ビラ配布，街宣活動などの抗議行動などがあります。

■ビラ貼り，ビラ配布

ビラ貼りについては，判例には，使用者の許可を得ないでなされたものにつき，ビラが貼られたロッカーの設置された部屋の大きさ・構造，ロッカーの配置，貼付されたビラの大きさ・色彩・枚数等に照らすと，職員等の目に直ちに触れる状態にあり，組合活動に関する訴えかけを行う効果を及ぼすものとみられ，このような点を考慮するときは，本件ロッカーに本件ビラの貼付を許さないこととしても，使用者の企業秩序維持の観点からみてやむを得ず，その物的施設についての使用者の権利の濫用であるとすることはできないと述べたうえで，本件ビラ貼付行為は，当該施設を管理利用する使用者の権限を侵し使用者の企業秩序を乱すものとして，正当な組合活動であるとすることはできない，と判示したもの[8]があります。

ビラ配布については，ビラ貼りと比べて企業施設への影響の度合いは小さいといえます。判例には，休憩時間中に許可を得ないでなされたビラ配布のケースにつき，ビラの配布が事業場内の秩序風紀を乱すおそれのない特別の事情が認められるときは，就業規則違反になるとはいえないとしつつ，配布の態様にはとりたてて問題点はなかったとしても，行動の目的，内容から，職場の規律に反し事業場内の秩序を乱すおそれのあったものであることは明らかであるとして，懲戒事由に該当するとしたもの[9]があります。

---

8)　国鉄札幌運転区事件・前掲Ⅲ8注19）。
9)　目黒電報電話局事件・百選56・最三小判昭和52年12月13日民集31巻7号
　974頁。

　組合による抗議行動についても，ケースバイケースで判断することになりますが，役員など個人の私宅での街宣活動について，役員であるからといってその私的領域において人格権を侵害される理由はなく，それが平穏な生活を営むことを内容とする人格権を侵害する場合には正当性が否定されます[10]。

　また，使用者以外の第三者に対する活動については，裁判例には，「労働組合が労働条件の改善を目的として行う団体行動である限りは，それが直接労使関係に立つ者の間の団体交渉に関係する行為ではなくても，同条〔憲法 28 条〕の保障の対象に含まれ得るものと解するのが相当である」が，「このような団体行動については，同条の保障の本体となる行為のうち集団的な労務の不提供を中心的内容とする争議行為と異なり，自ずから限界があるものというべきで，……これを行う主体，目的，態様等の諸般の事情を考慮して，社会通念上相当と認められる行為に限り，その正当性を肯定すべき」として，問題となった一連の行動について，違法性が阻却されることはないとしたもの[11]があります。

---

10) 　丙川産業ほか(関西生コン支部)事件・大阪地判平成 25 年 10 月 30 日労判 1086 号 67 頁ほか。具体的事情のもとで，財団理事長の最寄駅前での街宣活動は同人の私生活上の平穏を侵害するとした最近の裁判例として，東京管理職ユニオンほか事件・東京地判令和 5 年 6 月 14 日労経速 2526 号 3 頁。
11) 　富士美術印刷事件・百選 89・東京高判平成 28 年 7 月 4 日労判 1149 号 16 頁。

公的機関を利用する

萌衣　5月21日

　発車ベルが鳴る電車に乗り込むと，1つだけ空いている座席が目に入った。

　「プラチナシート！」と思うより早く体が動き，立っている乗客の間をすり抜け，座席に体をすべりこませた。

　座って帰宅できることの幸福感に浸りたいと思っていたのに，かわりに今日も，会社でのいやな思いが体内にしみ込んでくる。

　自分以外の人たちって，仕事場での不満とかないんだろうか？　電車内を見渡すけれど，乗客の多くがスマホに見入っている。幸せそうな顔ともいえないが，不満とか不安を抱えているようにも見えない。

　派遣先の職場では，正社員の人から疎ましく感じられているようだ。定時に帰ろうとすると，「いいなー。派遣社員さんは。私たちみたいにこきつかわれなくてさ」と言われ，有給をとろうとすると，「派遣社員のあなただけ有給を取って，私たちがこんなに仕事しているのにどういう神経してるの」と言われ，子どもが熱を出したので早退するときには，「子どもってジョーカーみたいなもんよね。ジョーカー出されたらこっちは何も言えなくなっちゃうもん。私が子育てしていたとき熱が出た程度で退社するなんてありえなかったよ」と言われる。透明な膜をかぶって防御しようとするけれど，その膜が破れ私が顔をゆがめるまで攻撃は続く。

　周りの人はだまって見ているだけ。派遣先の上司は見て見ぬふり。派遣元の上司は話を聞いている素振りだけする。

　小さいころから，「元気な子」，「活発な子」，「物怖じしない子」って定型的な表現でまとめられてきたけど，そんなことはない。シンママになって，必死に生きてきて，気づいたら，両親，弟以外に悩みを打ち明けられる人がいない。

　お母さんみたいに，労働組合に入る？　そんな行動力は今の私のど

こを絞っても一滴も落ちてこない。

　翔真は？　会社の労働組合にも入っていて，いろいろ交流があるって言ってたな。あと最近，労働関係のNPO法人にも入っているって言ってたような気がする。あそこのベーカリーカフェでご馳走したらいろいろ教えてくれるかも。

　降りる駅についた。あわてて座席を立つ。改札を通り，外に出る。風がここちよい。しんどい気持ちもきれいに吹き飛ばしてくれそう。さあ，蓮のお迎えにいったら，今日の第2ラウンドだ。

　本書をここまで読み進めてきた方は，働く世界のルールを学びながら，あらためて，働く世界が多くのルールによってカバーされていることを感じたことと思います。

　でも，萌衣のように，実際に職場で何らかのトラブル（労働問題）に遭遇したときに，いったいどこに相談したり，解決を求めたりすることができるのでしょうか。

　お母さんのように労働組合に入りそこで相談すること，また，労働関係のNPO法人に相談するということも考えられますが，本章では，公的機関について，アクセス先ごとにみていきたいと思います（⧉）。

（1） 行政機関にアクセスする

（ア） 個別的労働紛争の解決

■ 都道府県労働局

● 個別労働紛争解決促進法の手続

　個別的労働紛争（労働関係の事項について個々の労働者と事業主との間に生じた紛争）については，都道府県労働局における紛争解決促進のルートとして，以下の３つが個別労働紛争解決促進法により設けられています。

- ①総合労働相談コーナーにおける情報提供・相談
- ②都道府県労働局長による助言・指導
- ③紛争調整委員会によるあっせん

　①総合労働相談コーナーでは，労働問題の情報提供・個別相談のワンストップサービスを提供しています（３条）。②助言・指導制度や③あっせん制度についての説明も行われます。

　②都道府県労働局長による助言・指導（４条）は法的拘束力を持つものではありませんが，それにより当事者による自主的な解決を促進するものです。

　③紛争調整委員会のあっせんの流れをみると，紛争当事者による申請が出発点となります。申請があった場合において都道府県労働局長が必要があると認めたとき，都道府県労働局長は紛争調整委員会にあっせんを委任します（５条１項，同法施行規則５条）。

　あっせんの委任の通知を受けて，紛争調整委員会会長によりあっせん委員（学識経験者により構成されます）が指名された後，被申請人が，あっせんの手続に参加する意思がない旨を表明したときや，あっせん案について，紛争当事者の一方または双方が受諾しないときなどには，あっせん委員はあっせんを打ち切ることができます（15条，施行規則６条・12条）。

あっせんは非公開で行われます（施行規則14条）。

あっせん委員は，紛争当事者間をあっせんし，双方の主張の要点を確かめ，実情に即して事件が解決されるように努めます（12条2項）。また，あっせん委員は，紛争当事者から意見を聴取するなどして，事件の解決に必要なあっせん案を作成し，これを紛争当事者に提示することができます（13条1項）。

● 男女雇用機会均等法等の手続

男女雇用機会均等法等に関する紛争については，個別労働紛争解決促進法の助言・指導およびあっせん手続に係る規定は適用されず，均等法等が定める手続などによることになります（→99頁）。そこでは勧告や調停手続が定められているのが特徴といえます。均等法等に係る場面においては，公益的性質がより強く認められることから，行政の関与がより強いかたちで設計されているといえます。

■ 都道府県

個別労働紛争解決促進法は，地方公共団体は，国の施策と相まって，労働者・求職者・事業主に対する情報の提供・相談・あっせんその他の必要な施策を推進するように努めるものとしています（20条1項）。それとの関係で，労働委員会に，個別労働関係紛争の解決のためのあっせんのしくみが設けられているところがあります（44府県）。

このほか，都道府県では労働相談センターなどであっせんなどが実施されています。

▢ （イ）　集団的労使紛争の解決

集団的労使紛争（労働関係の事項についての労働組合等の団体と事業主との間の紛争）の解決においては，労働委員会がとても大きな役割を担っています。

労働委員会は，労組法により設置された独立行政委員会で，都道府県労働委員会と中央労働委員会が置かれています（同法19条2

項）。労働委員会は，同じ数の公益委員，使用者委員，労働者委員によって組織されます（同条1項）。この労働委員会は，労働組合の資格審査（5条），労働組合の法人格付与に関する証明（11条），労働協約の地域的拡張適用の決議（18条）のほか，以下でみる不当労働行為事件の審査（27条以下），また，労働争議のあっせん・調停・仲裁（労調法10条以下）に関する権限を有します。

■ 不当労働行為制度 ─────────

不当労働行為制度とは，使用者の正常な集団的労使関係秩序を侵害する一定の行為を不当労働行為として禁止し（労組法7条），禁止規定に違反する行為に対して労働委員会という行政機関により救済命令を発することにより，不当労働行為によって発生した侵害状態を除去，是正し，正常な集団的労使関係秩序の迅速な回復，確保を図るものです（救済命令については→288頁）。

不当労働行為事件については，申立てを受けて労働委員会による審査が開始し，これを経て，労働委員会により命令が発出されます。

● 申立て

（a）申立人適格

労働組合は，申立人適格を有します。労働組合員個人に申立人適格が認められるか否かについては，7条1号（不利益取扱い）に関しては，不利益取扱いの対象は組合員なので，労働組合だけでなく当該組合員も申立人適格を有します（7条4号も同様）。7条3号（支配介入）に関しても組合員に申立人適格は認められます[1]。これに対して，7条2号（団交拒否）に関しては，団体交渉が問題となることから，組合員には申立人適格はないと考えられています。

（b）申立期間

申立期間は，行為の日（継続する行為については，その終了した日）

---

1) 京都市交通局事件・最二小判平成16年7月12日労判875号5頁。

から1年です（労組法27条2項）。「継続する行為」といえるか否かについては，個別に判断することになります[2]。たとえば，同一の団交事項につき日をおかずに複数回団交を申し入れたところ拒否された場合には，これらについては，「継続する行為」となりうるでしょう。これに対して，異なる団交事項について，相当長期間をおいて団交を申し入れ，それらに対して拒否された場合には，「継続する行為」と評価することは難しいでしょう。

● 審査

審査においては，申立人（労働組合等）は，不当労働行為の成立を主張し，書証等を提出し，被申立人（使用者）は，不当労働行為の不成立を主張し，それに関する書証等を提出します。ただし，不当労働行為の審査手続では，民事訴訟と異なり，弁論主義（当事者が主張した点のみを基礎として判断する，当事者は自らの自白に拘束される，など）は採用されていません。審査委員（公益委員）は，不当労働行為があったか否かについて，申立人による申立事実や当事者双方の主張や証拠により主体的に解明していきます。そのため，求釈明が積極的に行われることもあります。

● 命令

労働委員会は，公益委員会議での合議を経て，命令を発出します。初審手続で使用者の行為に不当労働行為性が認められた場合には<u>救済命令</u>が発せられ，不当労働行為性が認められないまたは救済の必要性が消滅しているなど救済利益が失われている場合には<u>棄却命令</u>が発せられます。

救済命令には，さまざまなヴァリエーションがあります。例として，使用者による解雇が労組法7条1号の不当労働行為に該当す

---

2) 関連判例として，紅屋商事事件・百選109・最三小判平成3年6月4日民集45巻5号984頁。

ると判断される場合には，原職復帰とバックペイ（解雇がなければ得られたであろう賃金相当額の支払）が命じられます。また，誠実交渉拒否事案（同条 2 号）の場合には，誠実に団体交渉に応ずべき旨を命ずることを内容とする救済命令（誠実交渉命令）が発せられます。

（a）労働委員会の裁量

命令を発するにあたり，労働委員会は，不当労働行為の有無を判断しますが，そこには裁量の余地は認められません[3]。他方で，救済命令の内容については，裁量の余地が広く認められます[4]。ただし，もとより無制限であるわけではなく，一定の限界が存し，労働委員会の救済命令制度の趣旨，目的（不当労働行為によって発生した侵害状態を除去，是正し，正常な集団的労使関係秩序の迅速な回復，確保を図る）に照らして是認される範囲を超え，または著しく不合理であって濫用にわたると認められる場合には，当該救済命令は違法となります。

また労働委員会の発した誠実交渉命令が問題となった最近の判例において，団体交渉に係る事項に関して合意の成立する見込みがないと認められる場合であっても，「使用者が労働組合に対する誠実交渉義務を尽くしていないときは，その後誠実に団体交渉に応ずるに至れば，労働組合は当該団体交渉に関して使用者から十分な説明や資料の提示を受けることができるようになるとともに，組合活動一般についても労働組合の交渉力の回復や労使間のコミュニケーションの正常化が図られるから，誠実交渉命令を発することは，不当労働行為によって発生した侵害状態を除去，是正し，正常な集団的

3）寿建築研究所事件・最二小判昭和 53 年 11 月 24 日労判 312 号 54 頁。

4）第二鳩タクシー事件・百選 108・最大判昭和 52 年 2 月 23 日民集 31 巻 1 号 93 頁。

労使関係秩序の迅速な回復，確保を図ることに資するものというべき」として，「使用者が誠実交渉義務に違反する不当労働行為をした場合には，当該団体交渉に係る事項に関して合意の成立する見込みがないときであっても，労働委員会は，誠実交渉命令を発することができる」としたもの[5]があります。

このほか，バックペイ命令における中間収入控除（→246頁）が問題となった判例で，中間収入控除の要否およびその金額を決定するにあたっては，<u>解雇により被解雇者個人が受ける経済的被害の面と解雇が組合活動一般に与える侵害の面の両面からする総合的な考慮を必要</u>とするのであって，そのいずれか一方の考慮を怠り，または救済の必要性の判断において合理性を欠くときは，裁量権の限界を超え，違法とされる，としたもの[6]があります。

（b）命令の効力

命令は，交付の日から効力を生じます。しかし，救済命令の強制履行が可能となるのは，原則として当該命令が確定した後です。命令は，15日以内に再審査の申立てがなされず（労組法27条の15），かつ，使用者については交付日から30日以内，労働者・労働組合については交付日から6か月以内に取消訴訟が提起されないときに確定します（同法27条の13第1項・27条の17〔再審査〕・27条の19第1項，行政事件訴訟法14条1項）。確定した救済命令に従わない使用者は，50万円以下の過料に処せられます（労組法32条）し，救済命令等が確定判決によって支持された場合にその違反があったときは，その行為をした者は，1年以下の禁錮（2025年6月1日以後は拘禁刑）もしくは100万円以下の罰金に処せられるか，またはこれを併科されます（同法28条）。

5）　山形県・県労委(国立大学法人山形大学)事件・前掲IV 2 注2)。
6）　第二鳩タクシー事件・前掲注4)。

● 再審査

都道府県労働委員会による初審命令に不服がある当事者は，中央労働委員会（中労委）に再審査を申し立てることができます（労組法 25 条 2 項・27 条の 15，労働委員会規則 51 条 1 項）。

再審査の申立期間は，労働者・労働組合，使用者ともに 15 日以内です（労組法 27 条の 15）。

再審査においては，不当労働行為の成否は，申し立てられた不服の範囲についてのみ判断されることになります（労働委員会規則 54 条 1 項）。

● 取消訴訟

初審命令，再審査命令に不服がある当事者は，取消訴訟を提起することができます。

出訴期間は，使用者については交付の日から 30 日（労組法 27 条の 19 第 1 項），労働者・労働組合については交付の日から 6 か月（行政事件訴訟法 14 条 1 項）です。

また，上述のとおり，命令は交付日から効力を生じるものの，救済命令の強制履行は当該命令が確定した後でしかできません。このことに関連して，使用者が取消訴訟を提起した場合，使用者に対して救済命令の暫定的な強制を行うため，受訴裁判所は，使用者に対し判決の確定に至るまで救済命令等の全部または一部に従うべき旨を命じることができます（緊急命令。労組法 27 条の 20）。

■ 不当労働行為性の判断 ─────────────────

上でみた不当労働行為制度において不当労働行為として禁止されているのは，①不利益取扱い（労組法 7 条 1 号・4 号），②正当な理由のない団交拒否（2 号），③支配介入（3 号）です。それぞれに該当するか否かにつきどのように判断されるか，みていきましょう。

● 不利益取扱い

(a) 事由

労組法 7 条 1 号の不利益取扱いに該当するには，まず，労働者が

- ・労働組合の組合員であること
- ・労働組合に加入し，または結成しようとしたこと
- ・労働組合の正当な行為をしたこと

が認められる必要があります。

裁判例には，労働組合内に特定の傾向を有する少数派集団が存在する場合において，組合員がこの集団に属して組合活動を行うゆえをもって，使用者が差別的に取り扱うことは，同号の不当労働行為に該当するとしたもの[7]があります。

(b) 不利益取扱い

「不利益な取扱い」の内容は，雇用関係上の地位や処遇など多岐にわたります。「栄転」と呼ばれる人事上の措置であっても，組合活動に不都合が生じる場合には，不利益取扱いに該当しえます。

採用拒否が「不利益な取扱い」にあたるかも問題となります。この点，JR 北海道・JR 貨物事件最高裁判決（前掲Ⅲ 2 注 6)）は，使用者の採用の自由と，7 条 1 号の文言から，「雇入れの拒否は，それが従前の雇用契約関係における不利益な取扱いにほかならないとして不当労働行為の成立を肯定することができる場合に当たるなどの特段の事情[8]がない限り，労働組合法 7 条 1 号本文にいう不利益な取扱いに当たらないと解するのが相当である」と判示しています（ただし，同判決を批判する見解は多くみられます）。

---

7)　北辰電機製作所事件・百選 101・東京地判昭和 56 年 10 月 22 日労判 374 号 55頁。

8)　これを肯定した裁判例として，CLC 事件・東京高判令和 5 年 7 月 20 日中労委DB（令和 5 年(行コ)第 50 号）。

（c）「故をもって」──不当労働行為意思

労組法 7 条 1 号は，労働者が労働組合の組合員であること等の「故をもっ〔つ〕て」その労働者に対して不利益取扱いをすることを不当労働行為としています。この「故をもって」という要件は，不当労働行為意思の問題として議論されています。

これに関しては，使用者に反組合的意図または組合嫌悪の情が認められる一方で，当該不利益取扱いにつき合理的理由もあるように思われ，動機が競合しているようにみられるとき，「故をもって」といえるかも問題となりえます。これについては，組合員であること等の事由が，使用者が不利益取扱いを行ったことにつき「決定的」であったといえるか，すなわち，それがなければ使用者により当該取扱いはなされなかったかを検討していくことになると思われます。

（d）黄犬契約

このほか，労組法 7 条 1 号は，「労働者が労働組合に加入せず，若しくは労働組合から脱退することを雇用条件とすること」（これを「黄犬契約（yellow-dog contract）」といいます）を，不当労働行為として禁止しています。

● 団交拒否

労組法 7 条 2 号は，「使用者が雇用する労働者の代表者と団体交渉をすることを正当な理由がなくて拒むこと」を不当労働行為としています（使用者の団体交渉義務について→272 頁）。

● 支配介入

労組法 7 条 3 号は，使用者が，労働組合の結成・運営に支配・介入すること，または労働組合の運営経費の支払に経理援助を与えることを不当労働行為としています[9]。

支配介入の形態はさまざまです。ここでは，3 つの場面をみておきます。

1つ目は，使用者の言論の自由（憲法21条）との関係です。

この点につき，裁判例には，言論の内容，発表の手段，方法，発表の時期，発表者の地位，身分，言論発表の与える影響などを総合して判断し，「当該言論が組合員に対し威嚇的効果を与え，組合の組織，運営に現実に影響を及ぼした場合はもちろん，一般的に影響を及ぼす可能性のある場合は支配介入となるというべきである」としたもの[10]があります。

2つ目は，企業施設を利用させないことが支配介入にあたるかについてです。この点について判例[11]は，組合活動の正当性に関するいわゆる「許諾説」（→281頁）の枠組みをここでも用いて，支配介入該当性の判断を行っています。

3つ目として，併存組合が存する場合の異別取扱いも問題となります。

この点につき，日産自動車事件最高裁判決[12]は，

・「単に団体交渉の場面に限らず，すべての場面で使用者は各組合に対し，中立的態度を保持し，その団結権を平等に承認，尊重すべきものであり，各組合の性格，傾向や従来の運動路線のいかんによつて差別的な取扱いをすることは許されないものといわなければならない」としつつ，

・「複数組合併存下においては，使用者に各組合との対応に関して平等取扱い，中立義務が課せられているとしても，各組合の組織

---

9) ただし同号ただし書において，最小限の広さの事務所の供与等は除かれています。

10) プリマハム事件・百選105・東京高判昭和56年9月28日中労委DB（昭和51年(行コ)第42号）。

11) オリエンタルモーター事件・百選106・最二小判平成7年9月8日労判679号11頁。

12) 百選107・最三小判昭和60年4月23日民集39巻3号730頁（中立保持義務に関する代表的判例です）。

力，交渉力に応じた合理的，合目的的な対応をすることが右義務
　に反するものとみなさるべきではない」としたうえで，

・「団体交渉の場面において……，合理的，合目的的な取引活動と
　みられうべき使用者の態度であっても，当該交渉事項については
　既に当該組合に対する団結権の否認ないし同組合に対する嫌悪の
　意図が決定的動機となつて行われた行為があり，当該団体交渉が
　そのような既成事実を維持するために形式的に行われているもの
　と認められる特段の事情がある場合には，右団体交渉の結果とし
　てとられている使用者の行為についても労組法7条3号の不当
　労働行為が成立する」

と判示しています。

■ 労働争議の調整 ─────────────────────

　労働争議の際の手続については，労調法が規定しています。

　労調法は，労働争議を，労働関係の当事者間において，労働関係
に関する主張が一致しないために争議行為[13]が発生している状態
または発生するおそれがある状態と定義して（6条），労働争議が発
生したときのあっせん（10条～16条），調停（17条～28条），仲裁
（29条～35条）を定めています。

　このほか，公益事業については，争議行為をしようとする日の少
なくとも10日前までの予告（37条），緊急調整の手続（35条の2～
35条の5）が定められています。

┌ （ウ）　労基署等への相談 ──────────────────┐

　以上のほか，厚生労働省はいろいろな相談窓口を用意しています。

─────────────────────────────────

13)　ここでの（労調法上の）争議行為とは，「同盟罷業〔ストライキ〕，怠業，作
　業所閉鎖〔ロックアウト〕その他労働関係の当事者が，その主張を貫徹すること
　を目的として行ふ行為及びこれに対抗する行為であつて，業務の正常な運営を阻
　害するもの」をいいます（7条）。したがって使用者の行為もここでの「争議行
　為」になりえます。

よく知られているのは，労働基準監督署でしょう。賃金，労働時間，労働安全衛生，労災に関することなどを受け付けています。また，労働者は，労働基準監督署に労基法違反の事実を申告することができます。使用者は，労働者が上記の申告をしたことを理由として，労働者に対して解雇その他不利益な取扱いをしてはなりません（労基法 104 条）。しっかり覚えておいてください [14]。

（2）　司法機関にアクセスする

　労働者は，裁判所における手続としては，通常民事訴訟のほか，労働審判制度を利用することができます。

労働審判制度

　労働審判制度は，2004 年に成立した労働審判法により設けられた制度で，

- ・個別労働関係民事紛争に関し
- ・裁判所において
- ・裁判官および労働関係に関する専門的な知識経験を有する者で組織する委員会が
- ・事件を審理し，調停の成立による解決の見込みがある場合にはこれを試み，その解決に至らない場合には，労働審判を行う手続を設けることにより
- ・紛争の実情に即した迅速，適正かつ実効的な解決を図ることを目的とする

ものです（1 条）。労働審判とは，個別労働関係民事紛争について当事者間の権利関係をふまえつつ事案の実情に即した解決をするために必要な審判のことをいいます（同条）。

---

14)　その他の相談窓口については，厚生労働省「相談窓口等一覧」 を参照。

■ 労働審判手続 ─────────────────────────────

　労働審判手続は，労働審判官（裁判官）1名と労働審判員（労働関係に関する専門的な知識経験を有する者のうちから任命されます〔労働審判法9条2項〕。実務上は，労働側と経営側から推薦された者が任命されています）2名で組織する労働審判委員会によってなされます（7条）。労働審判手続は，非公開で行われます（16条）。

　労働審判手続においては，原則3回の期日までに審理を終結しなければならないとされており（15条2項），それまでの間に，調停が試みられるのが一般的です（労働審判規則22条1項参照）。調停が成立した場合，裁判所書記官はこれを調書に記載しますが（同条2項），これは裁判上の和解と同一の効力を有します。

　労働審判は，審理の結果認められる当事者間の権利関係および労働審判手続の経過をふまえて行われます（労働審判法20条1項）。労働審判は，権利義務をふまえたものであることが求められますが，それに厳格に拘束されるわけではありません。したがって，たとえば，解雇無効が判断される場合に，労働関係の終了と解決金の支払を内容とする審判が出されることもあります。

　労働審判は，当事者の異議申立てなく2週間経過すると効力が確定し，裁判上の和解と同一の効力を有します（21条4項）。

■ 異議申立てと訴訟移行 ─────────────────────

　当事者は，2週間以内に，裁判所に対して，労働審判に対する異議を申し立てることができます（労働審判法21条1項）。そのとき，当該労働審判はその効力を失い（同条3項），労働審判手続の申立てに係る請求は，当該労働審判手続の申立ての時に，労働審判事件が係属していた地方裁判所に訴えの提起があったものとみなされ，訴訟に移行することになります（22条1項）。

　また，労働審判委員会は，事案の性質上，労働審判手続を行うことが紛争の迅速かつ適正な解決のために適当でないと認めるときは，

労働審判事件を終了させることができます。このときも訴訟移行されます（24条）。

（3）　法テラス，弁護士会，社労士会に相談する

　弁護士会，社労士会も労働問題に関する相談窓口を設置しています[15]。法テラスでは，労働問題を解決するための法制度や窓口を案内するほか，民事法律扶助制度を使った無料法律相談も行っています。

　また，弁護士会は紛争解決センター，社労士会は労働紛争解決センターも設置しています。

　このほか，フリーランスの契約や仕事に関するトラブルにつき，弁護士への無料相談窓口として，「フリーランス・トラブル110番」が設けられています（厚生労働省委託事業）。

15）　もちろん，弁護士，社労士に直接アクセスすることも選択肢の1つとなります。

エピローグ

今日は有給を取り、久しぶりに、学生時代にバイトをしていたナヴィーリオにきた。

働いていたときから4年たち、年季を重ねた雰囲気を漂わせるようになった。レジで会計をすませ、オープンテラスでカプチーノを飲む。今でもおいしくてほっとした。

今、労働基準監督官として働いている。

最初の就職が決まった後、卒業論文のテーマを探していたとき、バイトや就職活動で、もやもやしたり悩んだりしたのが頭から離れず、働く人たちはどんなことを経験し、考えて生きているのだろう、と思い、身近な人たちにインタビューした。

金融機関で働いていた間も、たまたま入ることになった組合での活動をなんとなくしていた間も、働くこととの「付き合い方」みたいなことがずっと気になっていた。そんなこんなしているうちに、労働法が人々の生活を、社会を、下支えしていることに関心を持ち、労働基準監督官になろうと思った。

労働基準監督官になることが決まって、両親に伝えた日。突然の報告に驚くかな、と思ったが、母は、「大学時代にも、働くルールってどうなってんの？ みたいなこと、言ってたじゃない」と得意そうに言う。父は案の定、「そうだったかなあ」と首をかしげるが、「よく決断したな。いい決断だよ」と言ってくれて、また胸が熱くなった。

労働基準監督官としてこの先も、働く人たちの思いや気持ちを掬いとっていきたい。

自分自身のこれまでの仕事人生、毎日笑顔いっぱい、ってわけにはいっていなかったけれど、みんなも苦労しているんだな。ハラスメントに苦しんでいる人、お給料が安くて日々の生活がままならない人、

仕事に追われて疲労困ぱい状態の人，病気を抱えながら働いている人
……。

　空を見上げる。白い月が見えた。月を見ると，まとまりのない思い
が自分の周りをふわふわ回る。
　世の中はこれから，いったいどうなるんだろう。
　もう最近では，人工知能が人間の仕事を代替することが当たり前の
ように思われているし，おそらく実際にもそうなるんだろう。人間の
仕事でも，他人に雇われて働く「雇用」という働き方は少なくなって
いくような気がする……。
　……天気のいい日のこうした未来予想は，楽しいが，これまで結論
が出たことがない。

　近くのビルの工事現場から，鉄骨を打つ音が聞こえてきた。働く世
界にあることを，感じた。

おわりに

　学校を卒業してなんとなく入った働く世界。そのなかで，本当の自分はここにいるはずじゃない，とか，どうしてこんなに大変な思いをしなきゃいけないのか，と思うこともあるかもしれません。

　また，働く場面ではないところでも，うまくいかなかったり，悩みを抱えたりすることもあるでしょう。もちろん，私もその１人です。

　でもそうして生きるなかで，充実感が現れることも，やさしさに包まれるように感じることもあるのではないでしょうか。

　本書は，こうした働く世界に生きる人たちの心の声に耳をすませつつ，働く世界のしくみやルールを知ってもらうことで，みなさんが互いに安心して明日を生きるためのサポートになれば，という気持ちで執筆したものです（さらに，みなさんの会話の中に「これから労働法はどうなっていくんだろう」といったトピックを加えてもらうこと，そして，その会話に私も参加することも，本書の隠れた目的です）。

　本書の刊行に至るまで，とても多くのみなさんに支えていただきました。感謝の気持ちでいっぱいです。

　平成国際大学専任講師の小林大祐さんには，本書の原稿を丁寧に読んでいただきました。いただいたコメントは，働く世界を見つめなおす貴重なものでした。

　有斐閣の三宅亜紗美さんには，マウンドで立ちすくむピッチャーに駆け寄る内野手全員の笑顔くらい，励ましとサポートをいただきました。

　本書が，これまで支えていただいた方々には及びませんが，働く世界で生きるみなさんのサポートに少しでもなれれば，これほどうれしいことはありません。

　それではみなさん，
　A domani!

2024 年 3 月

小西康之

─────── さ 行 ───────

著者紹介　　小西 康之（こにし やすゆき）

　　　　　1971 年　京都府生まれ
　　　　　1997 年　東京大学大学院法学政治学研究科修士課程修了
　　　　　現在　　　明治大学法学部教授

　　　　　主要著作
　　　　　『労働法トークライブ』（共著，有斐閣，2020 年）
　　　　　『労働法〔第 4 版〕』（共著，有斐閣，2020 年）

働く世界のしくみとルール──労働法入門

2024 年 4 月 5 日　初版第 1 刷発行

著　者　　小西康之
発行者　　江草貞治
発行所　　株式会社有斐閣
　　　　　〒101-0051 東京都千代田区神田神保町 2-17
　　　　　https://www.yuhikaku.co.jp/

装　丁　　嶋田典彦（PAPER）
印　刷　　大日本法令印刷株式会社
製　本　　牧製本印刷株式会社
装丁印刷　株式会社亨有堂印刷所

落丁・乱丁本はお取替えいたします。定価はカバーに表示してあります。
©2024, Yasuyuki Konishi.
Printed in Japan. ISBN 978-4-641-24379-8

▼ 図表 A：労働法

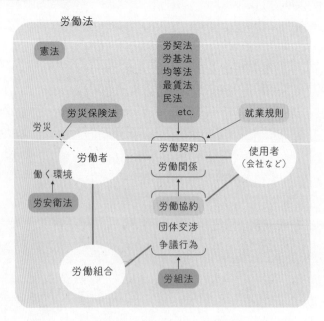

▼ 図表 B：労働市場

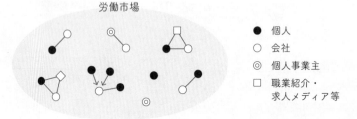